Omslagontwerp:	Erik de Bruin, www.varwigdesign.com
	Hengelo
Lay-out:	Christine Bruggink, www.varwigdesign.com
Druk:	Koninklijke Wöhrmann
	Zutphen
Schilderij omslag:	"Faun" van Matthijs Röling

ISBN 90-76968-94-0

© 2007 Uitgeverij Ellessy
Postbus 30227
6803 AE Arnhem
www.ellessy.nl

Het Rijk van de Bok

Jacob Vis

afgeschreven

ELLESSY
CRIME

Dit boek berust op de werkelijkheid.
De personen zijn echt, hun namen gefingeerd.

J.V.

G e r e c h t s d i e n a a r. Mynheer de rechter, daar is de man die *Barbertje* vermoord heeft.

R e c h t e r. Die man moet hangen. Hoe heeft hy dat aangelegd?

G e r e c h t s d i e n a a r. Hy heeft haar in kleine plakjes gesneden, en ingezouten.

R e c h t e r. Daaraan heeft hy zeer verkeerd gedaan. Hy moet hangen.

L o t h a r i o. Rechter, ik heb *Barbertje* niet vermoord! Ik heb haar gevoed en gekleed en verzorgd. Er zyn getuigen die verklaren zullen dat ik een goed mensch ben en geen moordenaar.

R e c h t e r. Man, ge moet hangen! Ge verzwaart uw misdaad met uw eigenwaan. Het past niet aan iemand die... van iets beschuldigd is, zich voor een goed mensch te houden.

L o t h a r i o. Maar, rechter, er zyn getuigen die het zullen bevestigen. En daar ik nu beschuldigd ben van moord...

R e c h t e r. Ge moet hangen! Ge hebt *Barbertje* stukgesneden, inge-zouten en zyt ingenomen met uzelf... drie kapitale delikten! Wie zyt ge vrouwtje?

V r o u w t j e. Ik ben *Barbertje*.

L o t h a r i o. Goddank! Rechter, ge ziet dat ik haar niet vermoord heb!

R e c h t e r. Hm... ja...zoo! Maar het inzouten?

B a r b e r t j e. Neen rechter, hy heeft me niet ingezouten. Hy heeft my integendeel veel goeds gedaan. Hy is een edel mensch !

L o t h a r i o. Ge hoort het, rechter, ze zegt dat ik 'n goed mensch ben.

R e c h t e r. Hm.. het derde punt blyft dus bestaan. Gerechtsdienaar, voer die man weg, hy moet hangen. Hy is schuldig aan eigenwaan. Griffier, citeer in de praemissen de jurisprudentie van Lessing's patriarch.

(Onuitgegeven toneelspel)
Multatuli, 'Max Havelaar'

6

Voorwoord

In juni 2004 vroeg een van mijn vroegere Staatsbosbeheer-collega's of ik een advocaat uit Ede iets over de bodem van het Reve-Abbertbos wilde vertellen. In dat bos was het lijk van een man gevonden die volgens de geruchten levend zou zijn begraven. De advocaat van de verdachte wilde weten uit welke grondsoort de plaats bestond waar het lijk was gevonden en omdat ik het bos dertig jaar had beheerd leek ik de aangewezen persoon om hem dat te vertellen. We gingen het bos in en op de plek van het graf liet ik hem zien dat de bodem uit hetzelfde preglaciale zand bestaat dat je op de Veluwe aantreft.

'Gewoon los zand?' vroeg de advocaat ten overvloede toen ik een gaatje had gespit en het uitkomende zand op een hoopje naast het gat lag.

'Natuurlijk,' zei ik verbaasd. 'Waarom is dat zo belangrijk?'

'Omdat de patholoog geen korrel zand in het lichaam heeft gevonden en dat zou wel zo zijn als de overledene levend is begraven.'

Het geval begon me te intrigeren. 'Wat is hier nou precies gebeurd?'

'Dat is een lang verhaal, maar om kort te gaan: justitie denkt dat mijn cliënt het slachtoffer op een decemberavond overmeesterde, het bos indroeg en hier levend heeft begraven.'

Ik keek naar de stevige essen die tussen ons en het bospad stonden. 'In het donker, dwars op de rijrichting? Dat lijkt me sterk. Tenzij de verliezer licht en klein was en uw cliënt een boom van een man is die als een kat in het donker kan zien.'

'Het is precies andersom. Het slachtoffer was groot en zwaar en mijn cliënt is licht en tenger en hij ziet in het donker geen hand voor ogen.'

'Dan lijkt het me erg lastig,' zei ik. 'Om niet te zeggen onmogelijk.'

'Dat denk ik ook, maar de rechtbank denkt er anders over.'

We reden terug naar huis en daar vertelde de advocaat in kort bestek het verhaal dat u straks gaat lezen. Ik kon er in het begin geen touw aan vastknopen. De waarheid leek zo diep verborgen dat het me niet verbaasde dat de rechtszaak ruim drie jaar had geduurd.

Ik schreef mijn bevindingen over bos en bodem voor hem op. Daarna hoorde ik een hele tijd niets tot ik in december een telefoontje kreeg van de man die ik in dit boek Max Spaan zal noemen. Hij maakte zich met hoorbare schroom bekend als de verdachte van de moordzaak in het Reve-Abbertbos. Hij had mijn brief aan zijn advocaat gelezen en wilde graag eens met me praten. Zo kwamen we in contact. Ik zocht hem op in de gevangenis en in dat kale, lawaaiige bezoeklokaal hoorde ik het even fascinerende als ongelofelijke verhaal opnieuw. Nog meer dan de eerste keer bekroop me het gevoel dat er iets niet klopte.

'Ik denk dat u onschuldig bent,' zei ik opeens.

Hij keek me aan met een blik die ik niet gauw zal vergeten.

'Waarom denkt u dat?' vroeg hij zachtjes.

'Intuïtie,' zei ik. 'Er klopt iets niet. Het is allemaal té toevallig. Ik zou het als schrijver niet zo kunnen verzinnen. Zulke dingen gebeuren alleen in de werkelijkheid.'

'Wat zou u voor mij kunnen doen?' vroeg hij voorzichtig. Hij wist wat ik nog niet wist: dat het dossier over zijn zaak een volle boekenplank besloeg.

'Ik zou een roman kunnen schrijven waarin ik de puzzel rond maak, maar daar hebt u niet veel aan, want het blijft fictie. Ik kan dus beter een *true crime story* schrijven, een reconstructie van uw zaak waarin ik de waarheid zoek. Hoe die ook voor u mag uitpakken: schuldig of niet schuldig.'

'Dat risico neem ik,' zei hij kalm.

Zo ontstond het plan voor dit boek. Tijdens ons eerste gesprek was ik nog druk bezig met een ander boek. Ik begon pas echt aan het onderzoek in juni 2005. Wat ik in december 2004 vermoedde lijkt nu, twee jaar later waar te zijn: het vonnis berust op een rechterlijke dwaling. Als ik gelijk heb zit Max onschuldig in Het Rijk van de Bok[1], maar ik ben niet alwetend en ik kan het dus mis hebben. Om die reden, uit oogpunt van privacy en uit piëteit met de familie van de overledene heb ik de namen van betrokkenen en getuigen veranderd.

Max Spaan zit bijna vijf jaar vast. Ik hoop dat dit boek ertoe bijdraagt dat het bij die vijf jaar blijft.

Jacob Vis
Kampen, december 2006

No lie can live forever

opschrift van het Openbaar Ministerie in Arnhem

Proloog

Dames en heren van de Jury,[2]

De vrije wil, wat een prachtig onderwerp! Voor vrije mensen wel te verstaan, want in het Rijk van de Bok bestaat geen vrije wil. Hier is de vrije wil zelfs geen illusie. Het is een non-issue, iets dat we ons van vroeger herinneren voor we dit oord betraden. Het leven van een gedetineerde is één aaneenschakeling van regels. Zelfs voor de meest onbenullige handeling bestaat een manuaal. Wat denkt u van het voorschrift na het handenwassen de zeep in de linkeruitsparing van de wasbak te leggen nadat je die zeep onder de kraan van huidresten en andere vuiligheid hebt ontdaan? Elke keer handenwassen na het plassen, gewoonte uit mijn vorige leven, krijgt zo iets lachwekkends. Als ik het stukje zeep onder de kraan houd verdwijnen de restjes viezigheid door een spoelgat met zeven gaatjes die ik – nieuw voorschrift – tweemaal per dag van ongerechtigheden moet ontdoen.

Ongerechtigheden... Je komt ze hier in alle gedaanten tegen. Ongewild word je een soort expert. En ik ben al expert onrecht. Tenslotte ben ik tot twintig jaar cel veroordeeld voor een moord die ik niet heb begaan. Sterker nog: voor een moord die *niemand* heeft begaan. Als ik in deze ellendige herrie mijn gedachten kan ordenen kom ik daar straks nog op terug.

In uw huidige en mijn vroegere bestaan is de keuzevrijheid zo overweldigend dat we de meeste dagelijkse handelingen verrichten zonder er een seconde bij na te denken. Gewoon op de automatische piloot, omdat we gek zouden worden van de voortdurende dwang welbewust te kiezen bij alles wat we doen. Loop ik rechts of links op de stoep? Hier oversteken of tien meter verder? Zal ik mijn broodje snijden of afhappen? Trek ik eerst mijn linker- en dan mijn rechtersok aan of omgekeerd? Zeker, er zijn mensen die dat allemaal bewust doen, maar die leven niet lang. Ze zijn gek voor hun dertigste en dood voor hun vijftigste en hun bijdrage aan de vooruitgang is hooguit een randverschijnsel. We hebben er hier ook een paar die in ons van minuut tot minuut gereglementeerde leven nog een soort keuzevrijheid ontdekken en voor wie voortdurend kiezen een obsessie wordt. Ik hoor daar niet bij. Ik wil er niets mee te maken hebben. Mijn vrije wil zit in mijn herinnering en die wordt achttien van de vierentwintig uur verstoord door lawaai. In de resterende uren doe ik mijn oordopjes in en probeer ik te slapen.

Vanmiddag had de bewaking Herman W. losgelaten. Herman is één meter achtennegentig op sokken. Schouders als een stier, handen als hammen, hersens als een garnaal. Als ze hem uit zijn cel laten waggelt hij op bovenmaatse zweetsokken door de gang. Zijn dijen zijn zo dik dat hij alleen wijdbeens kan lopen. De gang is drie meter breed, meer dan genoeg om twee mensen elkaar ruim te laten passeren, maar als je het ongeluk hebt Herman tegen te komen kun je je alleen redden door je stijf tegen de muur te drukken, doodstil te blijven staan en recht voor je uit te staren. Geen oogbeweging, geen zenuwtrilling, geen hoorbare ademhaling. Je bent onderdeel van de muur, een vlees geworden uitstulping die, zoals je vurig hoopt, de eveneens star voor zich uit starende Herman niet als een provocatie zal beschouwen. Je hoopt dat hij je niet opmerkt, maar dat doet hij wel en in die misselijkmakende seconden waarin je hem ruikt denk je maar één ding: loop door! Als hij dat gedaan heeft zonder je verrot te slaan glip je je cel in, smijt de deur achter je dicht en geef je vrijwillig je kostbare uurtje gangwandelen op.

'Dat is toch een uiting van vrije wil!' roept u. 'Wat zeur je toch, man!'

Kijk, u zou dit eens een weekje mee moeten maken. Nee, een etmaal is al genoeg om u de reikwijdte van dit regiem te laten voelen. Grote kans dat u daarna nooit meer zo'n onderwerp voor een opstelwedstrijd kiest. Vrije wil... Laat me niet lachen!

Ik vrees dat mijn verhaal langer wordt dan u gewend bent. Vermoedelijk bent u als jury al lang ontbonden als het af is, maar tegen die tijd is er wel een andere jury met een nieuw onderwerp. In een zaak zo rijk aan ongerijmdheden vinden we ongetwijfeld een raakvlak.

Laat ik me om te beginnen aan u voorstellen. Mijn naam is Max Spaan. Ik ben zestig jaar, tweemaal ex-echtgenoot en vader van een volwassen zoon. Ik ben tweeëntwintig jaar maatschappelijk werker en leraar geweest. In de twaalf jaren voor mijn detentie was ik wijnhandelaar in Bennekom. Het gerechtshof in Arnhem heeft mij in 2004 tot twintig jaar gevangenisstraf veroordeeld voor de moord op Ron Verbeek, een vrijgezel uit Apeldoorn die in zijn levensonderhoud voorzag als analist in een streekziekenhuis. Ik heb die man één keer ontmoet, ruim een maand voor zijn verdwijning, zonder dat ik wist wie hij was omdat hij bij die gelegenheid een schuilnaam gebruikte. Hij kwam pas echt in mijn leven ter sprake toen hij al verdwenen was. Waarom ik ben veroordeeld is een lang verhaal. Het vonnis steunt op flinterdun, aan alle kanten aanvechtbaar bewijs. Het berust dus op oneigenlijke gronden, maar ik heb de schijn tegen, want de Hoge Raad heeft het vonnis bekrachtigd en mijn zaak ondanks een indrukwekkende lijst gerechtelijke fouten niet terugverwezen. Al mijn bezit is opgegaan aan de kosten voor mijn verdediging. Nu ben ik op mijzelf aangewezen om mijn onschuld te bewijzen. Dat ga ik doen, al wist ik tot voor kort niet hoe. Ik heb honderden vellen volgeschreven: voor mijn advocaten, voor mijn psycholoog en ten slotte voor de man die mijn verhaal gaat schrijven aan de hand van feiten en getuigenverklaringen, ontdaan van alle manipulaties. Ik kom er zelf niet uit. Elke keer als ik het opschrijf denk ik: zo was het en als ik het de volgende dag overlees verscheur ik alles en spoel het door de wc.

Waarom is het zo moeilijk? Om twee redenen: ik zit er te dicht op en dit is de meest gecompliceerde moordzaak uit de recente geschiedenis. Als Kafka nog leefde zou hij met sardonisch genoegen toezien hoe de Nederlandse rechtsstaat van mij een nieuwe Josef K. heeft gemaakt. Maar ik laat me niet naamloos executeren! De schrijver schrijft alles op. Sommige mensen zullen daar zenuwachtig van worden. We zullen hun privacy respecteren, hoewel ze het verdienen hier met naam en toenaam te schande te staan. De schrijver is romanschrijver, maar voor alle duidelijkheid: dit is geen roman. Was het maar waar! Het is een waarheidsgetrouw verslag van mijn proces en van de gebeurtenissen die plaatsvonden rond de dag waarop Ron Verbeek verdween. Hoewel we slechts steunen op de verklaringen van zijn familie, vrienden, collega's en een paar anonieme getuigen zullen we proberen een zo helder mogelijk beeld van hem te geven. Drie vrouwen spelen een cruciale rol: Sandra F., mijn ex-vriendin en volgens de rechtbank het motief voor de vermeende moord, Heleen van W., mijn falende kroongetuige, en Ruth, de moeder van het schandknaapje van Ron Verbeek. Justitie gelooft niet dat Ruth bestaat, wat ik helaas niet door middel van het levende exemplaar kon weerleggen en dat deed mij de das om. Ik geef toe dat mijn verklaringen in het begin weinig consistent waren waardoor ik mijzelf geweldig in de nesten heb gewerkt, maar gerechtsdienaren die oprecht naar waarheid zoeken hadden daar doorheen moeten kijken. Dat is niet gebeurd en zo kwamen ze tot wat ik – toegegeven, zo subjectief als de pest – de grootste gerechtelijke blunder van de jonge eeuw noem. Oordeelt u zelf.

*Tunnelvisie: de patiënt kan alleen recht voor zich uit zien
en heeft het zicht op alles wat daarbuiten ligt
volledig verloren.*

term uit de oogheelkunde (Wikipedia)

December '01 - juli '05

Op maandag 3 december 2001 krijgt de zevenendertigjarige ziekenhuisanalist Ron Verbeek een telefoontje van een medewerker van een relatiebemiddelingsbureau die vraagt of hij iets voelt voor een blind date met een jonge vrouw. Het is voor het eerst dat Ron met zo'n bureau te maken krijgt, maar uit het feit dat het gesprek achttien minuten duurt blijkt dat hij met belangstelling luistert naar wat de man te vertellen heeft. Het ís ook spannend. Ron heeft nog nooit een relatie gehad die de naam mag dragen en nu duikt opeens een onbekende vrouw op die hem wil ontmoeten. Hoewel de man van het bureau de naam van de vrouw zorgvuldig geheim houdt krijgt Ron het vermoeden dat het gaat om Sandra F., een aantrekkelijke kraamverpleegster aan wie hij een kaartje heeft gestuurd met het voorstel voor een ontmoeting. Ron oppert een paar halfslachtige bezwaren die de man met gemak pareert en ten slotte stemt hij toe in een ontmoeting voor de volgende avond. De rest van de avond, een groot deel van de nacht waarin hij vermoedelijk geen oog dicht doet en de hele volgende dag staan in het teken van zijn afspraakje. De man van het bureau heeft om geheimhouding gevraagd, maar Ron schendt die belofte al binnen tien minuten en vertelt dezelfde avond en de volgende dag aan wie het maar horen wil over zijn naderende avontuur. Dinsdagmiddag rond vijf uur maakt hij voor zijn flat een praatje met zijn onderbuurvrouw. Zij is de laatste officiële getuige die hem in leven heeft gezien. Die dinsdag, 4 december 2001, verdwijnt Ron Verbeek en bijna vier maanden later, op 28 maart 2002, wordt zijn lijk gevonden in het Reve-Abbertbos in Oostelijk Flevoland.

Op de dag na zijn verdwijning licht zijn familie de politie in, want het is niets voor Ron om zonder bericht een nacht weg te blijven. Toch duurt het ruim een week voor de politie met een buurtonderzoek begint. Natuurlijk wordt ook Sandra F. verhoord, de vrouw om wie het allemaal zou gaan: hoe zit het met die blind date? Sandra kan overtuigend aantonen dat ze geen belangstelling voor Ron heeft, laat staan dat ze hem, of wie dan ook, via een bemiddelingsbureau zou benaderen. Bovendien heeft ze een sluitend alibi en het wordt al snel duidelijk dat zij niets met Rons verdwijning te maken heeft.

De vraag is: wie dan wel? Elk motief voor moord of zelfmoord ontbreekt. Ron is een rustige, onopvallende man met goede familiebanden en een grote vriendenkring. Hij werkt als analist in een streekziekenhuis waar de andere medewerkers hem waarderen als een fijne collega. Voor zover familie, vrienden en collega's weten heeft hij geen schulden, geen verbroken relatie of een geheime passie die hem in moeilijkheden kan brengen. Niemand kan iets bedenken waarom iemand hem kwaad zou willen doen. In het begin loopt het onderzoek dan ook traag, want justitie houdt er rekening mee dat Ron er stiekem tussenuit is geknepen en in een zonnig oord vakantie viert.

Hij heeft zijn ouders en een paar vrienden verteld dat hij Sandra op donderdag 29 november (dus vijf dagen voor zijn verdwijning) een kaartje had gestuurd met het voorstel voor een ontmoeting. Het is dus wel begrijpelijk dat hij verband legt tussen zijn briefkaart en het telefoontje van het bemiddelingsbureau, maar Sandra zegt dat ze zijn kaart nooit heeft ontvangen. Op vrijdag 30 november is ze aan het werk. Haar vriend, de zevenenvijftigjarige wijnhandelaar Max Spaan, is die dag in haar huis om een paar faxen te versturen, de krant te lezen en de andere aangename dingen te doen van een man die de tijd aan zichzelf heeft. Het Openbaar Ministerie (OM) veronderstelt dat Max het kaartje in haar brievenbus vond en het plan beraamde om de onbekende mededinger te vermoorden. Hoe bizar die veronderstelling ook lijkt als je de man kent: niets is onmogelijk. Jaloezie is een sterke emotie en er zijn talloze voorbeelden van schijnbaar redelijke mensen die in een moment van bewustzijnsvernauwing tot zo'n wanhoopsdaad komen.

De geschiedenis moet uitwijzen of dat ook hier is gebeurd. Max heeft een ijzersterk alibi: op de avond van Rons verdwijning is hij thuis in gezelschap van zijn tennisvriendin Heleen van W. Zij heeft net een burn-out achter de rug die haar onzeker en kwetsbaar maakt. Bovendien heeft ze sinds haar jeugd een traumatische angst voor de politie. Dus zegt Max: 'Houd jij je er maar buiten. Ik red me wel.' In plaats van zijn ware en gemakkelijk controleerbare alibi vertelt hij een merkwaardig verhaal dat het OM als 'het detectiveverhaal' naar het rijk der fabelen verwijst (wat dat verhaal inhoudt leest u in het hoofdstuk 'Max'). Om haar duidelijk te maken dat hij niets met Rons verdwijning te maken heeft (zoals vriendinnen van haar suggereren) vertelt Max het detectiveverhaal op 25 januari ook aan Sandra, maar het effect is averechts. Ze vlucht haar huis uit en zoekt onderdak bij een vriendin die prompt de politie inlicht. De volgende morgen wordt Max in het huis van Heleen gearresteerd.

De recherche haalt hem door de mangel. Max praat de stenen uit de muur om zijn onschuld aan te tonen, maar justitie is ervan overtuigd dat ze haar man te pakken heeft, vooral als de technische recherche een bloedveegje met het DNA van Ron op de deurkruk van het linkerachterportier van Max' donkerblauwe Volvo V40 stationwagen ontdekt. Max heeft er een even simpele als plausibele verklaring voor die ik later in dit verhaal uit de doeken zal doen, maar alweer gelooft justitie hem niet. Dag in, nacht uit blijven de verhoorders hameren op hetzelfde aambeeld: wat heb je met hem gedaan en waar heb je hem gelaten? Die verhoren gaan de grens van het toelaatbare ver te buiten. Wie de verslagen leest gelooft zijn ogen niet. Toch heeft Max nooit bekend. Dat kan ook niet, want de typische daderinformatie – waar is het lijk en wat is er gebeurd – is voor hem net zo onbekend als voor zijn verhoorders.

Na twee maanden vruchteloos speurwerk vraagt justitie in het tv-programma *Opsporing Verzocht* hulp aan het publiek. Een politieman uit Dronten herinnert zich dat kinderen op 9 januari 2002 precies zo'n rode jas als die van de verdwenen man van het ijs op de Stobbentocht hebben gevist en met het mobieltje en de sleutelbos die in de zakken van de jas zaten bij hem hebben ingeleverd. Een vrouw uit Dronten herinnert zich dat ze op de avond van 4 december 2001 een man heeft geholpen die met zijn donkerblauwe Volvo stationwagen in de berm van de Stobbenweg vastzat, vlakbij de vindplaats van de jas. De volgende dag kamt de politie het aangrenzende Reve-Abbertbos uit en ontdekt het lijk in een graf dat met afgezaagde takken is gemarkeerd, 32 meter uit de bosrand, 42 meter van de plek waar de jas is gevonden en 100 meter van de plaats waar de Volvo heeft gestaan. Hoewel de vrouw uit Dronten geen kenteken heeft genoteerd twijfelt justitie er niet aan dat het Max' auto is, vooral als het Nederlands Forensisch Instituut (NFI) in de vloermatten van zijn auto dezelfde diatomeeën[3] vindt die onder in het graf zijn aangetroffen en volgens de toenmalige kennis kenmerkend zijn voor de voormalige Zuiderzeebodem.

Een forensisch patholoog-anatoom van het NFI onderzoekt het lijk. Hij vindt geen spoor van geweld, laat staan van dodelijk geweld. Na uitsluiting van alle andere doodsoorzaken blijven er twee over: verstikking of een natuurlijke dood. Er komen vier anonieme brieven bij justitie binnen (deels via een omweg) die een ander licht op de zaak werpen en suggereren dat Max onschuldig is. De rechtbank negeert die suggestie. Zij kiest voor verstikking in de gruwelijkste vorm – levend begraven – en veroordeelt Max tot twintig jaar cel.

Max gaat tegen het vonnis van de rechtbank in hoger

beroep. Het gerechtshof in Arnhem behandelt zijn zaak en bevestigt het vonnis van de rechtbank. Op de dag van de uitspraak gaf het Openbaar Ministerie dit persbericht uit.

Levenslang geëist voor moord op Ron Verbeek
28 juni 2004
Het Openbaar Ministerie heeft maandag voor het gerechtshof in Arnhem levenslange gevangenisstraf geëist tegen een 59-jarige man uit Bennekom wegens moord en het wegmaken van een lijk. Volgens de aanklager heeft de verdachte in december 2001 de 37-jarige Ron Verbeek uit Apeldoorn vermoord en diens lijk begraven in de bossen bij Dronten.

De man werd in februari 2003 door de rechtbank in Zutphen veroordeeld tot twintig jaar cel. Het OM vindt een hogere straf op zijn plaats, omdat psychiatrisch onderzoek aantoont dat de verdachte een persoonlijkheidsstoornis heeft. De kans op herhaling is groot.

De advocaat-generaal sprak over een koelbloedige eenmansactie voortkomend uit hevige jaloezie. Verbeek zou verliefd zijn op de vriendin van de Bennekommer. De vriendin was een collega van Verbeek. De verdachte organiseerde een blind date voor hem, waarna niets meer van hem werd vernomen. Pas maanden later werd het stoffelijk overschot van Verbeek gevonden in een graf in de bossen bij Dronten. Hoe het slachtoffer precies om het leven kwam is nooit duidelijk geworden. Uit sectie bleek dat hij mogelijk levend is begraven of door wurging of verstikking is gedood.

De verdachte ontkent iedere betrokkenheid. Hij vertelde de rechters urenlang fantasierijke verhalen over detectives. Volgens de aanklager zijn al deze verhalen aantoonbare verzinsels die passen in de beschrijving van deskundigen. Deze bestempelden hem als een in enige mate gestoorde fantast met een bovengemiddelde intelligentie.

Volgens het OM is er hard bewijs tegen de verdachte. Zo vond de politie in zijn auto een bloedspoor met DNA-sporen van Verbeek. In de tuin van de verdachte werd een schop gevonden en getuigen zagen zijn auto op de plek waar Verbeek begraven lag.

De zaak in hoger beroep sleept zich vanaf september voort, omdat er tijdens het proces telkens nieuwe anonieme brieven opdoken die onderzocht moesten worden. Maar dat onderzoek leverde geen nieuwe gezichtspunten op. (ANP)

In juli 2005 bevestigt de Hoge Raad het oordeel van het gerechtshof. Daarmee wordt het vonnis onherroepelijk. Hoe juist is dat vonnis?
Laten we bij het begin beginnen.

Ron was aardig, maar eenzaam.

citaat uit anonieme brief

Ron

Maandag, 3 december 2001

Wat hebben Ron Verbeek en de man van het relatiebemiddelingsbureau in hun lange telefoongesprek besproken? We weten waar het over ging, want dat heeft Ron verteld aan wie het maar horen wilde, maar over de details lopen de lezingen van de getuigen nogal uiteen. De B-analyse[4] van Rons telefoon toont aan dat het gesprek 18 minuten duurde – van 19.45 tot 20.03 uur – en dat de beller in een telefooncel in Ede stond. De Engelsman Clyde W., die zich tijdens dat lange gesprek naast dezelfde cel stond te verbijten, geeft een goed signalement van de beller. Clyde vertelt de rechercheurs die hem twee keer verhoren (waarvan de tweede keer in Engeland) het volgende:

In december 2001 kon ik een aantal keren niet direct in de telefooncel terecht omdat er al iemand aan het bellen was. Eenmaal heb ik wel 15 minuten moeten wachten. Die man zei dat hij familie aan het bellen was. De juiste datum van het voorval kan ik mij niet meer herinneren. Mogelijk kan ik hem herleiden uit mijn agenda.

Ik kan die man als volgt beschrijven: tussen de 35 en 40 jaar oud, lengte 1.70 meter, kort donker haar, normaal postuur, donkere kleding, donkere jeans, geen bril, mogelijk stoppelbaard, donkere bruine huidskleur. Volgens mij is het mogelijk een Marokkaan. Toen ik de telefooncel instapte liep hij in de richting van de parkeerplaats. Ik heb niet gezien waar hij naar toe ging.

Uit zijn agenda bleek dat hij inderdaad op 3 december rond kwart voor acht zijn ex-vrouw en kinderen in Engeland wilde bellen en een kwartier moest wachten voor de cel vrij kwam. De politie liet hem tien foto's zien, waaronder die van Max, maar Clyde herkende niemand. Geen wonder, want de tien mannen, allen blanke, gladgeschoren autochtone Nederlanders tussen 50 en 60 jaar oud, leken totaal niet op het signalement dat Clyde had gegeven. De vraag is: wie heeft Clyde dan wél gezien? Had de recherche dat niet uit moeten zoeken? Uit het feit dat Ron direct na het telefoongesprek naar zijn ouders ging en uitvoerig vertelde wat hij net had gehoord mogen we zonder meer aannemen dat dit het telefoontje was over de blind date.

Hoe brengt een relatiebemiddelingsbureau het contact tussen de klanten tot stand? Er zijn ongeveer zestig bureaus in Nederland, waarvan slechts acht erkend zijn door de AVR, de Algemene Vereniging van Relatiebureaus. Er is kennelijk veel kaf onder het koren en het is heel goed mogelijk dat elk bureau een eigen methode hanteert om klanten te koppelen.

Marja Poot, officemanager van *Just2Match* uit Amsterdam, vertelde me hoe het gaat bij de erkende bureaus. Van elke klant maken de medewerkers een uitgebreid dossier. Aan de hand van die gegevens brengen ze mensen met elkaar in contact. Natuurlijk blijft het een gok of het ook in werkelijkheid klikt, maar hoe beter de voorbereiding, hoe groter de kans van slagen. Ik beschreef haar hoe Ron was benaderd en ze deed het kort af: 'Amateurwerk.'

Direct na het telefoongesprek ging Ron even bij zijn ouders langs. Zijn vader vertelt:

> Op maandag 3 december 2001 kwam Ron omstreeks 20.15 uur bij ons. Hij vertelde dat hij kort daarvoor een telefoontje had gehad. Het was een leuk telefoontje geweest, maar hij vond het ook wel

een beetje eng. Ron zei dat hij van zijn collega Beate R. een tip had gekregen dat een vriendin van haar op zoek was naar een relatie. De vriendin heette Sandra. Beate had Ron voorgesteld haar een kaartje te sturen of te bellen. Ron zei dat hij een kaartje persoonlijker vond en dat hij het snel op de bus had gedaan. Wanneer hij het in de bus had gedaan heeft hij ons niet gezegd. Hij stond er versteld van dat hij gebeld werd door een relatiebemiddelingsbureau terwijl hij alleen maar een kaartje had verstuurd. Ron heeft geen naam genoemd van de beller. Wel vertelde hij dat hij de volgende dag om 18.00 uur zou worden opgehaald met een limousine om naar een deftig restaurant te worden gebracht. Hij zou een etentje krijgen met een vrouw. Ook zou hij weer thuis gebracht worden.

Ron had de beller gevraagd of hij een presentje mee kon nemen. De beller zei dat het bureau dit zou verzorgen. Ze kenden namelijk de voorkeur van de vrouw. Ron had gevraagd of het Sandra betrof. De man wilde dit niet zeggen. Hij had geantwoord: 'Zo werkt ons relatiebureau niet.'

Ron moest een pak aan voor het etentje. Hij zei nog dat hij niet van dat deftige gedoe hield, maar hij zou het toch doen. Hij was er van overtuigd dat de afspraak met Sandra was. Hij zei er wel meteen bij dat hij zich niet kon voorstellen dat Sandra bij een dergelijk bureau stond ingeschreven.

Ron had tegen de beller gezegd dat hij op bedoeld tijdstip een afspraak had lopen met iemand van de bank. De beller had gereageerd door te zeggen: 'Wat vind je nu belangrijker: een vrouw of de bank?'

Ron had de man ook gevraagd of deze bij de ontmoeting aanwezig was. De man had geantwoord dat hij er niet bij zat maar wel op zichtafstand aanwezig zou zijn. Ron moest ook een gedeelte van de kosten voor zijn rekening nemen. Ron zei tegen ons niet hoeveel hij zelf moest betalen.

Tijdens het telefoongesprek had de man ook gezegd dat Ron mooi woonde, in een goede wijk. Ron vroeg aan de man of hij soms gescreend was. De beller had alleen gezegd: 'Zo werken wij.'

Wij vroegen aan Ron wat voor indruk hij van de beller had. Hij zei dat het een aardige en rustige man was die goed op hem overkwam. Hij had zeker wel twintig minuten met de man gesproken. De man had Ron ook nog gezegd dat hij met niemand over zijn afspraak spreken mocht. Ron was echter opgetogen over de gemaakte afspraak en kon zijn mond niet houden. Hij zou de volgende dag een paar uurtjes vrij nemen en eerst nog even bij ons langs komen. Rond half negen vertrok hij die avond naar de verjaardag van Willem.

Heet van de naald. Ook op de verjaarspartij van zijn vriend Willem van der F. vertelde hij zijn verhaal. Weliswaar in de keuken, dus niet waar iedereen bij was, maar na afloop bleef hij een poosje na en besprak de date met Willem en zijn vrouw Dorine. Willem vertelt:

Ron probeerde tijdens het telefoongesprek uit te vissen wie deze cliënte dan wel was. De persoon van het relatiebemiddelingsbureau zei dat dit niet kon in verband met de privacy van hun cliënte. Ron vroeg of het de cliënte betrof die hij een kaart had gestuurd. De persoon zei dat het wel heel toevallig zou zijn als dit niet zo was. Ron vroeg of hij zelf contact met hun cliënte mocht opnemen. De man zei dat dit niet kon omdat zij in een eerdere relatie was geschaad en daarom een relatiebemiddelingsbureau had ingeschakeld.

Hoewel Sandra de speelgoedbeestenleeftijd ruim te boven was raadde Dorine Ron aan een knuffel voor zijn date te kopen. Rons nam die raad aan en kocht een egeltje van kunststof dat keurig ingepakt op de passagiersstoel lag toen de politie later zijn auto onderzocht.

Dinsdag, 4 december 2001

Katelyn L., een van zijn buurvrouwen in de flat, was de eerste die Ron op dinsdagmorgen zag. Het was nog donker, dus heeft ze alles in het licht van de straatlantaarns en de auto's gezien. Desondanks vertelt ze met een opmerkelijke rijkdom aan details:

> Op dinsdag 4 december 2001, rond 07.10 uur liet ik de hond uit in het park tegenover onze flat. Ron Verbeek liep voor de flat heen en weer en wachtte kennelijk op iemand. Wij groetten elkaar. Ik liep naar de overkant en liet de hond los in het park. Onderwijl begon ik de bevroren ruiten van mijn auto te krabben. Even later bracht ik de hond naar huis. Toen ik weer beneden kwam liep Ron nog steeds voor de flat. Ik ging door met het krabben van de autoruiten. Ron ging op de bestuurdersplaats van zijn auto zitten. Ik zag de binnenverlichting branden. De afstand tussen onze auto's was 10-15 meter.
>
> Ik stapte in mijn auto. Schuin achter mij naderde een auto die stopte naast die van Ron. Ik zag dat hij er niet meer in zat. Hij kwam aanlopen, ging op de pas-

sagiersplaats van de andere auto zitten en direct daarna reden ze weg.

De auto waarin Ron zat was donker, een groot, hoekig model, zoals een oudere Mercedes of BMW. Hij had normaal wit licht, dus niet geel of dat blauwe licht. De koplampen waren niet rond, maar welke vorm ze precies hadden weet ik niet. Ik kwam Ron wel vaker 's ochtends tegen maar dan stapte hij in zijn eigen auto. Ik heb hem nooit eerder met een ander mee zien rijden.

Bij wie is Ron ingestapt? Wanneer ze tegelijk dienst hadden reed hij om beurten met Willem van der F. naar het ziekenhuis, maar die was het niet. Wie wel? Waarom heeft de recherche dat niet uitgezocht? En hoe zit het met de tijd? Volgens Katelyn is Ron om 7.20 uur vertrokken, maar Mans van E., een collega-laborant, meldt dat hij hem al om zeven uur 's morgens in het ziekenhuis sprak. Een van beiden moet zich dus vergissen. Voor een helder beeld van de gebeurtenissen van die dag moeten op zijn minst de tijdstippen kloppen. Waarom heeft justitie dat nooit gecheckt, bijvoorbeeld door navraag te doen bij andere buren en bij andere collega's in het ziekenhuis? Hoe dan ook, dit is het verhaal van Mans van E.:

Op de ochtend van 4 december 2001 omstreeks 07.00 uur begon ik met mijn werk hier in het laboratorium. Ik zag Ron in de deuropening staan en ik zei: 'Ha, meester.' Zo noemde ik hem wel vaker, want toen ik hier begon te werken, heeft Ron mij ingewerkt. Hij zei: 'Hier is de meester.'

Hij was opgewekt en we liepen samen de gang op. Ik had in de gaten dat hij wat kwijt moest. Hij vertelde dat hij een afspraak had voor een etentje. Beate R. had hem attent gemaakt op een oud-collega. Hij had die vrouw de donderdag ervoor een kaartje gestuurd. Op maandag 3 december 2001 was hij gebeld door iemand die een afspraak wilde maken voor een ontmoeting met een vrouw. Zij zocht in een beschermde omgeving contact, aldus de onbekende. Ron vroeg of het om die persoon ging aan wie hij de kaart had gestuurd. Hij kreeg daar geen antwoord op. Ron zei: 'Ik kreeg geen antwoord op mijn vragen, maar het kan niemand anders zijn, dus ga ik er wel op in, daarom heb ik die afspraak gemaakt.'

Later die ochtend kwam hij weer. Hij ging zitten, zuchtte en zei: 'Pfft, dat het allemaal zo gaat. Ik doe dit puur omdat dit het eerste contact is, maar het zit me niet lekker. Dat ik een pak aan moet, pfff.'

Een pak is ook niets voor Ron. Hij draagt nooit een pak. Ik zei nog dat het er nu even bij hoort als het een sjiek etentje betreft. Hij moest dat even kwijt en ging weer aan zijn werk. Ik heb hem daarna niet meer gezien. Op woensdagmiddag 5 december 2001 hoorde ik aan het eind van de middag van een collega dat Ron vermist werd.

Het wordt nog vreemder. Vonne G., een buurvrouw, zag hem om negen uur in hun straat.

Ik heb Ron op dinsdag 4 december 2001 nog gezien. Ik stond die dag vermoedelijk rond 09.00 uur in mijn kamer en opende een klapraampje boven de balkondeur. Ik keek naar de straat en zag Ron bij zijn auto staan aan de passagierszijde. Het portier was open. Er stonden een paar mensen bij waarmee hij vermoedelijk praatte. Ik weet niet meer hoeveel mensen het waren en ook niet of het mannen of vrouwen waren. Ik kan ze in het geheel niet nader beschrijven. Die dinsdag ben ik omstreeks 14.00 uur weggegaan, omdat ik naar mijn dochter in Wierden moest om op te passen. De auto van Ron stond nog steeds langs de straat. Op de achterbank lag een pakje met een feestpapiertje erom. Het was geen pakje in een plastic zak, maar met een mooi papiertje erom.

Natuurlijk kan Ron na zijn gesprek met Mans razendsnel naar huis zijn gegaan, maar de vraag is: hoe en waarom? Volgens Vonne en Katelyn stond zijn auto thuis voor de flat, dus moet hij door iemand zijn weggebracht. De bus was door de omslachtige verbinding geen optie. Alweer is de vraag: door wie? Uiteraard is er een kans dat Vonne zich vergist in de datum. Haar verhoor was op 9 januari, ruim een maand later en het gaat om een triviale gebeurtenis die weinig indruk op haar maakte: een buurman met een paar mensen bij zijn auto. Maar dat feestelijk ingepakte pakje lag op die dag wel in zijn auto, want Ron heeft het die dag gekocht. Vonne zag het op de achterbank liggen. De politie vond het pakje later op de passagiersstoel. Heeft Ron het in de loop van de middag verplaatst? Waarom legde hij het cadeautje dan in zijn auto en niet op de plek waar hij zich zou kleden voor het diner? Hij zou door een limousine worden opgehaald, dan verwacht je toch niet dat hij het cadeautje in zijn auto laat liggen? Heeft hij die limousine verzonnen om het verhaal spannender te maken?

Vragen, vragen. Het lijkt alsof Ron in de eerste helft van die ochtend niets anders deed dan heen en weer vliegen tussen zijn huis en zijn werk. Het ligt voor de hand dat hij zijn eigen auto gebruikte. Willem van der F. kwam die ochtend omstreeks acht uur op zijn werk en zag Rons auto – een opvallende rode Mazda 323F – in de parkeergarage van het ziekenhuis.

Als we de verklaringen van Katelyn, Mans, Willem en Vonne naast elkaar leggen stuiten we op stevige inconsequenties in tijd en plaats. Katelyn zag Ron om 7.20 uur als passagier in een donkere auto vertrekken. Mans sprak hem om 7.00 uur in het ziekenhuis, 41,6 km verderop. Vonne zag hem om negen uur bij de flat met een paar onbekenden. Even later was Ron verdwenen, maar zijn auto stond er nog. Willem van der F. zag echter halverwege de ochtend Rons auto in de parkeergarage van het ziekenhuis. Dat kan kloppen, want omstreeks tien uur liep Ron in het ziekenhuis bij zijn vriend en collega Jan G. binnen.

Op dinsdag 4 december 2001, omstreeks 10.15 uur kwam Ron bij mij op het kantoortje van het laboratorium. Hij ging zitten, legde zijn armen op het bureau en zei: 'Wat mij nu is overkomen.' Hij had gisterenavond, vlak voordat hij naar de verjaardag van Willem zou gaan, een telefoontje gekregen van een relatiebemiddelingsbureau. De man vertelde Ron dat er een dame was die met hem voor dinsdagavond 4 december 2001 een 'blind date' wilde. Ron vroeg om wie het ging. De man antwoordde dat hij dat niet kon zeggen omdat deze vrouw in eerdere relaties was geschaad en daardoor anoniem wilde blijven. Ron had gevraagd of het Sandra betrof die hij een kaartje had gestuurd. De man zei dat Ron zelf een conclusie moest trekken. Ron was verbaasd over het feit dat hij niet reageerde toen hij de naam van Sandra had genoemd. Vervolgens had de man gezegd dat Ron in een goede buurt woonde. Hij wist ook dat Ron geen relatie had. Ron was verbaasd dat de man dat allemaal van hem wist.

Ik gaf Ron de raad voldoende geld en zijn mobiele telefoon mee te nemen zodat hij mij kon bellen als de date niet zou bevallen. Ik zou hem dan ophalen.

Ron zei dat hij Sandra afgelopen donderdag een kaartje had gestuurd voor een afspraakje. Ze had in ons ziekenhuis gewerkt op de kinderafdeling. Een collega van ons, Beate R., vriendin van Sandra, had een tijdje terug tegen Ron gezegd dat Sandra wel interesse voor hem had getoond.

Ron heeft mij niet verteld wat hij haar geschreven had, maar uit zijn verhaal leidde ik af dat het om een afspraakje ging. Hij zei dat hij vroeg was begonnen, omdat hij nog een pak moest regelen. Ik zei dat hij mijn pak kon lenen en belde mijn vriendin Sara om te zeggen dat Ron mijn pak zou halen. Hij is om 13.00 uur van zijn werk vertrokken.

Om vijf over halftwee kwam Ron bij Sara E. aan. De 42,5 km van het ziekenhuis naar haar huis voert grotendeels over binnenwegen, dus moet je stevig doorrijden om het in 35 minuten te halen. Ron reed pas om kwart over drie bij Sara weg, maar Vonne G. zag om twee uur zijn auto voor hun flat staan. Mans, Vonne of Sara moet zich dus vergissen in de tijd en de plaats. Het zegt iets over het geheugen van de getuigen. De herinnering van Sara is overigens uitstekend, zoals wel blijkt als zij over Rons date vertelt:

Omstreeks 13.35 uur kwam Ron bij mij thuis: helemaal blij, opgewonden en een tikkeltje zenuwachtig. Ik vond dat hij niet zichzelf was. Hij stond niet met beide benen op de grond. Hij vertelde mij over een telefoongesprek. Gisteravond was hij gebeld door een man van een relatiebemiddelingsbureau. Ron noemde voor- en achternaam van deze man. Het was een korte naam, maar ik kan het mij niet meer herinneren. Ron vertelde dat het een leuk gesprek was. De man had op hem een betrouwbare indruk gemaakt. Ik kreeg de indruk dat Ron meer dan een kort gesprek met de man had gevoerd.

De man belde namens een vrouw om een afspraak

34

met Ron te maken. Ron vroeg om wie het dan wel ging. De man zei dat hij haar naam niet mocht noemen. Ron vroeg of het mogelijk om Sandra ging, die hij een kaart had gestuurd om eens met elkaar af te spreken. De man had hierop geantwoord dat het wel gek zou zijn als het om een andere vrouw ging. Ron was er voor 90% van overtuigd dat de man namens deze Sandra belde. Hij vertelde dat hij geen enkele ervaring had met relatiebemiddelingsbureaus. Hij wist niet hoe een dergelijk bureau te werk ging en of dit de normale gang van zaken was.

Zoals ik al verklaarde, maakte de man op Ron een heel betrouwbare indruk. Hij vond het echter wel vreemd. De man vertelde Ron dat hij op 4 december 2001 om 18.00 uur vanaf zijn woning zou worden opgehaald. Ron moest op dat tijdstip klaar staan in een net pak omdat hij voor die avond werd uitgenodigd voor een diner met die vrouw. Ik weet dat Ron de man heeft verteld dat dit eigenlijk niet zijn manier van kennismaken is. Dit zou hij ook zeggen tegen de vrouw van de afspraak. Ook weet ik dat Ron heeft gevraagd of hij nog iets voor haar moest meenemen. De man zou hebben gezegd dat dit allemaal werd geregeld. Ik weet dat Ron dit vreemd vond en het eigenlijk zelf wilde regelen. De man zou Ron wel gezegd hebben dat hij een gedeelte van de kosten moest betalen. Er is met mij niet over een bedrag gesproken dat Ron eventueel zou moeten betalen.

Ron was erg opgewonden en ik kon zien dat hij er veel zin in had. Hij paste het kostuum van Jan dat hem goed zat. Het is een tweedelig donkerblauw pak. Het merk weet ik niet maar het pak is vorig jaar gekocht bij Piet Zoomers te Wilp. Verder kreeg Ron een lichtblauw overhemd mee. Ik weet dat hij zelf zwarte schoenen had die hij onder het pak zou dragen. Verder heeft hij bij zijn ouders een stropdas gehaald die hij bij het pak zou dragen.

Tijdens het gesprek opperde ik dat hij in de maling werd genomen en dat de afspraak niet echt was. Ron was er echter van overtuigd dat de afspraak serieus was. Verder viel mij nog het volgende op tijdens zijn bezoek. Gedurende het gesprek kwamen we op het uitstapje dat wij jaarlijks met onze vriendenclub maken. Het ging om het weekendje in september 2002. Ron zei onder meer: 'Dat is me ook wat. Heb ik iemand aan de haak geslagen, is zij jarig in het weekend van ons uitstapje.' Ron vertelde mij dat Sandra op 30 september jarig zou zijn. Kennelijk wist hij de geboortedatum van haar.

Omstreeks 14.30 uur is Ron bij mij vertrokken.

Tot het moment dat Ron mij vertelde over de blind date, wist ik niet dat hij een kaart had gestuurd naar Sandra. Later hoorde ik dat zij een vriendin of collega is van een andere collega van Ron.

Direct daarna reed Ron naar zijn ouders om zijn das te laten strikken, maar ze waren niet thuis. Hij liet zichzelf binnen met de huissleutel, wachtte een poosje en toen het te lang duurde liet hij een briefje achter en stapte weer in zijn auto. Op weg naar huis kwam hij hen tegen, dus keerde hij om en reed achter hen aan. Zijn vader vertelt over dat bezoek:

Op dinsdag 4 december 2001 hebben wij boodschappen gedaan en op de terugweg, omstreeks 15.20 uur kwamen wij Ron tegen. Hij draaide zijn auto en kwam ons achterna. Bij de woning hielp hij mee de boodschappen naar boven brengen. Hij vertelde dat hij eerder ook al bij ons was geweest. Ron is in het bezit van een sleutel van onze woning. Ron droeg op dat moment een spijkerbroek en een rood jack. Wij weten niet meer wat voor trui.

Ron had een briefje achtergelaten op de tafel. Toen wij boven kwamen stak hij het weer in zijn zak. Een paar weken na zijn vermissing vonden wij dit briefje terug in de zak van het rode jack. Wij hebben het briefje bewaard.

Ron vertelde dat hij een pak kon ophalen bij Sara van Jan. Hij vroeg of ik zijn das wilde knopen en of ik een passende riem voor hem had. Ron is maar even geweest, maar hij zou om 16.30 uur terug komen in het pak van Jan.

Die dag, dus 4 december om 16.30 uur kwam Ron terug in het pak van Jan. Hij had twee stropdassen bij zich en wilde weten welke het beste bij het pak paste. Eén das was van hem zelf en de andere van Jan. Ron gebruikte zijn eigen stropdas.[5] De stropdas van Jan troffen wij later in zijn woning aan en die hebben we aan Jan teruggegeven. Ik heb de stropdas voor Ron geknoopt en hem een riem van mij gegeven. Terwijl Ron nog bij ons op de bank zat zag ik aan hem dat hij wat gespannen was. Ron zei dit niet en ik heb er ook niet naar gevraagd, maar ik zag het wel aan hem. Ik zei dat wij nog meer aan hem zouden denken dan wij normaal al deden. Ik adviseerde hem om een jack mee te nemen. Hij was bij ons zonder overjas. Ik drong er ook nog bij Ron op aan dat hij ons zou bellen wanneer hij weer thuis was. Ik weet nog steeds niet waarom ik dit vroeg. Dit doen wij normaal gesproken nooit. Het maakte niet uit hoe laat het werd. Ron beloofde dit te doen.

Even na vijf uur kwam Ron bij de flat zijn buurvrouw Tessa

van M. tegen. Zij is de laatste officiële getuige die hem in leven heeft gezien, maar haar verhaal kreeg geen aandacht bij het OM, terwijl het van cruciaal belang lijkt voor het raadsel van Rons verdwijning.

Ik was nogal bezig met deze verdwijning van Ron. Telkens vroeg ik mij af wanneer ik hem voor het laatst gezien had. Het moet op dinsdag 4 december 2001, omstreeks 17.05 uur geweest zijn. Ik had onze auto in de garage gezet, mijn boodschappen eruit gehaald en liep bepakt en bezakt naar huis. Plotseling hoorde ik achter me: 'Je mag wel wat zeggen, hoor!' Ik keek om en zag Ron. Ik zei hallo, en verontschuldigde me dat ik hem niet eerder had gezien. Hierna ben ik zonder verder een praatje te maken doorgelopen naar huis. Ron ging volgens mij ook naar zijn huis. Hij had zijn rode winterjas aan. Het leek of hij haast had. Ik weet niet hoe ik erbij kom maar dat is een gevoel.

Toen ik thuiskwam liet ik mijn vriend Don zien wat ik gekocht had. We aten in de woonkamer. Omstreeks 17.30 uur liep ik naar de keuken. Ik keek naar buiten en zag een witte bus achter de auto van Ron staan. De verlichting was uit. Hij had een schuifdeur aan de rechterkant. Er zaten geen ramen in de zijkant. In de achterklep zat wel een ruit. De bus had geen belettering. Net toen ik door wilde lopen stapte een blanke Nederlandse man van 45-50 jaar aan de bestuurdersplaats uit de bus. Hij had een bol gezicht, kort haar met inhammen in de haarinplant en in slagen naar achteren gekamd. Volgens mij droeg hij nette, grijze kleding. Ik kan niet zeggen of hij een jas of een jack droeg. Zeker geen colbert of lange jas. Hij bleef voor Rons auto op straat staan. Hij wachtte op twee vrouwen die ook uit de bus waren uitgestapt.

De eerste was een Nederlandse vrouw van ongeveer 35 jaar. Ze had halflang donker steil haar. Ook
zij droeg nette kleding: rok, donkere jas en donkere
schoenen met een hak. Ze liep zelfverzekerd en ele-
gant: iemand die wist hoe ze moet lopen. Ze liep aan
de rechterkant over het trottoir langs de auto van
Ron. Ik weet niet of zij in de auto heeft gekeken. Ze
bleef bij de man staan en keek om, kennelijk om te
kijken waar de andere vrouw bleef. Dat was ook een
blanke vrouw van 45-50 jaar. Ze had donkerblond
krullend haar dat nog niet tot haar schouders kwam
Wat kleding betreft heb ik haar niet zo bekeken
omdat zij bij de auto van Ron met haar linkerhand
over de beslagen achterruit wreef. Door deze opening keek zij met haar handen om haar gezicht in de
auto. Vervolgens liep ze naar de andere vrouw en
keek naar de flat van Ron.

Ik had duidelijk het gevoel dat ze voor Ron kwamen.
Ik zei tegen Don: 'Goh, Ron heeft zeker een feestje.
Er stappen mensen uit en die staan op zijn auto te
wrijven.' Don reageerde niet. Ik ben toen naar de
keuken gelopen.

Ik denk dat ik zo'n twee minuten naar deze drie heb
gekeken. Ik kan ook niet zeggen of ze daadwerkelijk
naar de flat gelopen zijn. Het pad zit iets verderop en
ik heb niet gezien dat ze daarheen gelopen zijn. Ik
weet niet of ik ze direct zou herkennen. Mocht ik ze
onder deze omstandigheden en op deze plaats weer
treffen dan zou ik wel kunnen zeggen of het dezelfde
mensen zijn.

Wie waren die drie? Het is lastig zoeken met zo'n vaag signalement, maar een rechercheteam had die drie en hun bus
wel kunnen vinden. Temeer daar ook anderen de bus zagen

en er een betere beschrijving van gaven. Zoals buurman Wouter B. die alle auto's uit de buurt kent.

> Op 4 december 2001 was ik om 16.30 uur thuis. Ik woon hier ruim 35 jaar. Ik ken bijna alle auto's uit de buurt. Ik kan mij geen vreemde auto's herinneren. Regelmatig rijdt er een witte bestelbus door de straat. Deze rijdt alleen maar langs. Het is een oud type Mercedes bus. Er staat geen opschrift op de zijkant. Hij heeft aan de zijkanten ook geen ramen. Het tijdstip van langs rijden weet ik niet precies. Dit moet in ieder geval na 17.00 uur zijn. Het is dan donker.

Een man verdwijnt. Zijn familie slaat alarm en als de politie ten slotte met een buurtonderzoek begint komen er zoveel aanwijzingen dat je zou verwachten dat de recherche alles op alles zet om die tips uit te zoeken. Misschien hebben ze het wel geprobeerd, maar uit het dossier blijkt daar niets van. We zullen dus nooit weten wie die twee vrouwen en die man waren die vlak voor Rons verdwijning zoveel belangstelling voor hem toonden. Zou het echt zo moeilijk zijn in de wijde omtrek alle eigenaren van een oud type Mercedesbus na te gaan en, als ze enige gelijkenis met het signalement vertonen, naar hun alibi voor die avond te vragen? Behalve in de verklaring van Tessa komen de drie onbekende bezoekers in het strafdossier niet voor. Kennelijk heeft geen van de andere buren het drietal gezien. Het verhaal van Tessa, dat de politie naar mijn idee tot op de bodem uit had moeten zoeken, is zelfs opgenomen in de lijst niet-relevante getuigen. Onbegrijpelijk, temeer daar een andere buurman, John H., zich na de uitzending van *Opsporing Verzocht* herinnerde dat ook hij op die dinsdagavond 4 december drie onbekenden bij een donkere personenauto zag staan voor de flat. Hij vertelt:

Ik herinner mij, dat ik op dinsdagavond 4 december 2001 tussen 18.00 en 20.00 uur voor de flat een stevige, donkere personenauto zag staan, 10 à 15 meter vanaf de lantaarnpaal. Er stonden drie mensen bij op het trottoir: een man met een lange jas en een stelletje, dat wil zeggen een man en een vrouw. Ze stonden met elkaar te praten. Verder heb ik niets gezien. Ik heb die auto ook niet zien vertrekken. Het was een voor mij onbekende auto. Ook de mensen die bij die auto stonden kwamen mij niet bekend voor. Ik dacht dat het een makelaar was met mogelijke kopers.

Volgens de andere flatbewoners zag John H. alles wat er om de flat gebeurde, maar hij reageerde pas na de vraag op tv: wie heeft deze donkere Volvo V40 stationwagen (getoond werd de auto van Max) op 4 december 2001 in de buurt van de flat gezien? Hoewel er vier maanden tussen zijn waarneming en zijn verklaring zitten had de politie ook zijn verklaring na moeten gaan bij de andere flatbewoners.

We hebben dus twee getuigen die op de bewuste avond onbekenden zagen voor de flat. Het is natuurlijk niet zeker dat de drie keurig geklede blanke Nederlanders van Tessa van S. en het drietal dat John H. zag iets met de verdwijning van Ron te maken hebben, maar het is onmiskenbaar dat het drietal in de witte bus voor Ron kwam.

Had de politie alle verklaringen qua tijd en plaats niet met elkaar moeten vergelijken en in twijfelgevallen de getuigen nog eens moeten ondervragen? Waarom is bijvoorbeeld Vonne G. niet nader verhoord: denkt u nog eens goed na over datum en tijd, want het klopt niet met de verklaringen van andere getuigen. Het is allemaal niet gebeurd omdat justitie er kennelijk van overtuigd was dat Max de dader was. Het OM negeerde alle getuigenverklaringen die een ander licht op Rons verdwijning konden werpen. De politie heeft zo weinig ontdekt dat de vraag rijst of ze wel serieus onderzoek heeft gedaan. Bijna alle bewijzen à charge (of wat daarvoor doorgaat) zijn gevonden door deskundigen van het Nederlands Forensisch Instituut (NFI) en naar bewijzen à décharge is niet of nauwelijks gezocht. Het zoeken naar ontlastend bewijs is misschien ook niet haar eerste taak, maar op het weinige dat de recherche op eigen kracht heeft uitgevoerd is veel aan te merken. Deze zaak heeft naar schatting meer dan tienduizend mensuren gekost en een zeer eenzijdig beeld van overledene en verdachte opgeleverd. Gechargeerd gezegd: de een als heilige, de ander als monster.

Kunnen we in de verhalen over Ron Verbeek iets vinden dat een verklaring geeft voor zijn verdwijning en voortijdige dood? Hoe waren zijn betrekkingen met anderen? Hoe was hij op zijn werk? Wat deed hij in zijn vrije tijd? Kortom: wie was Ron Verbeek?

Een gouden gozer, zei de aanklager die hem niet gekend heeft, evenmin als de rechtbankjournalisten die in navolging van deze hoeder der gerechtigheid schreven wat een geweldige vent het was. Over de doden niets dan goeds, maar niemand is zo goed als het OM en het journaille over Ron beweren. Om een juist beeld van de overledene te krijgen kunnen we dus beter te rade gaan bij mensen die hem wél gekend hebben. Zoals Roosje R., die 14 jaar intensief met hem samenwerkte. Ze ontvouwt een interessante theorie over zijn verdwijning.

> Ik ben een naaste collega van Ron Verbeek. Destijds was dat nog in het ziekenhuis in Bennekom. Ik heb hem toen nog ingewerkt. Ik werk al 14 jaar met hem samen en denk dat ik hem redelijk ken. Ik moet wel zeggen dat ik privé geen contact met hem heb. Op het werk spraken wij veel, zowel over het werk als privé.

Dit wil natuurlijk niet zeggen dat ik alles van hem weet.

Ik denk dat hij niet verdween door een misdrijf maar mogelijk de hand aan zichzelf heeft geslagen. Ik baseer dat op het volgende:

Ongeveer twee weken voordat Ron verdwenen is, ik schat zo rond 15 à 19 november 2001 trof ik hem op de afdeling Chemie 2. Ik zag aan zijn gedrag dat hij gestrest was. Hij zat achter de computer. Ik zag dat er iets niet lukte en vroeg wat er aan de hand was. Hij vertelde dat hij de voorschriften moest invoeren in de computer in Word. Dit lukte hem niet, zei hij. Ik heb hem toen geholpen. Tijdens dat gesprek bleek dat hij er thuis ook mee bezig was, soms wel tot midden in de nacht. Ik zei dat hij niet thuis moest werken, maar net als anderen gewoon op het werk de zaken moest afwerken. Ron reageerde op het feit dat hem iets niet lukte op de computer heel gestrest. Ik schrok daar erg van, want het leek wel of zijn carrière er van afhing, maar dat is absoluut niet het geval. Verder wist ik van Ron dat hij slecht met zijn directe chef Lies L. overweg kon. Lies is B-analist van de afdeling Chemie 2. Wij praten hier binnen de afdeling niet over een chef, maar in feite is zij voor een A-analist als Ron het aanspreekpunt. Boven Lies staat de hoofdanalist, dat is Frans J. Ook met hem kon Ron slecht overweg. Hij heeft mij zelf verteld dat hij het met beiden slecht kon vinden. Ik kan daar nog over vertellen dat hij kort voor zijn verdwijning als geintje tegen me zei dat hij wel op mijn afdeling, dus Hematologie, wilde komen werken en dat ik dan het microscopische werk zou doen en hij de rest. Ik weet niet precies meer hoe dat gesprek ging, maar de kern van het verhaal was dat hij een slechte band met zijn leidinggevenden had.

Ik vertel u dit om het volgende. Ron heeft een aantal mislukte relaties achter de rug. Ik weet dat hij wel eens enkele dagen weg is gebleven van het werk omdat een relatie was mislukt. Dit had dus een hele impact op hem. Nu heb ik als theorie dat Ron door een relatiebemiddelingsbureau is benaderd. Hij verwachtte daar een bekende te treffen en naar ik later vernomen heb zou dat een Sandra zijn geweest. Nu kan ik mij voorstellen dat Ron verwachtte dat hij bijvoorbeeld die Sandra zou treffen. Toen bleek dat ze het niet was of niet voldeed aan zijn verwachtingen was hij zo teleurgesteld dat hij in een impuls zichzelf wat zou hebben aangedaan. Het is ook mogelijk dat hij door iemand anders, b.v. een bekende, met het verhaal van zo'n relatiebureau voor de gek was gehouden en dat hij zich er zo voor schaamde dat hij zo voor paal werd gezet, dat hij de hand aan zichzelf heeft geslagen.

Zelfmoord uit schaamte? Het lijkt onwaarschijnlijk, maar Roosje kende hem goed. Niettemin: uit de foto's van Rons flat – afwas in de gootsteen, kleren over stoelen gedrapeerd, twee telefoons lukraak op tafel – blijkt dit niet het huishouden te zijn van iemand die zeker weet dat hij nooit meer terug zal komen. Laten we eens zien wat zijn chefs vertellen. Vreemd genoeg is Lies L. niet gehoord, wel Frans J., het afdelingshoofd, die verklaart:

Ik heb geregeld contact met Ron en ook regelmatig functioneringsgesprekken met hem gevoerd. Tijdens het laatste gesprek zei hij dat hij niet lekker in zijn vel zat. De oorzaak was privé, want hier had hij het goed naar zijn zin. Hij zei niet wat er aan de hand was. Nu ik erover nadenk, herinner ik me dat het iets te maken had met relatieproblemen.

Behoudens de baas/medewerkerrelatie hebben we een normale collegiale band waarbij we heel open over allerlei dingen spreken, dus ook over privé aangelegenheden. Als ik hem tref en merk dat hij met iets zit vraag ik of hij erover wil praten. Het kwam wel voor dat hij in eerste instantie ontkende, maar later op mijn kantoortje kwam en toch begon te vertellen.

Ron is fulltime bij ons in dienst en draait alle voorkomende diensten. Hij doet zijn werk goed. Als ik hem een rapportcijfer moest geven kreeg hij een zeven. Hij wordt door ons goed gewaardeerd.

Ron is nooit te beroerd om een dienst te ruilen en het maakt hem niet uit met wie hij dienst heeft. Dat is een uitkomst, want er zijn wel personeelsleden die niet met bepaalde collega's willen samenwerken.

De vierde december 2001 kan ik mij nog goed herinneren. Toen ik rond 07.45 uur binnenkwam was Ron al aan het werk. Hij had de IMMULITE 1 machine aangezet. Deze machine draait bij ons alleen op dinsdag. Ik vroeg of hij om 07.00 uur begonnen was. Hij antwoordde van niet, maar hij was wat vroeger begonnen, want hij wilde eerder weg. Normaal zou hij dit met mij moeten overleggen, maar dat had hij niet gedaan. Hij had ook niet met iemand geruild. Ik heb er niet veel woorden over vuil gemaakt, maar ik had wel voor mijzelf zoiets dat het niet te vaak voor moest komen. De volgende dag, woensdag 5 december 2001 hoorde ik dat hij een blind date zou hebben gehad. Dit hoorde ik van een collega, die was benaderd door de vader van Ron. Dinsdagavond was ik in Alkmaar op een verjaardag. Ik ben toen door niemand gebeld of anderszins benaderd vanuit mijn werk.

In de loop van woensdag 5 december 2001 werd mij duidelijk dat er iets met Ron aan de hand moest zijn en heb ik het personeel bijeen geroepen. Ik vertelde dat Ron om 08.00 uur op zijn werk had moeten verschijnen en dat de familie zich zorgen maakte. Ik zag bij het personeel geen bijzondere reacties. Ze waren allen verbaasd en reageerden ook op een wijze die daarbij hoort.

Frans J. laat er geen misverstand over bestaan wie de baas is, maar hij suggereert dat de verstandhouding beter is dan Ron aan Roosje vertelde. Het kan allebei waar zijn: tegen een collega sputtert Ron over zijn baas, tegen de baas durft hij niet voor zijn mening uit te komen. Dat was ook niet makkelijk, want de werksfeer was zo slecht dat bedrijfsmaatschappelijk werkster Wyke P. opdracht kreeg de laboratoriumafdeling door te lichten.

Sinds begin 2001 heb ik circa tien gesprekken gevoerd met Ron. Ik ben door het ziekenhuis ingehuurd om te proberen het hoge ziekteverzuim terug te dringen. Als speerpunt werd de Laboratoriumafdeling aangewezen. Op deze afdeling heerste een opvallend hoog ziekteverzuim. Ik heb veel gesprekken gevoerd met een deel van de medewerkers van deze afdeling. Ik was voor allen gemakkelijk aanspreekbaar. Op die afdeling liep Ron tegen problemen aan waardoor hij sterk geïrriteerd raakte. Ik heb hem leren kennen als een open iemand die makkelijk contact maakt. Het viel op dat hij sterk zocht naar een partner om een blijvende relatie aan te gaan. Hij viel op personen die niet erg stabiel waren. Eerst had hij een relatie met Willemien J. Na mijn begeleiding hoorde ik van Beate R. dat hij contact zocht met

Sandra F. Sandra heb ik ook begeleid in de tijd dat zij in dit ziekenhuis werkte.

Ik vroeg Ron op te schrijven wat hij als zijn sterke en zwakke kanten zag. Ik heb de gegevens niet bij me, maar ik weet wel dat hij zichzelf naïef noemde. Ik zal u de gegevens opsturen. Hij kwam over als iemand die hoge eisen stelde aan zichzelf en aan het werk dat hij afleverde. Hierdoor kon hij andere mensen minder ruimte geven om het werk op hun manier te doen. Hij eiste van anderen dezelfde perfectie die hij ook van zichzelf verwachtte. Dat brak hem wel eens op. Na verloop van tijd werd hij zich hiervan ook bewust en probeerde hij er aan te werken. Hij deed keurig wat ik van hem vroeg. Het afzeggen van een afspraak met mij kwam niet voor bij Ron. Het was een aardige, gedreven man die pal stond voor zijn werk.

U vraagt of ik het mogelijk acht dat Ron dusdanige problemen had dat hij geen uitweg meer zag en suïcide gepleegd kan hebben. Ik kan mij niet voorstellen dat hij dit zou doen. Uiteraard heb ik geen zicht meer op hetgeen zich na de zomer afspeelde, maar wanneer hij problemen had dan zou hij wel contact met mij hebben opgenomen. Wij kwamen elkaar regelmatig tegen. Hierbij is mij niets bijzonders opgevallen. Ik kan mij geen enkele reden voor de geest halen waarom Ron verdwenen is. Voor zover ik het kan inschatten was hij een doodnormale gangbare burger zonder bijzonderheden.

Rons sterkte/zwakteanalyse zou interessant zijn om het beeld te completeren. Alweer is de vraag: waarom is er niets mee gedaan? Waarom is er überhaupt geen grondige analyse van het slachtoffer gemaakt? In een strafzaak waar de interpretatie van het onderzoek tot fundamenteel verschillende conclusies kan leiden – moord, zelfmoord of een natuurlijke dood – is het van belang om te weten wat het slachtoffer van zichzelf vond. Het is onwaarschijnlijk dat hij zijn geheim prijs zou geven, maar zijn eigen analyse van zijn sterke en zwakke kanten voor een vertrouwenspersoon had ons beeld kunnen verrijken. Gemiste kans.

Laten we eens zien wat hij deed in zijn vrije tijd. Hij hield van sport, tenniste en squashte elke week en eens per twee weken ging hij met een vriend naar een gokhal om aan de eenarmige bandiet zijn geluk te beproeven. Klaas G., medewerker van de gokhal, vertelt:

Ik werk al elf jaar in de amusementshal Number One te Apeldoorn. Ik weet dat Ron Verbeek uit Apeldoorn vermist wordt. Er is hier in december 2001 een pamflet over zijn vermissing afgegeven door een vriend van hem.

Hij kwam hier regelmatig, eens per twee weken en al een paar jaar lang. Hij kwam altijd in het begin van de week en bijna altijd samen met zijn vriend. Ze waren altijd in sportkleding en als het ware onafscheidelijk. Ron was absoluut geen zware gokker. Hij gokte tot maximaal fl 100,=. Dat was al veel voor hem. Ron was een recreatiegokker. Of hij eens een groot bedrag gewonnen heeft, weet ik niet. Hij won wel eens wat. Ron bleef nooit lang, meestal tot een uur of elf. Zijn kameraad gokte ook mee. Er was niets opmerkelijks aan Ron of zijn vriend. Ze waren altijd vriendelijk en correct. Ze waren altijd goedlachs. Ik heb ze nooit chagrijnig meegemaakt. Ik heb nooit gezien dat ze met andere mensen contact hadden. Of ze na Number One nog ergens anders gingen gokken, weet ik niet.

Geen schokkend nieuws. Ron wist duidelijk maat te houden, ook toen hij eens (volgens Willem van der F.) duizend gulden won. Het is wel vreemd dat de politie de vriend waarmee hij de gokhal bezocht niet heeft gevonden, of niet heeft willen zoeken. De enige die vertelde dat hij af en toe meeging is Willem van der F., maar de man van de gokhal heeft het over steeds dezelfde man waarmee hij jarenlang en met vaste regelmaat in de gokhal kwam. Waarom heeft justitie Rons activiteiten in de gokhal als niet relevant terzijde gelegd? De aanklager heeft het zelfs in de rechtszaal rondweg ontkend en dus heeft de recherche blijkbaar ook niet uitgezocht wie dat vaste gokmaatje was. Het is erg jammer dat de politie niet naar die vriend heeft gezocht, want hij had over een terrein dat Ron zorgvuldig voor zijn familie en vrienden verborgen hield informatie kunnen geven die wellicht van belang zou kunnen zijn.

Zijn tennisleraar, Mees van de J., blijkt een goed waarnemer te zijn. Hij vertelt:

Ron Verbeek heeft zeven jaar tennisles van mij gekregen, samen met zijn zus Linda, en nog twee anderen. Ik ken Ron redelijk. Ik ben een keer bij hem thuis geweest. Bij Linda kom ik vaak of zij komt bij mijn vrouw en mij.

Ron is een fanatiek tennisser. Hij kon niet tegen zijn verlies. Hij ergerde zich als het niet ging. Het groepje waaraan ik les geef tennist recreatief. Het is altijd heel gezellig. Ik geef hen les op woensdagavond van 20.30 uur tot 21.30 uur.

Ron is wel eens met een meisje uit de flat komen tennissen. Zij viel wel eens in het groepje in. Ron was gek op dat meisje. Hij is ook wel eens gek geweest op een meisje van het werk. Ron is een vriendelijke, sympathieke man. Er wordt hier heel wat geroddeld over wat er met hem gebeurd kan zijn. Roddels over een vriendin op het werk, of dat hij homo kan zijn, of dat hij vastzit en de hele dag pillen moet draaien. Ik heb niks concreets gehoord. Ik kan mij niet voorstellen dat Ron homo is, want hij was de eerste die keek als er een leuk meisje binnenkwam. Wij keken elkaar dan even aan.

Ik vind het helemaal niks voor Ron om niets van zich te laten horen. Hij is de oogappel van zijn ouders. Ik ben twee keer bij zijn ouders geweest en ze hadden het dan veel over Ron. Ik denk meer dan over de andere kinderen. Ron zou zijn ouders nooit in de steek laten. Van Linda hoorde ik dat Ron vaak bij zijn ouders eet.

Ron was een beetje een zorgenkindje. Hij had vaak pech. Als er iets gebeurde, dan was het meestal met hem. Ik denk dat zijn ouders hem erg beschermden. Volgens mij was Ron wel heel teleurgesteld als een relatie niks werd. Met tennis liet hij wel eens zijn koppie hangen. Mijn ervaring met tennis is, dat als iemand zijn koppie snel laat hangen, dit meestal ook thuis gebeurt. Met kinderen zie je dat met de resultaten op school. De laatste tijd ging het niet zo lekker met het tennis van Ron. Hij mopperde dan, vooral de laatste paar weken. Misschien had hij zijn hoofd er niet bij. Ik heb er niet met hem over gesproken, want ik vond het niet zorgwekkend. Ik zie dat wel vaker bij mensen.

Ron is 4 à 5 jaar geleden mee geweest naar een tenniskamp in Tunesië. Hij is toen een keer neergevallen tijdens tennissen. Misschien omdat het te warm was. Hij is toen met zijn hoofd op het beton gevallen. Ze hebben in Tunesië geconstateerd dat hij een scheurtje in zijn schedel had. Dat zou weer

genezen. Ron is vervolgens onderzocht in Nederland. Er zijn volgens mij geen beschadigingen gevonden. Hij heeft er verder geen last van gehad.

Pech. Het woord komt vaker bij zijn intimi voor, zoals bij
Sara E. waar hij het pak leende:

> Ron is een aardige man. Hij is gewoon en heeft geen
> uitspattingen. Hij is wel een pechvogel. Er zijn van
> die 'dingetjes' die hém altijd overkomen.

Een van die dingetjes overkwam hem tijdens een tennisva-
kantie in Tunesië. Mees van de J. stipte het al aan, maar Rons
tweelingzus Linda weet er meer over.

> In maart 1994 gingen Ron en ik mee met een tennis-
> vakantie in Tunesië, georganiseerd door Mees, onze
> tennisleraar. Het gezelschap bestond uit 40 perso-
> nen. We zijn er één week geweest. Ron was de hele
> vakantie ziek.
>
> In maart 1995 organiseerde Mees weer een tennis-
> vakantie en ook hieraan namen wij deel. Op de twee-
> de vakantiedag kwam Ron zonder duidelijke reden
> op het tennisveld ten val. Hij viel met zijn hoofd op
> een betonnen vloer en raakte buiten westen. Hij is
> afgevoerd naar het ziekenhuis. Daar werd een sche-
> delbasisfractuur vastgesteld.[6] Na overleg met de
> behandelend arts en de alarmcentrale in Nederland
> besloten we dat het beter was om niet terug te vlie-
> gen, dus zijn we teruggegaan naar Nederland met de
> boot en de trein.
>
> Terug in Nederland stelde Ron zich onder behande-
> ling van een neuroloog in het ziekenhuis te
> Apeldoorn. De neuroloog kon geen medische verkla-

ring geven voor het feit dat Ron in Tunesië plotseling was gevallen. Volgens mij heeft Ron niets nadeligs overgehouden van de schedelbasisfractuur. Het viel me wel op dat hij wat vergeetachtiger is geworden vergeleken met de periode daarvoor. Hij heeft wel eens tegen mij gezegd dat hij minder dingen tegelijk kon doen. Ron dacht dat dit met de schedelbasis-fractuur te maken had. Hij is niet erg lang onder behandeling van de neuroloog geweest. Twee maan-den voor het ongeluk in Tunesië kreeg hij op zijn werk een zware deur van een koelcel op zijn hoofd. Zover ik weet had hij een hoofdwond die gehecht is.

Hoewel ze maatjes waren had hij geheimen voor haar, zoals het feit dat hij regelmatig gokte.

U vraagt mij of Ron gokte. Zover ik weet gokte hij niet. Wij zijn een keer in een casino geweest in Nijmegen. Wij waren met vrienden, Mees met zijn vrouw, Ron en ik. Ron gooide diverse guldens in een speelautomaat. Ik zei tegen hem: ik heb nog 1 gul-den. Ik gooide die laatste gulden erin en won een behoorlijk bedrag: ik denk zo 100 à 150 gulden. Dit is al een aantal jaren geleden. Ik heb nooit gehoord dat Ron geld heeft gewonnen met gokken.

Welk beeld kunnen we uit al deze getuigenissen halen? Naïef, noemde hij zichzelf. Ron kan niet tegen zijn verlies, zei zijn tennisleraar en als het tegenzit laat hij 'gauw het kop-pie hangen'. Een zorgenkind, volgens zijn ouders. Hij was hun enige zoon, maar om hem hadden ze meer zorgen dan om al hun dochters. Een pechvogel, zei een vriendin. Een rustige man die nooit moeilijkheden veroorzaakt, zeiden de medewerkers van de gokhal. Lief, maar star, zei de enige vrouw waarmee hij voor zover bekend het bed heeft gedeeld. Saai, zei een andere vrouw met wie hij tevergeefs een relatie probeerde aan te knopen. Geen hoogvlieger, zei zijn baas, maar het is prettig dat hij zich zo gemakkelijk bij iedereen aanpast. Nooit moeilijkheden met Ron, zeiden zijn collega's, de enige met wie hij niet overweg kan is de computer. Ron houdt van gezelligheid, zeiden zijn vrienden en het is iemand met wie je niet snel ruzie krijgt. De meeste kenden hem van de laboratoriumschool. Het clubje dat toen bij elkaar in de klas zat bleef een vriendenclub waarin Ron een eigen plaats innam. Met de een ging hij meer om dan met de ander, maar hij was als vrijgezel bij alle paren welkom. Zo ontstaat uit de getuigenissen van familie, vrienden en collega's het beeld van een vriendelijke, wat naïeve man, zonder veel ambities, maar met het vermogen door uiteenlopende mensen aardig te worden gevonden, een eigenschap die we in deze boze tijd niet genoeg naar waarde kunnen schatten.

Het enige dat niet bij dat beeld past is zijn moeizame relatie met vrouwen. Hij zag er, zonder nou echt een Brad Pitt te zijn, helemaal niet slecht uit. Daarom is het des te vreemder dat het hem zo ontzettend veel moeite kostte een vrouw te vinden. Zijn buurvrouw Penny K. heeft één keer het bed met hem gedeeld en daar bleef het bij. Ze gaf er geen reden voor, behalve de vage reden dat ze niet bij elkaar pasten, maar het was duidelijk dat het geen succes was. Met de andere vrouwen met wie hij een relatie probeerde aan te knopen kwam het niet eens zover. Ook zij gaven geen duidelijke redenen waarom ze geen amoureuze relatie wilden. Er zijn verklaringen van twee vrouwen waar Ron verkikkerd op raakte. Penny K. zei:

We woonden in dezelfde flat, hij op de derde etage en ik op de eerste. In 1999 heb ik hem beter leren kennen toen we samen in het bestuur van de vereniging van huiseigenaren zaten. Het was een gezellige gozer. Je kon met hem lachen en we hadden dezelfde humor. Op een gegeven moment ondernamen we veel samen. Verder tennisten wij op de buitenbaan van zijn tennisvereniging. Ik was eerst introducé en later ben ik lid geworden.

Ron en ik hadden een vriendschappelijke relatie, maar we hebben wel eens gezoend en we zijn een keer met elkaar naar bed geweest. Dat was bij Ron thuis. Later had ik er spijt van. Ik wilde niet verder gaan met een intieme relatie. Ik kan me voorstellen dat ik toen verwachtingen heb gewekt. Je hebt allemaal gevoelens en op een of andere manier gingen we zoenen. Ik denk dat het twee jaar geleden is dat we met elkaar naar bed zijn geweest. Ik zei een week later tegen hem dat ik niet meer dan een vriendschappelijke relatie wilde. Ik zei dat ik hem heel aardig vond maar dat ik niet verliefd was. Ron begreep dit wel. Hij is toen ongeveer vier dagen thuisgebleven van zijn werk. Kennelijk was hij heel erg teleurgesteld. Ik baalde van mezelf. Ik vond dat Ron het wel zwaar opnam. Na twee weken gingen we weer vriendschappelijk met elkaar om. Ron had er vrede mee, tenminste zo gedroeg hij zich. Ik kon merken dat hij weinig ervaring had toen wij met elkaar naar bed gingen. Dit heeft er niks mee te maken dat ik niet meer dan vriendschap wilde. De chemie tussen ons was er gewoon niet. Ik heb hem ook niet de indruk gegeven dat de seks daarmee te maken had.

Ron had wel pech met het aanknopen van relaties. Ik kreeg de indruk dat iedereen hem wel aardig vond, maar tot een bepaalde hoogte en niet verder. Ik denk dat hij dat wel vervelend vond. Ik heb Ron eens gevraagd hoe het kwam dat hij op 37-jarige leeftijd nog geen relatie had gehad. Hij zei dat hij misschien te kieskeurig was. Ik zei dat hij iemand ook een kans kon geven. Ik vond Ron daar best wel star in. Bijvoorbeeld de vrouw met het kind waar hij verder niks mee wilde. Ik zei dat ze een kans moest hebben, maar Ron bleef daar bevooroordeeld in.

Ron zou volgens mij nooit zomaar verdwijnen. Ik heb wel eens gedacht of hij mogelijk zelfmoord gepleegd kon hebben. Maar ik weet wel zeker van niet, omdat hij altijd een brief zou achterlaten. Hij heeft een hele sterke band met zijn tweelingzus Linda. Hij zou haar nooit pijn doen.

Met Willemien van J. kwam het niet eens tot een relatie. Ron wilde dolgraag, maar zij niet en dus bleef het een soort zwevende vriendschap. Willemien vertelt:

In februari 2001 zei Ron: 'Ik vind je meer dan alleen een collega.' Ik zei dat ik daarover wilde nadenken. Na een paar dagen nodigde ik hem uit bij mij thuis in IJsselstein. Dit was op 27 februari 2001. We hebben die avond gezellig zitten praten over het werk, hobby's en astrologie. Op 9 maart 2001 had ik een afspraak in Apeldoorn. Ik heb het gecombineerd met een etentje bij hem thuis. Die avond begon hij intiemer op mij in te praten. Hij wilde een relatie met me. Ik liet hem merken dat ik niet wilde. Ik ben toen vrij snel naar huis gegaan.

De dagen erna had ik het gevoel dat Ron mij ontliep. Ik zei dat hij moest begrijpen dat een intieme relatie van twee kanten moet komen. Ik wilde graag met hem omgaan als een prettige collega. Dat heb ik ook aan hem gemaild.

Begin maart 2001 heb ik 6 weken gerevalideerd na een whiplash. Toen ik weer op het werk kwam gedroeg Ron zich weer als vroeger. We gingen collegiaal met elkaar om. In deze tijd vroeg hij of hij voor een nachtdienst bij mij langs mocht komen voor een kopje koffie. Ik vond dit wel vreemd. Ron woont in Apeldoorn en werkt in Ede, om dan via IJsselstein, 80 kilometer verderop, koffie te gaan drinken. Maar ja, dacht ik, dat moet hij zelf maar weten. Op 10 juni 2001, kwam Ron rond 20.00 uur bij mij thuis. We hebben koffie gedronken en gekletst over het werk. Daarna ging Ron naar zijn werk. Een soortgelijk geval was op 22 juli 2001. Tijdens deze bezoekjes heeft Ron niet meer gesproken over een intieme relatie. Na 22 juli 2001 is Ron niet meer bij mij thuis geweest. Ik zag hem alleen in het ziekenhuis. We gingen zoals vroeger collegiaal met elkaar om.

Ik had inmiddels een nieuwe baan als doktersassistente in Utrecht. Ik had voor mijn collega's een afscheidsfeestje gepland op 4 september 2001. Toen Ron dit hoorde vertelde hij mij op het werk dat hij het erg vond dat ik weg ging uit het ziekenhuis in Ede. Hij zei dat hij niet op mijn afscheidsfeestje zou komen. Ik vertelde hem dat ik dat erg jammer zou vinden. Uiteindelijk kwam hij toch. Na 4 september 2001 hebben we elkaar niet meer gezien. Ik heb nooit een seksuele relatie met hem gehad. Meer kan ik u niet verklaren.

Die mislukkingen vraten aan hem. Hoewel hij met zijn blind date te koop liep praatte hij zelden over zijn mislukte relaties. De enige die er alles van af wist was Vincent B., een schoolvriend uit Deventer die elke week naar Apeldoorn reed om met Ron te squashen.

Ron vertelde mij wel eens dingen die hij niet aan Willem van der F. vertelde. Zo vertelde hij mij van de relaties die hij met vrouwen had. Als die stuk liepen zat Ron stevig in de put. Ron is ook wel bij mij geweest na zo'n relatiebeëindiging.

Vooral de laatste jaren was het vaak raak met de relaties van Ron die mislukten.

Ron had pech met zijn relaties. Waar dat aan lag, weet ik niet. Ron was leuk als vriend maar verder niet misschien. Ron had ook wel intieme relaties. Onder andere met een buurvrouw van hem, ene Penny. Hij was met haar wel naar bed geweest en voelde zich later misbruikt. Hij had ook een relatie met een directe collega van hem, ik dacht dat ze Willemien heette. Hij is daar wel eens geweest, maar dat is op niets uitgelopen. Zij hield de boot af. Daar begreep Ron niets van. Hij is daardoor ook ziek thuis geweest. Ik denk wel een week. Dit was zijn laatste relatie. Ron wilde graag een relatie maar dat moest dan wel passen in zijn leefomgeving. Hij wilde het leven zo voortzetten, zoals de tennis en de squash en hij moest trots op zijn vriendin zijn. Zo was hij helemaal in zijn nopjes met Penny K.

Rons geheim

Waarom zou een aardige man in de bloei van zijn leven geen vrouw kunnen vinden die bij hem past? Hoe komt het dat Ron schijnbaar onvermoeibaar op zoek was naar een vrouw en bij elk nieuw contact zo'n onzekere, schuwe indruk maakte? Hield hij eigenlijk wel van vrouwen of dienden die pogingen om zichzelf en anderen ervan te overtuigen dat hij 'normaal' was; de Apeldoornse variant van normaal: hetero met baan en gezin. Inmiddels weten we – onder meer uit twee getuigenissen die later in dit verhaal uitvoerig aan bod komen – dat er een voor de hand liggende reden was waarom het met vrouwen niet wilde lukken: Ron was biseksueel met een sterke neiging naar de homokant. Niemand in zijn omgeving wist dat. Het feit dat hij op een bekende homo-ontmoetingsplaats werd begraven bracht een snuggere politieman op de gedachte dat er verband kon zijn tussen die plek en de geaardheid van het slachtoffer, maar de familie wees die suggestie verontwaardigd van de hand.

Die homokant is ook genoemd in het verhoor van Rons oudbuurman Herman P. op 17 januari, toen er van een lijk nog geen sprake was. Herman zei er het volgende over:

> Ron en ik hebben onder meer samen getennist en gesquasht. Ook heeft hij ons geholpen met onze verhuizing. Mijn vrouw en ik vonden hem de laatste tijd opgewekter dan afgelopen zomer. Als u mij vraagt Ron te omschrijven dan kan ik zeggen dat hij een trouwe hond was. Hij was voor alles en iedereen goed, zou niemand kwaad doen, was eerlijk en had alles keurig in orde. U vraagt mij of Ron zich wel eens heeft uitgelaten over homoseksualiteit. Nee, ik kan mij absoluut niet voorstellen dat hij iets te maken heeft met homoseksualiteit.

Ook tennisleraar Mees van de J. had verklaard niet te geloven in Rons eventuele homoseksualiteit, maar volgens de anonieme getuigenissen die later in dit verhaal uitvoerig ter sprake komen was Ron biseksueel. Uit die brieven citeer ik twee uitspraken die naar mijn idee passen bij het beeld van Ron Verbeek. *Ron was aardig, maar eenzaam,* schrijft zijn blonde homovriend in een anonieme brief aan de rechtbank. Ron en die blonde vriend bezochten samen homo-ontmoetingsplaatsen in Gelderland en Flevoland. *Hij stond bekend als voyeur, betaalde ook voor diensten*, schrijft een homoprostituee op 14 juli 2004 in een niet ondertekende e-mail aan Victor van Aarden, Max' advocaat. In die e-mail schrijft hij ook dat een Marokkaanse prostituee foto's van Ron en zijn blonde vriend maakte om hen te chanteren. Op grond van de vindplaats van het lijk en de anonieme brieven bracht Van Aarden Rons homoseksualiteit op de zitting ter sprake. Alweer volgde een geschokte reactie, niet alleen van de familie maar vooral van Willem Leonard, de officier van justitie. Ik citeer uit de Stentor van 30 januari 2003. Onder het kopje *Met modder smijten in de zaak Verbeek* vindt men het volgende fragment:

> Waar de aanklager helemaal kwaad over was waren de aantijgingen van de advocaat aan het adres van Ron Verbeek. Hij zou in de homowereld verkeren en gokverslaafd zijn. 'Niets, maar dan ook niets van waar. Wij hebben alles onderzocht aangaande het slachtoffer en gelooft u maar, alles! Wij hebben niets kunnen vinden. We hebben het hier over een man van onbesproken gedrag, oftewel een gouden gozer.'

Einde citaat. Het zegt onbedoeld drie dingen: de recherche heeft Rons seksuele geaardheid niet ontdekt, een homo die een gokje waagt is volgens de officier van justitie een bedenkelijk sujet en de stem des volks is het met hem eens. De toon waarop het in de rechtszaal werd gezegd was zo laatdunkend dat Van Aarden er niet op terugkwam. Helaas, want hij had alle recht de opvatting van Leonard aan de kaak te stellen. Edith de B., een tennisvriendin van Max, vertelde me dat Leonard het publiek bespeelde als een volleerd demagoog. Zodra Rons homoseksualiteit ter sprake kwam viel hij uit zijn rol als magistraat en reageerde als een ordinaire straatvechter. Ook de familie werd erg boos.

Waarom reageerden het OM en de familie Verbeek zo heftig op Rons homoseksualiteit? We leven in een land dat zijn meest flamboyante nicht postuum tot de grootste Nederlander aller tijden koos. Je kunt de waarde van die verkiezing met een korreltje zout nemen, maar er is tussen de verschillende landstreken toch wel een groot verschil in de acceptatie van de herenliefde. Wat men in de randstad gewoon vindt is op de Veluwe kennelijk nog taboe. Hoe zou de zaak zijn verlopen als justitie had geaccepteerd dat Ron biseksueel was? Het zou voor de familie een schok zijn geweest, maar het had de zaak een andere wending gegeven en er was een goede kans dat de waarheid tijdig boven tafel was gekomen. Grondig recherchewerk had dat kunnen bewerkstelligen, maar wat dit recherchebijstandsteam er van maakte kwam voort uit een verbijsterend beperkte visie. Natuurlijk: in veel opzichten was Ron Verbeek een 'doodnormale, gangbare burger zonder bijzonderheden', maar hij was ook een zorgenkind van zijn ouders, een pechvogel en een man die er maar niet in slaagde een vrouw aan zich te binden. Was Ron een verkapte homo die in het geheim aan zijn gerief kwam? Waarom heeft de politie niet in zijn computer gekeken? Zou Ron nooit naar homosites hebben gekeken?

Alexander Bund, docent aan de Academie voor Psychodynamica, vertelde me dat bepaalde kerntjes in de hypothalamus bij homoseksuele mannen andere biologische kenmerken hebben dan bij heteromannen. Het is een ontdekking van de Amsterdamse hoogleraar Dick Swaab die aanvankelijk op veel weerstand stuitte bij homo's, maar die nu ook door hen algemeen wordt erkend als normaal biologisch kenmerk van homoseksualiteit. Die ontwikkeling begint al in de baarmoeder. Testosteron – het manlijke geslachtshormoon – speelt een belangrijke rol. De vraag is: wat is het nut van deze kennis bij het onderzoek naar Rons dood? Het is nu niet meer na te gaan, maar een mogelijke vergroting van die – overigens zeer kleine – hersenkernen bij Ron zou wellicht terug te vinden zijn op een MRI-scan. Uit het dossier blijkt dat de neuroloog in het Nederlandse ziekenhuis waar hij zich na zijn val in Tunesië liet onderzoeken alleen röntgenfoto's gemaakt en daarop zijn de weke delen van de hersenen slechts te zien in contouren. Ook als hij wel een MRI-scan van Rons hoofd heeft gemaakt dan is het twijfelachtig of die gegevens zijn bewaard. In het sectierapport van de patholoog-anatoom is er niets over gemeld. Het is ook de vraag of de aanklager wist dat iemand met een homoseksuele geaardheid daarvan een herkenbaar biologisch kenmerk in de hersenen draagt.

En het is natuurlijk de vraag of het bij de lijkschouwing terug te vinden zou zijn. De hypothalamus ligt in de middenonderzijde van de hersenen, weegt vier gram en neemt minder dan één procent van het hersenvolume in beslag. Wat gebeurt er met zo'n piepklein onderdeeltje na vier maanden bederf? Ik heb prof. Swaab gevraagd of dat biologische kenmerk van homoseksualiteit bij een obductie terug te vinden is. Dat kan, maar het is een zeer specialistisch onderzoek, waarbij de onderzoeker en degene die het hersenmateriaal verzamelt en prepareert uiterst behoedzaam te werk moet gaan. En zelfs als dat goed gebeurt is er geen zekerheid dat de specialist het bij die ontzettend kleine orgaandeeltjes aan kan tonen. Niettemin: als er hersenmateriaal van Ron bij het NFI bewaard is gebleven dan zou dat onderzoek alsnog plaats kunnen vinden. Met alle voorbehoud dat prof. Swaab maakt kan dat onderzoek een aanwijzing geven over Rons mogelijke homoseksualiteit.

Ik kom later uitvoerig terug op Rons seksuele geaardheid. Nu sta ik nog even stil bij het telefoongesprek aan het begin van dit hoofdstuk. Alle informatie over dat gesprek komt van Ron zelf. Het kan waar zijn, maar het heeft er alle schijn van dat hij het grootste deel van het verhaal over de blind date verzonnen heeft. Bemiddeling door een relatiebureau, een limousine met chauffeur, een diner in een chique restaurant en dat allemaal met een eigen bijdrage van tachtig gulden, zoals een van de getuigen vertelde? Of was het een val om Ron in een compromitterende situatie te lokken? We weten nu dat dit inderdaad het geval was, maar om een geheel andere reden dan justitie veronderstelt. De rechtbank neemt aan dat Max de beller van 3 december 2001 was die Ron in de val lokte om hem een dag later te vermoorden. In werkelijkheid was het een val om hem in een heterdaadactie te lokken waarover we laten meer zullen lezen.

We hebben nu een beeld van Ron Verbeek. Een heel gewone, aardige man. Hij had weinig geluk met vrouwen, maar in al zijn andere relaties was Ron een fijne vent. Iedereen in zijn omgeving zou hem een lang en gelukkig leven toewensen. Ik kan me voorstellen dat zijn familie zijn dood nog lang niet verwerkt heeft. Ook onder zijn vrienden en collega's zullen er mensen zijn die het nog steeds niet kunnen geloven. Al die mensen denken op gezag van justitie dat hun zoon, broer, vriend of collega op een gruwelijke manier is vermoord. Laten we eens kijken wie die vermeende moordenaar is.

De geschiedenis is de som der dingen die vermeden hadden kunnen worden.

Konrad Adenauer

Max

Max Spaan zit sinds januari 2002 vast voor de moord op Ron Verbeek. De hoop dat justitie ooit tot inkeer komt houdt hem op de been. Als dat niet gebeurt zit hij tot 27 mei 2015 en als hij echt pech heeft en de volle straf moet uitzitten duurt het nog tot 2022 voor hij vrij komt. Wat is die vermeende moordenaar voor een man? Wat hij ook mag zijn: over hem is nog meer te vertellen dan over het slachtoffer. Niet omdat hij op het moment van diens dood twintig jaar ouder was en de kans krijgt nog veel ouder te worden, zij het onder beroerde omstandigheden. Of omdat hij zo'n bijzondere kerel is, want dat is hij niet. Max is net zo'n 'doodnormale, gangbare burger' als Ron was, maar met een ongewone geestkracht: de *guts* onvermoeibaar te vechten om zijn onschuld te bewijzen in een situatie die je zonder overdrijving slopend mag noemen. Het leven in het Rijk van de Bok *is* geen leven. Je zit aan de absolute onderkant van de samenleving. Lager in de maatschappelijke pikorde kun je niet zakken. Sommigen wordt het te veel en zij maken er een eind aan.

Justitie   Memo

Aan   Alle bewoners
Van   Unit directeur
Datum   7 december 2005
Onderwerp   Overlijden gedetineerde V.

Vanmiddag, woensdag 7 december 2005, is gedetineerde V. als gevolg van een verhanging overleden. Personeel heeft hem tijdens medicijnen uitdelen aangetroffen in zijn cel. Betrokkene was reeds overleden.

Het lichaam van betrokkene is inmiddels overge-
bracht naar het rouwcentrum.

Met vriendelijke groet,

Unit Directeur

In de Blue Band-bajes[7] is het percentage zelfdodingen tweehonderd keer hoger dan het Nederlands gemiddelde. Max
heeft er acht zelfmoorden beleefd, maar pas eind 2005 werd
de dood van een medegevangene voor het eerst aan alle
gedetineerden bekendgemaakt.

Hoe kwam het zover met deze destijds zevenenvijftigjarige
ex-leraar en wijnhandelaar uit liefhebberij? Hij leidt een prettig geordend leven. Hij heeft een relatie met een jonge,
levenslustige vriendin, een vrijstaand huis op een van de
mooiste plekjes van Bennekom, een baan die meer op een
hobby dan op echt werk lijkt en genoeg geld om riant te
leven. Behalve over een zwakke rug en een hartaanval zonder veel blijvende schade hoeft hij zich nergens zorgen over
te maken. Hoe komt die man in aanraking met een veel jongere man die het op zijn geliefde heeft voorzien en kennelijk
zo'n bedreiging wordt dat hij geen andere uitweg zag dan die
jonge man te vermoorden?

Het bloedveegje

Max kan zich de datum niet meer herinneren, maar het moet
in november 2001 zijn geweest toen hij voor de eerste en
enige keer Ron Verbeek ontmoette. Hij is alleen in het huis
van Sandra. Hij heeft een paar faxen verstuurd, zijn post uit

de brievenbus gehaald, de krant gelezen en aan het eind van de middag wil hij een doos wijn voor haar samenstellen. Als hij de voordeur opent staat een lange man voor het huis, aarzelend alsof hij het juiste adres zoekt.

'Kan ik u helpen?' vraagt Max.

'Woont hier misschien Sandra F.?'

'Die woont hier,' zegt Max. 'Maar ze is nu niet thuis. Kan ik iets doorgeven?'

'Ik ben een vroegere collega van haar,' zegt de man. 'Ik wou haar weer eens zien.'

Max steekt zijn hand uit en stelt zich voor. De man neemt zijn hand aan. 'B..Bob. Ik was toch in de buurt en dacht: ik ga even aan.'

Bob... De naam zegt Max niets. Opeens schiet hem te binnen dat Sandra hem wel eens over ene Robert heeft verteld, een jeugdvriendje waarmee ze een scharrel had. Bob is van haar leeftijd, misschien iets ouder. Hij zou het dus kunnen zijn, maar die Robert was korter en dikker. Bob is zeker 1.90 meter, maar hij is niet zwaarlijvig. Rond, vlezig, vriendelijk gezicht, lichtblauwe ogen die angstvallig Max' blik ontwijken. Hij weet niet goed raad met zijn houding, maar Max doet net of hij die verlegenheid niet opmerkt. Hij maakt de achterklep van zijn Volvo V40 stationwagen open, zet een lege doos in elkaar en laat zijn blik over de volle wijndozen gaan die het achtercompartiment vullen.

Bob kijkt mee. 'Goh, bent u soms wijnkoper?'

'Inderdaad,' zegt Max. 'Ik wil een doosje voor Sandra vullen, maar ik moet even zoeken.'

'Mag ik eens kijken?'

'Zeker. Als u daar toch staat wilt u me dan een fles uit de doos achter de stoel aangeven?'

Bob staat naast het geopende linkerachterportier en pakt uit elke doos die Max aanwijst een fles. Sommige dozen zitten nog dicht en hij moet ze met enige kracht openmaken. Ze keuvelen over wijn en mijden het onderwerp Sandra. Pas als er spatjes regen vallen en Max voorstelt in de auto te gaan zitten om het buitje af te wachten komt ze weer ter sprake.

'Bent u haar vader?' vraagt Bob.

'Nee,' zegt Max. 'Ik ben haar beste vriend.'

Bob kijkt hem verbaasd aan. 'Dan ben ik niet goed geïnformeerd.' Opeens is hij weer net zo verlegen als in het begin. Hij kluift op zijn nagels, maar Max kan zonder bril niet zien of hij echt een nagelbijter is die zijn nagels tot de nagelriemen heeft afgebeten.

'Hoe kent u haar?' vraagt Max vriendelijk. 'Van het ziekenhuis? Of van de sportschool?'

'Van het werk,' mompelt Bob. Hij wrijft over de beslagen voorruit en kijkt naar buiten. De regen is opgehouden. Hij maakt het portier open. 'Ik denk dat ik maar eens ga.'

'Ik zal zeggen dat u geweest bent.'

'Nee, doet u dat maar niet. Ik was niet zo goed geïnformeerd. Dag... eh Max.'

'Dag Bob.'

Max vertelt Sandra pas maanden later over zijn ontmoeting met Bob. Sandra kan zich niets herinneren bij de beschrijving die hij van Bob geeft. In zijn cel beseft Max dat Bob Ron was en om redenen die we hem niet meer kunnen vragen een schuilnaam koos. Waarom die geheimzinnigheid? Benaderde hij alle vrouwen die zijn belangstelling opwekten zo schuw?

In het enige verhoor waarvan een volledige transcriptie bestaat proberen de rechercheurs Hans E. en Harry H. met Max te achterhalen of Bob inderdaad Ron Verbeek is geweest. Uiteraard gaat het verhoor niet alleen over de ontmoeting met Ron. De transcriptie beslaat 35 bladzijden die grotendeels door Max worden gevuld. De vragen zijn oneliners, de antwoorden duren soms een volle bladzijde, compleet met alle aarzelingen, versprekingen en onafgemaakte zinnen die elk langdurig gesprek kenmerken. In dit verhoor zijn de rechercheurs nog de redelijkheid zelve. Ze proberen echt te achterhalen wat er gebeurde en het is Max die er een krampachtig verhoor van maakt. Als je het verhaal leest denk je: man, hou het kort; maar hij blijft dooremmeren over een scheve mond, een ontwijkende blik, wel of geen kuiltje in de kin, kortom, het is één grote aarzeling. Nu weet hij zeker dat de schuwe, onzekere Bob inderdaad Ron Verbeek was, maar juist bij dat verhoor, het enige waarin je de indruk krijgt dat de verhoorders oprecht belang stellen in zijn verhaal, is hij niet zeker van zijn zaak. Na zes uur verhoor weten we nog steeds niet of Bob Ron was. Vooral het schatten van de leeftijd kostte veel moeite.

Hans	Kende Sandra die Bob?
Max	Bob zei haar niks. Bob? zegt ze, Bob? Net zoals Sandra dan kijkt. Bob, nee dat zegt me helemaal niets.
Hans	Heb je het kort na het contact met Bob aan haar verteld?
Max	Ja, maar het had op dat moment geen enkele impact.[8] Hoe zag hij eruit? Voor mijn gevoel, ja dat vind ik moeilijk, vond ik het iemand van 40, 42 jaar. Mag ik een taxatie doen hoe oud jij bent?
Hans	Tuurlijk.
Max	Ik weet het niet. Dat vind ik al heel moeilijk om te doen. Ik denk dat jij een jaar of 45, 46 bent.
Hans	42.
Max	Sorry.

Een halve bladzijde verder, grotendeels gevuld door Max:

Max	…dat weet ik niet meer hoor, maar het feit was gewoon dat hij vrij abrupt vertrok nadat hij mij gevraagd had of ik de vader was. Ik zeg: 'ik ben een hele goede vriend van haar.' Misschien heb ik dat er even bij gezegd, 'al heel lang' of zo. Ik heb de neiging om meestal gedetailleerder te zijn, dat ken je wel van me zo langzamerhand…
Hans	Ja, ik lach je toe.

Als Max het verhaal met veel aarzelingen nog eens heeft verteld komt de leeftijdschatting weer op de proppen.

Max	… Ik had zelf het idee dat het een iets dikker gezicht was. En dat het iemand was van 40, 42 jaar. Maar ik heb net naar Hans z'n leeftijd gevraagd en ik heb hem erg beledigd door hem te oud te schatten.
Hans	Nee hoor.
Harry	Moet je helemaal niet naar mijn leeftijd vragen?
Hans	Vragen, Max, vragen. Hoe oud is hij?
Max	Ik moet wel uitkijken dat ik niet weer iemand op zijn ziel trap…
Harry	Dat doe je niet, hoor.
Max	Mag ik eens kijken dichtbij. Ze zeggen wel eens: je kunt het aan de… (maakt de zin niet af)
Harry	Dan ga je al helemaal fout.
Max	Je bent getekend door het leven. Nou moet ik aan de voorzichtige kant blij-

Harry	ven. Ik denk dat jij 48 bent.
	Dan ben je wel heel voorzichtig.
Hans	Ik zeg niks.
Max	Is het zo erg?
Harry	Nee, maar dan weten we meteen dat we je daar niet serieus in moeten nemen, in leeftijd schatten.
Max	Bij Hans zat ik er drie jaar naast. En hoe oud ben jij?
Harry	42.
Max	O, wat erg, ja je ziet er echt ouder uit. Getekend door het leven en zo.
Harry	Het gaat er om hoe oud je je voelt.

Zoals we ons maanden later nauwelijks herinneren hoe een onbekende eruit zag waarmee we een praatje maakten, zo kon Max niet in detail terugroepen hoe Bob er half november uit had gezien. Omdat het bloedspatje nog niet ontdekt was gingen de verhoorders niet tot op het bot. Ze bleven zich keurig gedragen, ook toen het detectiveverhaal ter sprake kwam, waarvan toen al duidelijk was dat ze er geen snars van geloofden. Toch is het vreemd dat justitie geen poging deed Max' verhaal te onderzoeken, al was het maar om aan te tonen dát het een ingewikkelde leugen is, zoals de rechters beweren. Ze hebben het wel aan Sandra gevraagd. Behalve wat in de voetnoot staat zei ze er op 28 januari 2002 het volgende over:

Max vertelde mij bij die psychotherapeut gisteren dat hij half november 2001 op een middag uit mijn huis kwam en een man ontmoette op het pad naar mijn voordeur die zich voorstelde als Bob. Hij vroeg of ik hier woonde. Max zei dat het klopte. Die Bob vroeg of Max mijn vader was. Max had gezegd dat hij een goede vriend van mij was. Die Bob deed aardig tegen Max en wilde meer weten van mij. Hij kende mij van vroeger en wilde weer contact. Max wilde hem niet in huis laten omdat hij die Bob helemaal niet kende. Omdat het regende nodigde Max hem uit om in zijn auto verder te praten. Na een poosje is hij weggegaan. Ik ken echter geen Bob. Max heeft hem wel aan mij beschreven. Die Bob had een bol gezicht en was langer dan hij, ongeveer 1.85/1.90 m. Hij was fors gebouwd.

Max en Sandra hebben nog wel gesteggeld over dit verhaal. Sandra zegt op 26 januari 2002 tegen de politie dat Max bij thuiskomst na de therapeut had gezegd: 'Ik zou het toch wel fijn vinden als je morgen bij de advocaat gaat zeggen dat ik je dat van Bob half november 2001 al heb verteld.' Volgens Max is dat niet helemaal waar en heeft hij letterlijk gezegd: 'We moeten met onze advocaat maar overleggen of ik dit al eerder tegen jou heb gezegd.'

Hoe dan ook: het doet niets af aan het feit van die ontmoeting, waarbij nog een detail van belang kan zijn. Toen de twee mannen naast elkaar in de auto zaten viel het Max op dat Bob/Ron zijn zakdoek in zijn hand hield, af en toe op de vingers van de andere hand zoog en ze afveegde aan de zakdoek. Hij heeft niet gezien of er een wondje aan die vinger zat, maar achteraf leek het veel op iemand die zich geprikt heeft en wilde verbergen voor een vreemde dat hij er last van had. Justitie heeft Max' verhaal over de ontmoeting met Bob afgedaan als een leugen, maar het is een zeer plausibele verklaring voor het bloedveegje. Ik denk dat Max' verhaal over die ontmoeting klopt. Dat kunnen we niet alleen afleiden uit de consistentie van de verklaringen van Sandra en Max, maar vooral uit het tijdstip waarop ze zijn gegeven, lang voor de vondst van het bloedveegje en nog veel langer voordat Ron werd gevonden en er nog steeds geen enkele zekerheid was of hij dood was of uit eigen wil een poosje was verdwenen.

De detective

Dit zijn de *dramatis personae*: *Hans Vecht*, de detective is de enige met een volledige naam, al is het de vraag of het zijn echte naam is; *Ruth* (geen achternaam), de moeder van het schandknaapje waarmee Ron contact had gezocht; *Bruut*, de naamloze assistent van de detective die Max wegens zijn grove en zelfs dreigende optreden 'Bruut' heeft gedoopt, en de eveneens naamloze *eigenaar*, wiens rol niet geheel duidelijk is, maar die aan de vooravond van de actie op uitnodiging van Bruut met Max een praatje maakte over datgene wat het groepje van plan was.

Het begint als volgt. Op donderdagavond 29 november 2001 komt Max even voor halftwaalf thuis. Hij trekt zijn schoenen uit en loopt op kousenvoeten de woonkamer in waar hij de lamp aandoet en de lamp in de serre. Hij opent de schuifpui, trekt zijn Zweedse klompen aan en loopt het terras op om de poes te roepen. De buitenlamp bij de buren flitst aan en in het licht van die lamp ziet hij een onbekende man die van de voorkant van het huis over het zijpaadje naar hem toeloopt. De man verontschuldigt zich voor het late tijdstip van zijn bezoek, zegt dat hij al eerder tevergeefs aan de deur is geweest en toen hij licht zag branden waagde hij het erop. Hij geeft Max een hand en stelt zich voor als Hans Vecht, privédetective. Hij wil Max spreken over Sandra, want hij heeft ontdekt dat een vreemde vent haar volgt en begluurt. Hoewel het een ongebruikelijk tijdstip is om bij een wildvreemde op bezoek te komen, zeker met zo'n verontrustend verhaal, voelt Max geen argwaan. Hans Vecht is keurig gekleed, heeft goede manieren en maakt een betrouwbare indruk. Hij heeft helderblauwe ogen die Max vriendelijk onderzoekend aankijken. Een gezicht vol vouwen en lijnen, forse neus en kin, brede mond, iets uitstaande oren. Volle bruine haardos, zware wenkbrauwen. Max schat hem begin vijftig, maar we zagen al dat hij geen ster is in leeftijd schatten. Hij laat hem binnen en als ze samen in de serre zitten vertelt Vecht het volgende verhaal.

Een man uit Apeldoorn fêteert een zestienjarige jongen met de kennelijke bedoeling om seksuele gunsten terug te krijgen. Hij laat hem in zijn auto rijden, geeft hem geld en cadeautjes en als een volleerd schandknaapje laat de jongen zich onthalen tot zijn moeder ontdekt wat haar zoon doet. Ze doet aangifte bij de politie, maar de politie kan niets doen als ze niet weet wie die man is. Nu de politie geen actie onderneemt schakelt ze privédetective Hans Vecht in en geeft hem opdracht de man op te sporen en een methode te bedenken om het geflikflooi met haar zoon te staken. Vecht spoort de man op en ontdekt dat hij behalve jongens ook vrouwen volgt. Een van die vrouwen is Sandra F. Hier onderbreekt Max het verhaal van de detective en zegt dat hij de politie wil inschakelen als een vreemde snuiter zijn vriendin begluurt. Vecht bezweert hem echter om dat niet te doen. Hij heeft een plan om de man, die kennelijk biseksueel is, met behulp van een minderjarig meisje in de val te lokken en die ontmoeting met een verborgen camera te filmen. Dreigen met openbaar maken zal genoeg zijn om hem voortaan weg te houden van de jongen en van Sandra en de andere vrouwen. Als Max nu naar de politie gaat doorkruist hij de actie. Bovendien hoeft hij niets van de politie te verwachten, want ook voor de moeder van het schandknaapje hebben ze niets gedaan. Max blijft ongerust, maar het argument van de detective klinkt aannemelijk.

Vecht is opmerkelijk goed van zijn doen en laten op de hoogte. Hij heeft een brief gezien die Max aan een vrouw in

Amsterdam schreef als reactie op een contactadvertentie. Hoe weet hij dat, vraagt Max zich af. Het blijft een raadsel, tot hij in maart 2002 in de verklaringen van zijn ex-vrouw Patty D. leest dat zij door toeval in het bezit kwam van een brief die Max als reactie op een contactadvertentie in de Volkskrant had geschreven. Dat toeval is zo bijzonder dat Max veronderstelt dat Patty en de detective elkaar kennen.

Op zaterdag 1 december wordt Max bij Heelsum ingehaald door een auto die met zijn lichten knippert en voor hem stopt. De chauffeur stapt uit. Max stopt ook en draait het raampje open. De man stelt zich voor als assistent van de detective, noemt een naam die Max niet heeft onthouden en vraagt of ze kunnen praten. Het wordt een vervelend gesprek waarin de man – die Max later Bruut zal noemen – op dreigende toon zegt dat hij zijn mond moet houden over alles wat de detective heeft verteld. Het is al te veel geweest, zegt Bruut, en wie te veel weet is een gevaar voor een geheime actie. Hij belt iemand die hij 'de eigenaar' noemt en medeopdrachtgever van de detective is. Tien minuten later verschijnt die 'eigenaar', een aimabele man van een jaar of zestig. Hij neemt Max mee voor een wandeling en vertelt dat een man zijn dochter heeft aangerand en dat hij, samen met een vrouw van wie de zoon door dezelfde man met oneerbare voorstellen is belaagd, een val wil uitzetten. Het meisje dat als lokaas dient is de zestienjarige Chrissie, een nichtje van de andere opdrachtgeefster. Als Max het meisje op wil vangen dat als lokaas fungeert, verdient hij een wintersportvakantie. Het lijkt een subversieve actie, maar het dient een goed doel: 'U wilt toch ook niet dat uw vriendin iets overkomt?' De eigenaar zegt dat Max beslist met de moeder van de jongen moet praten, wat al aanstaande maandag kan gebeuren. Dan verdwijnt de eigenaar, net zo anoniem als hij gekomen is, nadat hij Max op het hart heeft gedrukt om zijn mond te houden.

Max gaat terug naar huis waar een onaangename verrassing

wacht: inbraak. De inbreker laat een puinhoop achter. Als Max alles heeft opgeruimd mist hij behalve tienduizend gulden die hij in een envelop in een wijnrek in zijn kelder had verborgen, zijn paspoort, de reservesleutels van zijn auto, de reservesleutels van Sandra's huis en een paar brieven van Patty D. en van Rachel Y. uit Amsterdam die hij via een contactadvertentie kent. De wijkagent maakt proces-verbaal op, maar Max zegt niets over het vermiste geld. De enige die weet dat hij zo'n kistje gebruikt om geld te bewaren is Patty. Ze is ziekelijk jaloers op Max' relatie met Sandra en in dreigbrieven zweert ze dat ze hen kapot zal maken. In 1998 dringt ze Max' huis binnen waar het paar net aan de maaltijd zit en maakt een scène die abrupt eindigt als Max haar het huis uitzet. Sandra, geschokt door Patty's furie, schrijft Max een brief waarin ze hem prijst voor zijn geduld en zelfbeheersing, maar waarin ze zich ook afvraagt hoe ze van Patty verschoond kunnen blijven. Na dit bezoek beperkt Patty haar acties tot dreigbrieven die Max voor Sandra verbergt. Na de scheiding kreeg Patty de helft van de opbrengst van het huis. Dat bedrag ligt vast bij de notaris, maar dat van de wijnhandel niet. Daarin gaat een hoop contant geld om dat Max in huis bewaart en in kleine porties naar de bank brengt of direct besteedt. In hun huwelijk stond de wijnhandel om fiscale redenen op Patty's naam, maar na de scheiding gaan die extraatjes haar neus voorbij. De diefstal van het geld geeft hem het vermoeden dat Patty achter de inbraak zit, maar hij verzwijgt het voor de wijkagent in de hoop dat het gestolen geld haar genoegdoening geeft. Alweer onbegrijpelijk als je het beziet met de kennis van nu, want Max vermoedt dat Patty D. niet alleen achter de inbraak zit, maar ook een connectie met de detective moet hebben.

Laten we nog even terugkeren naar de afspraak voor de blind date die op maandagavond 3 december 2001 werd gemaakt in een telefoongesprek tussen Ron en iemand die zich voordeed als medewerker van een relatiebemiddelingsbureau. De enige ooggetuige, Clyde W. die zich al die tijd naast de telefooncel stond te verbijten, verklaart dat de beller een man van 35 tot 40 jaar oud was met een donker, mogelijk Marokkaans uiterlijk. Gezien plaats en tijd kan het niet anders of deze man voerde het telefoongesprek met Ron over de blind date. Volgens justitie was het Max die de val voor Ron uitzette die hem later fataal zou worden. Clyde herkende echter niemand van de tien foto's, waaronder die van Max, die de recherche aan hem voorlegde. Geen wonder, want zijn beschrijving van de man in de telefooncel is totaal anders. Het kán Max ook niet geweest zijn, want hij weet zeker dat hij op die avond tussen halfzeven en halfnegen op bezoek was bij zijn vriend Simon H. in Doorwerth. Kort na halfnegen ging hij weg omdat hij om negen uur een afspraak had met de vrouw wier auto hij op een parkeerplaats had aangereden. Bij de politieverhoren die twee maanden later plaatsvinden kan Simon zich dat bezoek van Max niet meer herinneren. Als Max hem vanuit de gevangenis belt zegt Simon letterlijk: 'Ik weet het gewoon niet. Het kan wel, het kan niet.' Ik heb Simon eind 2006 ook dezelfde vraag gesteld. Hij stond me welwillend te woord, maar het bezoek van Max bleef een gat in zijn geheugen. Simon vertelde dat Max om de week op maandagavond bij hem op bezoek kwam. Het is dus inderdaad heel goed mogelijk dat het ook op de 3e december 2001 is gebeurd, maar zelfs alle details die Max mij had meegegeven over dat bezoek riepen bij Simon geen herinneringen op. Ook de vier andere leden van het gezin S. kunnen zich de details die Max over die avond te berde brengt niet herinneren. Simon geeft toe dat die details aannemelijk klinken, maar de herinnering is vervaagd.

Is de beller Hans Vecht geweest die met dat telefoontje naar Ron de val heeft uitgezet waar Ron de volgende avond in zou lopen? Het signalement van Hans Vecht komt niet overeen met de beschrijving van Clyde, maar in Rons verhaal over dat telefoontje zitten opmerkelijke overeenkomsten met Max' verhaal over zijn kennismaking met de detective. Zowel Ron als Max verbazen zich over het feit dat de beller c.q. bezoeker zo goed op de hoogte is van hun doen en laten en beiden krijgen vrijwel hetzelfde antwoord: 'ik bereid me goed voor.' Beiden vonden dat de onbekende een rustige en betrouwbare indruk maakte: zo betrouwbaar dat ze zich alle-bei inlieten met een ongewis avontuur. In beide gevallen komt Sandra ter sprake. Bij Ron blijft het bij een vermoeden, want de beller heeft zorgvuldig vermeden om de naam van de vrouw te noemen. Bij Max noemt hij Sandra als een van de slachtoffers van het doelwit en dat maakt Max zo bang voor de bedreiging van zijn jonge vriendin – die extra kwets-baar is door haar nieuwe baan en Max' ontluikende vriend-schap voor een andere vrouw – dat hij besluit om mee te doen met een actie op het randje van de wet. Het is erg jam-mer dat Sara, waar Ron het pak kwam lenen, de naam van de beller niet meer weet die Ron haar verteld heeft. Ze weet nog wel dat het een korte naam was. Hans Vecht misschien?

Maandagavond 3 december komen Hans Vecht en Ruth, de moeder van het schandknaapje, tegen middernacht bij Max, weer zo'n raar tijdstip om op bezoek te komen. Max is onder de indruk van Ruth, een knappe vrouw die weet wat ze wil en tegelijk iets kwetsbaars heeft. Ze vertelt een dra-matisch verhaal over de vent die aan haar zoon heeft geze-ten maar als Hans Vecht hen even alleen laat verandert ze op slag. Het drama verdwijnt en ze slaat een vertrouwelijke toon aan. Ze vraagt hem tijdens de actie een oog op haar nichtje Chrissie te houden dat als lokvogel zou dienen, en haar na de actie op te vangen. Het zal hem als ex-maat-schappelijk werker beter afgaan dan de detective en zijn assistent, die bovendien hun handen vol hebben om de actie te regisseren en vast te leggen. Max belooft dat hij het zal doen, maar spreekt wel zijn twijfel aan het welslagen van de actie uit. Een meisje als lokaas voor een homo? Ruth is echter vol vertrouwen want de biseksuele man zal ook bij het meisje zijn handen vast niet thuis kunnen houden. Als Hans Vecht terugkomt prijst hij Max om zijn medewerking en zegt dat Chrissie het uitstekend zal doen. De actie zal de volgende dag plaatsvinden. Ze ontmoeten elkaar om vijf uur bij de ingang van De Hoge Veluwe in Hoenderloo en bespreken dan verder wie wat gaat doen.

Dinsdagmiddag 4 december rijdt Max met een auto vol lege wijndozen naar de vuilstort. Onderweg rijdt een groene Audi achter hem aan waarin hij Ruth en de detective herkent. Hans Vecht stelt voor Max' Volvo te gebruiken voor de heterdaadactie omdat het doelwit dat hij nu al dagen volgt zo langzamerhand zijn Audi kan herkennen. Max wil zich in aanwezigheid van Ruth niet laten kennen en stemt node toe. We kunnen ons verbazen over het feit dat hij meeging in een dubieuze actie, maar in een niet ondertekende brief, die niettemin onmiskenbaar van haar is, schrijft Ruth later aan de rechtbank onder meer:

> Max schrok erg en wilde naar de politie. Daarom nam die oud-politieman hem in vertrouwen dat hij alles wel zou regelen. Wij waren toch bang dat Max zou gaan kleppen. Ze hebben Max onder druk gezet om te helpen. Dat was het veiligst. Dat was niet moeilijk. Max zat hartstikke in over zijn vriendin. Ik moest ook met hem praten vonden ze. Het klikte tussen hem en mij. Ik wou contact houden. Ik vond hem een lieve man met een mooi huis en een goede vader. Om hem mee te krijgen verzonnen we een smoes. Daar kreeg ik erg spijt van. Dat legde ik later uit. Op dinsdag werd Max niet goed en vreselijk gespannen. Ik bracht hem naar huis.

Vecht monteert een soort 'bakkie' in de Volvo en kruipt achter het stuur. Op verzoek van Vecht gaat Max achterin zijn eigen auto zitten. Ruth rijdt in de Audi een poosje achter hen aan en verdwijnt dan. Max, vol zorg voor Sandra, begint zich nu ook zorgen te maken over zijn eigen aandeel in de actie. Waarom zijn Ruth en de detective hem gevolgd en waarom willen ze van auto ruilen? En waarom moet hij dat onbekende meisje opvangen terwijl haar tante en misschien andere familieleden in de buurt zijn die dat veel beter kunnen doen? Was het bedoeld om hem te lijmen en te zorgen dat hij niet alsnog naar de politie zou gaan? Al die gedachten spoken door zijn hoofd. Hij krijgt het opeens Spaans benauwd. Hoewel er twee telefoons in de auto zijn stopt Vecht bij een telefooncel en belt Ruth om Max naar huis te brengen. In deze toestand is hij een blok aan het been bij de actie. Ruth is kennelijk vlakbij, want even later verschijnt ze in de groene Audi. Max bedenkt zich geen moment en sprint naar haar toe. Onderweg krijgt Ruth een telefoontje van de detective die vraagt of Max weet waar Sandra is en waar hij haar kan bereiken. Max gaat het steeds vreemder en bedreigender vinden. Even later belt Vecht weer. Het doelwit zit bij een blonde vrouw in de auto. Kan dat Sandra zijn? Max schrikt zich rot. Hij bedenkt dat Sandra late dienst heeft en dus onmogelijk in de auto bij haar stalker kan zitten. Ruth geeft de boodschap door aan de detective, maar Max is nu dodelijk ongerust. Zou die vent haar met een smoes hebben weggelokt? Ach nee, Sandra is wel naïef, maar ook angstig en plichtsgetrouw. Er moet heel wat gebeuren voor zij haar werk zou verzuimen om bij een vreemde vent in de auto te kruipen. Zijn onrust ebt weg als Vecht bij het volgende telefoontje vertelt dat het geen vrouw is, maar een man met lang blond haar.

Het alibi

Omstreeks kwart over zes komen ze in Bennekom aan. Ruth parkeert de Audi in de straat achter Max' huis. Ze lopen over het paadje tussen de huizen en stappen over het lage gaashekje om zijn achtertuin. Terwijl Ruth op het terras wacht gaat Max aan de voorkant zijn huis in en laat haar binnen door de schuifdeur. Hij zet de verwarming aan. Ruth loopt door de kamer en kijkt nieuwsgierig rond. In de keuken drinken ze een glas water. Max voert de poes terwijl Ruth het toilet bezoekt. Als hij een blikje kattenvoer uit de garage haalt fietst zijn tennisvriendin Heleen van W. het pad op. Ze zet haar fiets in de carport op slot. Max roept naar Ruth dat er bezoek komt. Ruth verdwijnt door de schuifdeur. In haar haast laat ze haar tasje staan. Terwijl Heleen in de bijkeuken haar jas uittrekt moffelt Max het tasje weg in een oude leren stoel en leidt haar naar de serre. Heleen vertelt dat ze die middag met een Indiase gast van haar moeder heeft getennist. Ze heeft nog wat met hem in de kantine gedronken en direct daarna is ze naar Max gereden om een paar flessen wijn te bestellen die ze de volgende dag als Sinterklaascadeautjes aan relaties wil geven.

Max en Heleen onderhouden een platonische vriendschap. Hoewel Sandra vermoedt dat Heleen verliefd op hem is ziet ze haar niet als een bedreiging omdat ze weet dat Max die verliefdheid niet beantwoordt. Hij is een vaderlijke vriend en geduldige gesprekspartner voor Heleen die kampt met de nasleep van een zware overspannenheid. Max begrijpt dat ze komt om te praten. De wijn zal ongetwijfeld nodig zijn geweest, maar die had ze ook telefonisch kunnen bestellen. Het spijt hem dat Ruth is weggegaan, want hij had nog veel met haar willen bespreken, maar misschien is het toch niet zo gek dat Heleen kwam zodat hij een beetje bij kan komen van de enerverende middag. Heleen voelt zich ook niet fit, maar ze blijft eten als Max haar uitnodigt. Hij maakt een Griekse salade en een paar vegetarische snacks voor haar klaar. Ze eten en drinken en langzaam komt Max tot rust. Om kwart over acht belt een andere tennisvriendin, maar Max drukt het telefoontje weg.

Om halfnegen gaat weer de telefoon. Dit keer toont de display een onbekend nummer. Max neemt op en krijgt Ruth aan de lijn die vraagt of het bezoek er nog is. Heleen begrijpt de hint en verdwijnt. Om negen uur komt Ruth om haar tasje te halen. Met de kennis van nu vraag je je af waarom hij niet in haar rijbewijs heeft gekeken en haar naam en adres heeft genoteerd, maar hij betoont zich een heer en geeft het tasje ongeopend aan haar terug.

Het bezoek van Heleen is natuurlijk een ijzersterk alibi en ook het telefoontje van Ruth, waarvan KPN het tijdstip, de herkomst en de duur automatisch vastlegt levert belangrijke informatie op. Aan de B-analyse van Max' telefoon kan justitie dus achterhalen wanneer, hoelang en waarvandaan ze heeft gebeld, waarmee het achterhalen van haar identiteit een koud kunstje wordt. Je verwacht dat de aanklager die B-analyse onmiddellijk laat maken. Inderdaad heeft het OM van de duvel en zijn ouwe moer A- en B-analyses laten maken, telefoons afgetapt en alle gesprekken – merendeels prietpraat – vastgelegd en uitgeplozen, *behalve van de telefoon van Max Spaan op die bewuste dinsdagavond.* Het is een blunder van het niveau van het fotorolletje uit Srebrenica, maar ik vraag me af of het wel een blunder was. Toch kwam de aanklager er mee weg, want hoewel Max' advocaat het in de rechtszaal een zeldzame blunder noemde heeft ook Van Aarden verzuimd op de B-analyse aan te dringen toen hij nog gemaakt kon worden: binnen een halfjaar. Het is nu te laat om die gegevens op te vragen. We zullen dus waarschijnlijk nooit weten of het een welbewuste poging was om ontlastend bewijs te vernietigen.

Terug naar de gebeurtenissen in huize Spaan. Rond elf uur brengt Hans Vecht de Volvo terug. Hij is zichtbaar uit zijn doen. Hij vertelt dat alles anders is gelopen en dat het een hopeloze avond is geworden. Het doelwit was bij een ander in de auto gestapt en verder wil hij er niets over kwijt. Ruth vraagt nog naar zijn telefoontje over Sandra, maar Vecht zegt dat het gewoon een vergissing was: de man waarbij het doelwit in de auto zat leek in het donker op een blonde vrouw. Ruth vraagt waarom zijn broek zo nat is, maar Vecht geeft geen antwoord. Max biedt hem iets te drinken aan omdat hij er zo ontdaan uitziet, maar Vecht wil alleen een paar biscuitjes. Als hij en Ruth vertrekken drukt hij Max nog eens op het hart te zwijgen als het graf. 'Het is wel jouw auto die weg is geweest.'

Max blijft met een vreemd gevoel achter. Wat is er in gods-naam gebeurd dat die kalme man zo van streek raakt? Hij schrijft een briefje aan Sandra en stopt dat om een uur 's nachts in haar brievenbus. Later blijkt dat ze thuis was en hem zag toen ze de klep van de brievenbus hoorde, maar ze had geen zin om op dat tijdstip nog open te doen.

Ook Heleen kwam die avond nog langs. Ze vertelt op 5 december 2002 aan de rechtbank:

> Op de avond van 4 december 2001, ik kan mij niet meer herinneren hoe laat, heb ik Max geprobeerd te bellen – ik weet niet meer hoe vaak – omdat ik vier flessen wijn met bijbehorende cadeauzakken wilde hebben. Tussen 23.00 en 24.00 uur heb ik toen een briefje in zijn brievenbus gestopt met het verzoek om wijn te leveren. Het huis was donker en ik heb gezien het uur niet meer aangebeld. Toen ik terugliep naar de weg waar mijn fiets stond zag ik ineens van rechts een auto komen die ik herkende als de auto van Max. Er zat een man in die ik niet kende. Ik kon die man

van de zijkant zien onder het licht van een lantaarnpaal. De man reed door. Ik schat dat hij 50 jaar was.
Hij had een markante kop met een zwarte lok. Ik weet
dat Max een Volvo heeft, ook al kan ik u de verschillende types niet beschrijven. Het nummerbord ken ik
uit mijn hoofd. De kleur van zijn auto, het rooster en
de vijf deuren herkende ik ook. Als ik een auto zie kijk
ik meteen naar het nummer.

Twee dagen later bracht Max de flessen wijn. Hij was op de
fiets en toen Heleen daar verrast op reageerde zei hij dat zijn
auto weg was. Pas op maandag 10 december vertelde hij
haar dat zijn auto was gebruikt door een privédetective
omdat een rare vent Sandra begluurde en hij die man op de
video wilde zetten. Heleen gaf hem de raad naar de politie
te gaan en dat deed Max ook, op 14 december. De dienstdoende agent zei dat de wijkagent langs zou komen en dat
gebeurde op 24 december. Uit een telefoontap van de volgende dag:

Heleen vraagt of Max zin heeft om bij haar te eten.
Max verontschuldigt zich omdat hij al afgesproken
heeft bij zijn vriend Simon een glas wijn te gaan drinken. Heleen dringt nog aan dat Max even bij haar
komt eten en daarna naar Simon gaat voor zijn
glaasje wijn. Ze zegt dat ze wel nieuwsgierig is naar
Max' verhaal over de politie. Hij belooft dat hij dan wel
even komt om dat verhaal te vertellen.

Er is nog een kenmerkende strofe uit een van de laatste van
de vijfentwintig(!) verhoren van Heleen. Op 11 april 2002
besluit ze als volgt:

Ik heb begrepen dat het stoffelijk overschot van Ron

Verbeek in de Noordoostpolder is aangetroffen. Ik heb nooit met Max Spaan over de polder gesproken. Ik kan niet verklaren of hij daar wel of niet bekend is of daar recent nog is geweest.

Ik ken Max als een zachtmoedig en tolerant mens. Ik kan mij niet voorstellen dat hij iets met de moord op Ron Verbeek te maken heeft. Hij heeft er met mij in elk geval niet over gesproken.

Terug naar de gebeurtenissen. Op woensdag 5 december staat Bruut bij de serredeur. Hij komt niet binnen, maar herhaalt op dreigende toon dat Max zijn auto goed schoon moet maken, omdat er geen sporen van hem (Bruut) mochten achterblijven. En hij moet vooral zijn mond houden, in zijn eigen belang. Als Max die auto niet goed schoon zou maken zou Bruut het zelf wel doen. Max moet dan niet gek opkijken als die auto er op een dag niet zou staan.

Donderdag 6 december maakt Max zijn auto schoon, voor zijn doen grondig. Hij veegt het stuur, de versnellingshandel en het bedieningspaneel met een wollen doek schoon om vingerafdrukken weg te poetsen, maar hij vergeet de achteruitkijkspiegel en de handel waarmee je de stoel kunt verstellen. Helaas vergeet de politie dat ook zodat we geen vingerafdrukken van de detective hebben. Die middag rijdt Max op de Veluwe rond in de vergeefse hoop dat hij de route terug kan vinden die ze twee dagen daarvoor hebben gereden terwijl hij op de achterbank zat. Het is natuurlijk zinloos, maar het helpt de onrust te bedwingen.

's Avonds wordt de Volvo van zijn vaste parkeerplaats gestolen, maar laat in de avond staat hij er weer, nu op een andere plaats. Uit de stand van de stoel en de binnenspiegel blijkt dat iemand die langer is dan Max achter het stuur zat. Max overweegt om het slot te laten veranderen, want het is vrijwel zeker dat de dief over zijn reservesleutels beschikt.

Op vrijdag 7 december volgt een nieuw incident. Om zeven uur 's avonds ontdekt Max dat er bij Sandra is ingebroken. De slaapkamer is overhoop gehaald, de televisie en haar computer zijn verdwenen en een geldkistje is opengebroken. Max belt haar op. Sandra is geschokt en wil direct naar huis komen, maar Max zegt dat hij haar zal ophalen bij het ziekenhuis, omdat hij vreest dat ze brokken maakt als ze nu achter het stuur kruipt. Hij vermoedt dat de inbreker het huis binnenkwam met de reservesleutel die op 1 december uit zijn woning is gestolen, want er is geen spoor van braak. Haar buurman Jean Paul is verzekeringsagent en vertelt dat de verzekering niet uitkeert als er geen duidelijke sporen van braak zijn. Jean Paul klapt dus uit de school en laat Max beloven dat hij niets zal zeggen. Samen ensceneren ze een inbraakpoging door het plankje voor de brievenbus te forceren, waardoor de inbreker dan zogenaamd met een haak de deur van binnenuit had kunnen openen. Later komt hun bedrog aan het licht, maar dan zijn er al zoveel ernstiger beschuldigingen tegen Max geuit dat die poging om de verzekering op te lichten daarbij in het niet valt.

Op dinsdag 11 december krijgt Max een telefoontje van een kennis van de tennisclub dat Sandra in de pauze van een toernooi wegging zonder iets te zeggen. Max rijdt naar haar huis en ontmoet Steven ter E., een collega van Ron en een vriend van Sandra. Steven heeft een uitvoerige en glasheldere verklaring afgelegd die een goed beeld geeft van de turbulente gebeurtenissen kort na de verdwijning van Ron. Ik laat hem uitvoerig aan het woord.

> Mijn vrouw en ik zijn sinds 1984 bevriend met Sandra F. Ze heeft een relatie gehad met een vriend van mij. Zij hebben een jaar of zes samengewoond. Sandra verbrak die relatie in 1995. Ze kwam weer alleen te zitten en kon hier niet goed tegen. Wij merkten dat ze

labiel werd. Ze vermagerde en was heel gespannen. Ze kon zich moeilijk uiten. Mijn vrouw Alice kon wel aardig goed met haar praten en tegen haar uitte zij zich wat makkelijker.

Ik heb Ron leren kennen als een goeiige, rustige jongen die voor iedereen klaar staat. Soms was hij wel te goedgelovig en een tikkeltje naïef. Je kon met hem geen ruzie krijgen. Ik wist dat hij op zoek was naar een vaste relatie.

Op de woensdag of donderdag voor zijn verdwijning vroeg hij of ik Sandra F. kende. Ik vertelde hem dat dit een goeie kennis van ons was. Haar vriendin Beate R. had Ron verteld dat Sandra hem wel een leuke man vond. Ze had hem op de trouwfoto's van Beate gezien. Ron vroeg om haar adres en dat gaf ik hem.[9] Ik vroeg nog waarom hij Sandra niet rechtstreeks belde, maar dat vond hij toch te direct. Ik stelde hem voor een brief te schrijven. Dit zou hij doen, maar ik heb die brief niet gezien. Later hoorde ik van Beate dat Ron de maandag daarna al gevraagd had of Sandra gereageerd had.

Sandra zei dat ze behoefte had aan een relatie. Op een gegeven moment vertelde ze dat ze op de tennisvereniging een oudere man had ontmoet waarmee ze een relatie kreeg. Deze man heette Max. Meer weet ik niet van hem. Ik heb hem één keer ontmoet. Sandra vertelde dat zij zich goed bij Max voelde en goed met hem kon praten. Hij was bezig een huis te bouwen en ze hielp hem met de inrichting. In die tijd woonde Max tijdelijk bij Sandra in. Het is nooit zover gekomen dat ze zijn gaan samenwonen. Sandra wilde graag haar eigen woning houden. Wel bleef zij geregeld bij Max slapen.

Sandra heeft ons verteld dat zij graag kinderen

wilde, maar dat Max hier niet aan wilde. Dat gaf haar een knauw. Alice hoorde van een zus van Sandra dat zij eind september met haar familie een weekend naar Texel zijn geweest. Daar had Sandra tegen haar familie gezegd dat zij de relatie met Max wilde verbreken. De week na de terugkomst zou Sandra naar haar familie in Doetinchem gaan. Haar zus vertelde dat Sandra, op het moment dat ze naar haar familie wilde gaan haar auto aantrof met drie lege banden. Haar zus vond het heel vreemd. Sandra kwam die dag met de auto van Max. Hij regelde de reparatie van haar auto. Sandra moest echter weer die avond naar huis omdat Max zijn auto de volgende dag nodig had. Na dat bezoek was ze weer van mening veranderd over haar relatie met Max. Zij wilde toch wel weer met hem doorgaan. Haar zus zei dat Sandra sterk onder invloed van Max stond. Kort na de verdwijning van Ron zei Sandra tegen Els dat er bij haar was ingebroken. Ze had avonddienst. Max had haar opgehaald en haar auto was achtergebleven in Doetinchem. Sandra vertelde dat haar nieuwe tv en computer waren weggehaald. Max had de inbraak ontdekt want hij had een sleutel van haar huis. Verder heeft Sandra niet zoveel over de inbraak verteld. Ik vroeg nog of ze wel alle sleutels van het huis had anders moesten we sloten vervangen. Alle sleutels waren er nog.

Voor de inbraak in haar woning is Sandra bij ons thuis geweest en wij hebben het nog gehad over de verdwijning van Ron. Sandra zei dat Ron beter had kunnen opbellen en dat zij dan gezegd zou hebben dat ze wel een avondje met hem uit had willen gaan. Ze vertelde ook dat een bemiddelingsbureau niets voor haar was en dat ze nooit bij zo'n bureau ingeschreven had gestaan. Ze voelde zich onbehagelijk met de verdwijning van Ron omdat zij zijdelings betrokken is geraakt bij deze zaak. Sandra is na die verdwijning maar één keer bij ons thuis geweest maar wij hebben wel regelmatig telefonisch contact omdat ik me zorgen over haar maak. Zij was toch betrokken bij het geheel omdat zij een brief of een kaartje had moeten ontvangen van Ron. Zij heeft ons verteld dat zij de brief of kaart nooit ontvangen had.

Een paar dagen later kwam Sandra helemaal overstuur bij ons aan de deur. Ze schreeuwde tegen mij dat ze niets meer met de verdwijning van Ron te maken wilde hebben en dat Beate R. de politie gebeld had. Ik snapte die laatste opmerking niet. Sandra was helemaal over de rooie. Ik vroeg haar of ze binnen kwam maar ze sprong in haar auto die met open deur en draaiende motor voor de oprit stond. Ze reed met gillende banden weg.

Mijn vrouw is gaan zoeken, maar kon Sandra niet vinden. Zij was niet thuis en Alice wist niet waar Max woonde. Ik belde Beate. Van haar hoorde ik dat zij de politie in Apeldoorn ingelicht had over de brief die niet aangekomen is. Ik hoorde dat Sandra ook bij hen aan de deur had staan schreeuwen.

Nadat Alice terug was ben ik in de auto gestapt en gaan zoeken. Ik reed naar de woning van Max. Daar brandde licht, maar niemand was thuis. Ook de auto van Max was er niet. Ik ben hierna naar de woning van Sandra gereden. Ook daar brandde licht maar er was ook niemand thuis. Ik heb een poosje bij de woning staan wachten. Toen kwam een stationwagen aanrijden waaruit een man stapte. Ik vroeg of hij Max was. Dit beaamde hij. Hij vertelde dat Sandra zoek was. We liepen samen naar haar huis. Max opende de deur van de bijkeuken met een sleutel. Op tafel lag een politierapport over de inbraak. De GSM van Sandra lag op een andere tafel. De stekker van haar huistelefoon was uit het stopcontact getrokken. Max en ik bespraken waar Sandra uit zou kunnen hangen. We hadden geen idee. Ik vroeg waarom ze zo overstuur was. Max zei dat dit kwam omdat Beate R. de politie in Apeldoorn had gebeld en dat was voor Sandra de druppel die de emmer deed overlopen. Max had allerlei kennissen gebeld of Sandra daar was. Ik merkte dat hij erg ongerust was. Hij zei dat Sandra niet goed in haar vel zat. Hij zei ook dat hij haar wel rustig zou weten te krijgen, maar dat ze eerst boven water moest komen. Max vroeg nog of hij de politie moest bellen. Dat raadde ik hem af. Ik ging naar huis. Max zou mij bellen als Sandra weer boven water was. Dit is de enige keer dat ik Max heb ontmoet.

Omstreeks 01.30 uur belde Max dat Sandra terecht was en nu wat kalmeerde. De volgende dag heb ik hem gebeld. Hij zei dat ze rustiger was en één dezer dagen wel bij ons langs zou komen. Ze kwam inderdaad een dag of twee later en bood haar excuses aan voor haar gedrag. Ze zei dat ze een eind in de richting van Rotterdam gereden was en daarna in Wageningen in een kroeg wat biertjes gedronken had. Daarna was ze naar huis gegaan. Wij hebben het toen niet meer over Ron gehad. Ik vond het wel vreemd dat Sandra, toen zij bij ons kwam om haar excuses aan te bieden, gemaakt opgewekt deed. Ze deed voorkomen of er weinig gebeurd was. Wij hebben haar aangeraden om deskundige hulp te zoeken. Wij hebben namelijk de indruk dat zij niet goed voor zichzelf opkomt en niet zelfstandig keuzes kan maken. Die hulp heeft ze inmiddels gezocht. Ik weet niet bij wie.

Op 12 december kwam Sandra 's nachts bij Max. Ze was overstuur omdat de politie haar in het ziekenhuis had gebeld met de mededeling dat een vrouw uit Bennekom Max had genoemd als iemand die wel eens wat met de verdwijning van Ron te maken kon hebben. De rechercheur had niet verteld wat die beschuldiging precies inhield, maar wel met nadruk gevraagd of ze een kaart van Ron had gekregen. Sandra stoorde zich aan de agent die maar bleef doorvragen terwijl zij de baby's op haar afdeling moest voeden. De volgende dag belde Max met de politie in Apeldoorn en vroeg wie hem had belasterd. Na enig aandringen bleek het om Heidi M. te gaan, de dochter van zijn vriend Carl M. en een ziekenhuiscollega van Ron en Beate. De lange vriendschap tussen Max en haar vader bekoelde na de scheiding tussen Max en Patty. Het is niet duidelijk waarom Heidi zo de pest aan hem heeft, maar het is niet gering wat ze op 8 januari 2002 aan de recherche vertelt.

> Gezien de ervaringen die ik met Max Spaan had in de afgelopen jaren denk ik dat hij Ron wat heeft aangedaan. Ron heeft een normaal postuur en Max ook. Ik denk dat Max degene was die Ron heeft gebeld en zich uitgaf voor iemand van een relatiebureau. Max is namelijk een persoon die alles waar hij mee bezig is goed uitzoekt en tot in de puntjes uitwerkt. Hij had bijvoorbeeld last van zijn hart en heeft daar toen van alles over gelezen. Hij kon toen de dokter precies vertellen wat er met hem aan de hand was. Nadat hij uit het ziekenhuis kwam, is hij echter gelijk op wintersport gegaan.
>
> Als u mij vraagt wat er met Ron gebeurd is dan denk

ik dat hij in het water ligt of ergens is begraven. Ik vermoed dat Max Ron heeft opgehaald en dat er iets uit de hand is gelopen tussen hen, maar het kan ook zijn dat het met voorbedachten rade is gebeurd. Max is iemand die alles tot in de puntjes uitwerkt.

Ik heb hier ook met mijn ouders over gepraat en zij denken er precies hetzelfde over. Verder ben ik vlak voordat ik op vakantie ging naar Beate R., een vriendin van mij geweest. Met haar heb ik over de vermissing van Ron gepraat. Wij hebben echter niets over Max gezegd. Beate zei dat zij iemand kende met een motief om Ron te laten verdwijnen: Max Spaan. Toen ik hoorde dat Beate Max ook verdacht, voelde ik mij enigszins opgelucht, omdat ik niet de enige was die dat dacht. Als ik erover nadenk denk ik dat Ron niet meer leeft. Ik kan mij niet voorstellen dat hij zelfmoord heeft gepleegd of dat hij zijn eigen verdwijning in scène heeft gezet.

Ik ben bang voor Max Spaan. Ik heb het gevoel alsof hij in mijn hoofd kan kijken. Ik was er dag en nacht mee bezig voor ik op vakantie ging. Ik durfde niet eens over straat hard te lopen 's avonds. Ik was er 's nachts heel erg mee bezig en droomde ervan. In de vakantie ben ik iets rustiger geworden. Nu durf ik wel weer op straat 's avonds.

Ik ben ook bang voor Max Spaan omdat ik vermoed dat hij iets met de vermissing van Ron te maken heeft en dat hij erachter komt dat ik iets over hem heb gezegd. Ik heb geen bewijs, het zijn vermoedens.

Ik heb de politie gebeld op maandag 10 december 2001. Ik moest iets met mijn vermoedens doen. Ik maakte een afspraak en ben de volgende dag naar de politie in Apeldoorn gereden om te vertellen wat ik dacht over de vermissing van Ron. Dat heb ik gedaan en ik zou benaderd worden door iemand van de politie. Ik ben voordat ik op vakantie ging door iemand van de politie benaderd. Wij maakten een afspraak maar die ging niet door. Ik ben op zaterdag 22 december 2001 op vakantie gegaan.

Heidi heeft geen spoor van bewijs, alleen vermoedens die, zoals ze zei, gevoed zijn door angst. Ik vroeg Max of ze vroeger ook bang voor hem was, maar daar heeft hij nooit iets van gemerkt. Trekt ze één lijn met haar ouders en heeft ze de man afgezworen waarbij ze als kind op schoot zat en die haar voor zover hij weet nooit iets in de weg heeft gelegd? Het ligt voor de hand dat Beate R. slecht over Max zou praten, want het was een mooie gelegenheid om haar dubieuze koppelpogingen tussen Ron en Sandra naar de achtergrond te dringen. Maar Heidi heeft volgens Max geen verklaarbaar motief voor deze kwaadaardige roddel. Toch legt ze daarmee de kiem van de verdenking. Na de verhalen van Beate R. en Heidi M. verandert de houding van de politie: verrek, die vent kon het wel eens gedaan hebben.

Op vrijdag 21 december staat Ruth bij Max op de stoep. Ze draagt een bril met donker montuur waardoor hij haar in het begin nauwelijks herkent. Ze zet hem gauw af als ze binnen komt. Max is blij met haar komst. Hij stelt voor een boswandeling te maken zodat ze ongestoord zouden kunnen praten. Ruth wil niet veel vertellen van de actie, behalve dat die grandioos is mislukt. Ze vertelt een verwarrend verhaal over een zwager en een collega van haar zwager die bij de actie betrokken zijn geweest, maar wat er precies is gebeurd op die 4e december wil of kan ze niet vertellen. Max moet geloven dat er niets kwaads is gebeurd, het is alleen vreselijk uit de hand gelopen. 'Maar wat is er met die man gebeurd?' dringt Max aan. 'Hebben ze hem aangereden?'

Ruth houdt zich op de vlakte. Ze belooft dat ze zal proberen meer informatie te krijgen en ze bezweert Max niet naar de politie te gaan of op eigen houtje naspeuringen te doen. Zwijgen over de hele gebeurtenis is vooral in zijn eigen belang. Max vraagt of het om de vermiste Ron Verbeek gaat, maar alweer geeft Ruth geen antwoord. Ze vertelt wel over zichzelf, onder meer dat haar zoon voortkwam uit gedwongen seks. Ze babbelen over kleren, over kunst, over de beeldjes in Max' huis en over haar voornemen om zich meer in kunst te verdiepen. Maar over de actie moet het een eenzijdig gesprek zijn geweest daar in het bos. Waarom kwam Ruth dan op bezoek, vraag je je onwillekeurig af en het antwoord lijkt duidelijk: Max moest zijn mond houden en met een halve waarheid zo bang worden gemaakt dat hij er met niemand over zou praten.

Tijdens de wandeling zijn ze gezien door Willeke de A., een achternichtje van Max, waarmee hij sporadisch contact had. Ze vertelt het volgende over die ontmoeting.

Ik heb Max Spaan op een vrijdag in december met een vrouw gezien in het bos. Dit verbaasde mij omdat ik iedere dag in het bos kom en hem daar nooit tegenkom. Dit was de eerste keer na de scheiding van Max en Patty dat ik hem weer zag. Ik was met mijn kinderen die hem overigens niet kennen, zolang had ik hem dus niet gezien. We liepen op het zandpad dat vanaf hotel Oud Keltenwoud naar de snelweg A12 loopt. Max liep vanuit de omgekeerde richting op het fietspad. Hij was met een vrouw. Ik zag hen uit de verte aan komen lopen. Zij liepen op het fietspad voor de bult die ver voor de snelweg ligt. Het verlengde van de Vossenweg komt precies op de bult uit. Ik zag hen voor de bult lopen. Ik was met de kinderen en honden. Het schemerde. Het was denk ik tussen 16.30 uur en 17.00 uur. Max en de vrouw en wij passeerden elkaar. Hij liep eerst aan de kant van het zandpad en wisselde ongeveer 50 à 100 meter voor mij van plaats zodat hij aan de boskant liep. Hij wendde zijn gezicht af toen ik hem passeerde. Ik zag Max en de vrouw in gesprek voordat wij elkaar passeerden. Wij groetten elkaar niet. De kinderen zeiden later dat ze het niet aardig vonden dat ze niet groetten. Normaal groet iedereen elkaar in het bos. De vrouw met wie Max was heb ik nooit eerder gezien. Zij ziet er als volgt uit: blanke vrouw van ongeveer 40 jaar oud, hennarood geverfd haar tot op haar schouders met grove krul. Zij is ongeveer even lang als Max, 1.75 m. Ze heeft een slank postuur. Ze zag er verzorgd en charmant uit. Ik vond haar charmant door de manier waarop zij liep. Het was een leuke verschijning. Zij droeg een donker winterjack (ski-jack) en een lichtblauwe spijkerbroek, sportieve wandelschoenen, egaal donker van kleur met een lage hak. Ik vertelde Patty van de ontmoeting en hoe de vrouw eruit zag. Patty had een idee wie het kon zijn. Ze dacht dat het een oude vriendin was die in die week raar tegen haar had gedaan. Het was koud op die vrijdag. Het was 21 of 28 december. Er lag geen sneeuw, dus is het waarschijnlijk de 21e geweest. Tussen Kerst en Nieuwjaar lag er sneeuw in het bos.

Als de rechter-commissaris haar de compositietekening van Ruth laat zien die op aanwijzingen van Max werd gemaakt herkent Willeke haar onmiddellijk. Ze heeft geen scherpe herinnering meer aan de gelaatstrekken van de vrouw, maar de haarkleur, de krullen en vooral de nonchalante haardracht zijn precies wat ze op die vrijdag in het bos heeft gezien. Haar getuigenis bevestigt het bestaan van Ruth dat justitie echter nog steeds ontkent.

Op zaterdag 29 december kwam de wijkagent bij Max om opheldering te vragen over een aanrijding die hij op donderdag had veroorzaakt op de parkeerplaats achter de appartementen. Hij had een geparkeerde auto aangereden en het portier vernield. De wijkagent had via de glasscherven van het knipperlicht van de Volvo ontdekt dat het de auto van Max was geweest. Max is perplex en zegt dat hij zich van geen kwaad bewust is. Het beste bewijs is dat hij de auto op dezelfde plaats terugzet, wat iemand die een aanrijding wil verheimelijken niet zo gauw zou doen. De wijkagent gelooft hem niet. Zo'n klap merkt iedereen, zelfs als je slaapt achter het stuur. Hij zal er geen werk van maken als Max het met de eigenares van de beschadigde auto in orde maakt. Max vraagt zich verbijsterd af wie die aanrijding veroorzaakt heeft, maar hij belooft de agent dat hij met haar gaat praten. Zij vertelt het volgende over die ontmoeting.

Op zondag 30 december 2001 ben ik omstreeks twee uur naar Spaan gegaan. Hij liet me binnen via de bijkeuken, naar zijn zeggen omdat er veel sloten op de voordeur zaten. We praatten over de schade, maar al gauw kwam het gesprek op hemzelf en dingen die hij had meegemaakt, zoals de inbraken bij hem en bij zijn vriendin. Hij had de schadeformulieren in zijn auto en liet me ongeveer tien minuten alleen in zijn huis om ze te halen. Ik vroeg waarom hij de auto op de parkeerplaats zette en niet op de oprit voor zijn huis. Hij zei: 'Soms is het beter als mensen denken dat je niet thuis bent.' Ik vond het een vreemd antwoord, maar ik ging er niet op in. Ik weet dat de donkere stationwagen in de drie weken voor de aanrijding geregeld op de parkeerplaats stond. Ik bedoel daarmee: soms stond hij er een paar dagen en dan weer een paar dagen niet. Meer kan ik er niet over zeggen.

De geheimzinnige verplaatsingen van de auto kwamen in de rechtszaak niet aan de orde. Max' advocaat Van Aarden heeft nog wel een poging gewaagd om de wijkagent op te roepen als getuige, maar dat is niet gehonoreerd. De recherche heeft wel de eigenares van de beschadigde auto verhoord, maar ook met haar verklaring is niets gedaan. Max gebruikte de auto niet dagelijks, dus wist hij ook niet precies wanneer hij er wel of niet stond, maar één datum kon hij zich wel herinneren: 18 december. Sandra belde om elf uur 's avonds dat zij de volgende morgen naar het politiebureau in Apeldoorn moest voor een verhoor. Ze vroeg of Max de weg wist. Hij beloofde haar het stratenboek te brengen. Toen hij naar zijn auto liep ontdekte hij dat die er niet stond. Dus liep hij naar Sandra, waar hij tien minuten later aankwam. Hij zei niets over zijn verdwenen auto, maar zijn ongerustheid nam toe. Later bleek dat degene die de auto meenam hoogstwaarschijnlijk naar de plek van het graf is gereden. Een boer van de Stobbenweg zag op die avond een donkere stationwagen in de berm van de weg, ter hoogte van het bos en vlak bij zijn boerderij.

> Rond 23.00-23.15 uur reed ik op de Stobbenweg, komende vanaf de dijk. In een passeerhaven, ter hoogte van het bos stond een donkere auto geparkeerd, vanaf de dijk gezien aan de rechterkant. Ik heb nog nooit meegemaakt dat daar rond die tijd een auto staat. Het is geen normale plaats om een auto te parkeren. Ik heb niemand bij die auto gezien. Merk en type kan ik me niet herinneren, wel dat hij een Nederlands kenteken had. Het kan de auto zijn die u me laat zien, maar ik moet zeggen dat ik weinig belang stel in automerken.

De vraag is natuurlijk of de boer inderdaad de auto van Max heeft gezien, maar het zou heel goed kunnen dat een van de grafdelvers met de gestolen reservesleutel de auto heeft meegenomen en terugreed naar de plaats delict. De vraag is wat hij nog bij dat graf te zoeken had. Ron lag veilig onder de grond. De enige reden kan zijn om de schop en Rons jas terug te vinden die bij het graf waren achtergebleven.

Op 8 januari komen Ruth en de detective onverwacht bij Max op bezoek. Het wordt een beladen gesprek. Max wil nu precies horen wat er op 4 december gebeurd is. De detective vertelt dat hij, zijn assistent en een familielid van Ruth het doelwit vanaf zijn flat hebben gevolgd. Ron stapte echter niet in zijn eigen auto, maar ging aan de achterkant de flat uit en stapte bij een andere man in de auto. Dat was de man met lang blond haar waarvan ze eerst dachten dat het een vrouw was. Het was een forse tegenvaller, maar ze volgden hen, in de hoop dat ze toch een deel van het plan konden realiseren. Het doelwit en zijn chauffeur reden langs een paar parkeerplaatsen. Op een van die parkeerplaatsen werd het doelwit niet goed en zakte in elkaar. Ze hebben nog eerste hulp geboden, maar niets hielp meer: de man was dood. In paniek hebben ze hem op een rustige plek gelegd en daar hebben ze hem later begraven.

Max schrikt zo dat hij letterlijk naar adem hapt en begint te hyperventileren. De detective is zichtbaar ontdaan en Ruth zit er nagelbijtend bij. Als Max weer wat bijgekomen is vraagt hij waarom ze zijn auto steeds meegenomen hebben. De detective zegt dat hij dat niet weet, evenmin als Ruth, maar hij veronderstelt dat het zijn collega geweest moet zijn. 'Kijk maar uit,' zegt Hans Vecht. 'Een kat in het nauw maakt rare sprongen.' Max krijgt echter de indruk dat Vecht niet alles weet. Vecht twijfelt openlijk aan de aanranding van de dochter van de 'eigenaar', de man die Max een wintersportvakantie heeft beloofd. Het lijkt of Bruut iets heeft bekokstoofd met de eigenaar waar Vecht niets van wist. Vlak voor hij weggaat herhaalt de detective dat Max zijn mond moet houden en vooral niet met de politie moet gaan praten. Ruth blijft nog een halfuurtje omdat ze wel ziet hoe ontdaan Max is. Later brengt hij haar naar het station. Voor ze in de trein stapt belooft ze dat ze nog van zich laat horen, maar Max heeft hen nooit meer gezien. Waarom ze terugkwamen, met aanzienlijke risico's, blijkt uit een anonieme brief die vrijwel zeker door Ruth is geschreven: *we wilden voorkomen dat Max zou gaan kleppen.* Dat is dus niet gelukt, maar het resultaat is nog beter dan ze kon wensen, want justitie heeft haar bestaan en dat van de detective glashard ontkend. Op aanwijzingen van Max zijn deze compositietekeningen van het tweetal gemaakt.

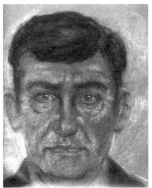 

Hans Vecht   Ruth

Justitie had de tekeningen van het tweetal aan het publiek moeten tonen, waarvoor *Opsporing Verzocht* het geëigende medium was, maar dat is niet gebeurd. Wat justitie naliet doe ik hier: de tekeningen laten zien. Ze zijn inmiddels vier jaar ouder, maar de gelaatstrekken zijn sprekend genoeg om herkenning mogelijk te maken. Waarom justitie niets met deze tekeningen gedaan heeft is een raadsel, temeer daar Max' achternichtje Willeke de A. in de tekening van Ruth de vrouw herkende waarmee ze Max in het bos had gezien. Max vertelde dat Hans Vecht oud-politieman was en als detective klussen voor de Utrechtse politie heeft opgeknapt. Met die gegevens heeft de recherche nog wel een half-slachtige poging gedaan om hem te vinden, uiteraard zonder resultaat.

Ook hierin toonde aanklager Leonard zijn onwil om elk mogelijk ontlastend bewijs te onderzoeken. Als hij echt dacht dat het bestaan van Vecht en Ruth een leugen van Max was, dan had hij met een gerust hart de tekeningen op tv kunnen tonen, want dan zouden er geen reacties komen of alleen reacties die niets met de personen in kwestie te maken had-den.

Terug naar het alibi

De verklaring van Heleen moest de rechtbank ervan over-tuigen dat Max die avond thuis was en dus onmogelijk de moord op Ron Verbeek kon plegen. Heleen was na haar burn-out labiel en kwetsbaar en door een nare ervaring in haar jeugd was ze doodsbang voor de politie. Max wilde haar uit de wind houden en zei: 'Hou je er maar buiten. Ik red me wel.' Achteraf beseft hij hoe onnozel hij dat prachtige alibi heeft verknald, vooral als je kijkt wat er later met Heleen gebeurde, maar op dat moment leek het allemaal zo onwerkelijk dat hij van moord beschuldigd zou worden dat hij zijn kwetsbare vriendin Heleen wilde beschermen. Hij logeerde die zaterdag bij haar omdat hij zich in zijn eigen huis niet meer veilig voelde door alle gebeurtenissen rondom de verdwijning van Ron en de onmiskenbare be-langstelling van de politie. En terecht, want de volgende morgen, zondag 27 januari 2002, werd hij in haar huis door twee agenten gearresteerd, verdacht van moord op Ron

Verbeek. Heleen, die geschokt toekeek, verklaarde later dat ze op de avond van 4 december bij haar moeder was geweest. Ze had met Max afgesproken dat ze dat zou zeggen. Bij het eerste verhoor op 30 december 2001 confronteerde de politie haar met dit blocnotevelletje, maar haar commentaar was duidelijk: *de geschreven tekst die u mij voorhoudt is pertinent niet mijn handschrift.*

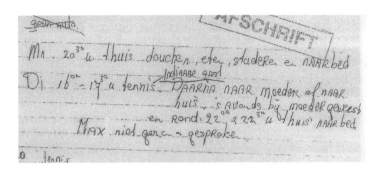

Ik vraag me af wie dat briefje dan wel heeft geschreven. Iemand die er belang bij heeft dat het alibi van Max verdwijnt? Wie kan het anders zijn dan iemand die zijn veroordeling zoekt? En hoe komt het in handen van justitie? Intrigerende vragen waarop we misschien ooit antwoord krijgen, maar nu blijft het een van de vele raadsels die deze strafzaak kenmerken.

Na zijn arrestatie bleef Max zeven weken in volledige beperking. Hij mocht alleen zijn advocaat spreken, maar elk ander contact met de buitenwereld was verboden. Geen krant, geen tv, geen radio. Een hel voor iemand die onschuldig vastzit en zich wanhopig afvraagt wat er achter zijn rug gebeurt. Max en Heleen spraken elkaar pas op 18 maart toen ze hem in het huis van bewaring op kwam zoeken. Ik ben geregeld bij Max op bezoek geweest in de Blue Band-bajes.

Je wordt van top tot teen gecontroleerd, want je mag nog geen snipper papier meenemen, hooguit een muntje voor de koffieautomaat. Als je de sluis door bent heb je het gevoel of je met de andere bezoekers naakt in die betonnen wachtkamer zit. Ik kan me voorstellen dat het voor Heleen een bezoeking moet zijn geweest die gevangenis in te gaan. Max had al op 28 januari 2002 verklaard dat Heleen op 4 december bij hem was geweest en de politie had hem beloofd dat ze Heleen met zijn verklaring zouden confronteren. Dat is nooit gebeurd en dus bleef ze bij het verhaal dat ze die avond bij haar moeder was geweest. Desondanks heeft ze Max in 2002 trouw bezocht. Bij haar eerste bezoek bleek dat ze had verteld dat ze 4 december bij haar moeder was geweest, dus was het te laat om beide verklaringen naar waarheid op elkaar af te stemmen. Toch blijft er iets knagen. Zelfs bij een labiele vrouw vraag je je af waarom ze haar eerste verklaring niet ten gunste van Max wilde herzien. Later probeerde ze haar verklaring bij te stellen, maar Leonard dreigde met een proces wegens meineed. Aan het slot van het proces-verbaal van haar getuigenverhoor van 29 januari lezen we het volgende:

Wij, verbalisanten H. en K., willen het volgende opmerken: tijdens het verhoor op maandag 28 januari 2002 was getuige Van W. zeer coöperatief. We hadden af en toe het idee dat ze echter niet alles vertelde naar wat er gevraagd werd. Ik, K., deelde haar aan het eind van het verhoor mee wat er met haar verklaring ging gebeuren: het zou worden toegevoegd aan het grote proces-verbaal en door de officier van justitie, de teamleiding, de rechter, de advocaat en Max Spaan gelezen worden. Ik zei haar goed na te denken of ze wel de waarheid had verteld omdat zij met een verklaring die bij de rechter komt

de waarheid moet vertellen. Als mocht blijken dat het
niet zo is kan ze vervolgd worden wegens meineed.

De agenten H. en K. hebben juist gezien dat Heleen iets ver-
zweeg: dat Max haar op de dag van zijn arrestatie had
gezegd: 'Hou je mond maar, ik red me er wel uit.' Ze hebben haar niet verteld dat hij inmiddels wel heeft gezegd dat
ze bij hem is geweest en dus verkeerde Heleen in onzekerheid: wat moet ik doen? Na lang aarzelen bleef ze bij haar
voorgenomen verklaring: 'Ik ben die avond bij mijn moeder
geweest.' Hadden H. en K. toen maar doorgevraagd. Dat
deden ze niet. Heleen vertoonde in haar latere verklaringen
steeds meer aarzelingen. Aanklager Leonard voerde zijn
dreigement uit en liet haar vervolgen wegens meineed.
Daarna heeft Heleen geen woord meer op het politiebureau
gezegd en toen het vonnis wegens meineed – een taakstraf –
werd uitgesproken verscheen ze niet op de zitting.
Niettemin heeft de rechtbank haar verklaring van 28 januari (waarvan de politie dus het waarheidsgehalte betwijfelt)
gebruikt als bewijs dat ze op 4 december niet bij Max is
geweest. We zullen zien dat er meer processen-verbaal op
ambtseed zijn genegeerd, maar dit is een sterk staaltje eigen
interpretatie van de rechters.

Edith de B., een gezamenlijke tennisvriendin van Max en
Heleen, vertelde me dat Heleen in het begin van de rechtszaak geregeld bij haar op bezoek kwam – haastige, vluchtige bezoekjes – en in nerveuze, onafgemaakte zinnen steeds
zei dat ze iets over Max wilde vertellen, maar het niet durfde. Als Edith aandrong vertelde Heleen een vaag verhaal
waaraan geen touw vast te knopen viel. Even later ging ze
op iets anders over, zonder een moment de indruk te geven
dat ze haar ei kwijt was. Dat 'iets' is dus niet boven tafel
gekomen.

Edith noemt Heleen een gecompliceerd mens met een

onverwerkt verleden. Ze kenschetst haar als volgt: 'Heleen houdt altijd een slag om de arm' en 'ze huivert als je haar aanraakt'. Desondanks en ondanks de dreigementen van justitie die haar doodsbang maakten heeft Heleen zich in het eerste jaar van Max' gevangenschap een loyale vriendin getoond. Sandra, voor wie Edith geen goed woord over heeft – ze noemt haar een Barbiepop zonder gevoel – liet Max na zijn arrestatie meedogenloos vallen, maar Heleen wierp zich op als zijn zaakwaarneemster en dat deed ze voortreffelijk en zonder eigenbelang. Ze verkocht zijn huis en andere bezittingen om geld vrij te maken voor de verdediging en onderhield contact met zijn zoon over de zakelijke aspecten. Helaas knapte de vriendschap begin 2003. Heleen kon de gedachte dat Max voor 'de eeuwigheid' vast zat niet meer verdragen en begon zijn begrijpelijke, maar belastende claim beu te worden.

Van Aarden heeft nog wel met haar gepraat, zelfs twee vertrouwelijke brieven gekregen die hij op haar verzoek heeft vernietigd, maar ze wil niets meer met de zaak te maken hebben, dus ook geen nieuwe verklaring afleggen. Je kunt iemand niet dwingen. Zelfs de rechtbank kan dat niet. Ik heb Heleen een keer kort aan de telefoon gesproken, maar ze kapte het gesprek direct af toen ze begreep waarom het ging. Ik heb dus alleen een indruk van haar gekregen door de getuigenverklaringen en uit de beschrijvingen van Max en Edith. Er is een portretje van haar, als medewerkster van een makelaarskantoor. Ik heb lang naar die foto gekeken en me afgevraagd waarom ze zich zo van Max heeft afgewend terwijl haar verklaring zijn vrijheid kan betekenen. Wat maakt haar zo bang of afkerig dat ze niet met de simpele waarheid voor de dag komt? Ze hoeft niet bang te zijn voor een nieuwe veroordeling wegens meineed, want die heeft ze al achter de rug. Wat weerhoudt haar? Wilde ze haar herwonnen zekerheid niet op het spel zetten door een nieuwe confrontatie met justitie? Of heeft Max het alibi verzonnen? Hij bezweert me dat het waar is en ik geloof hem, om twee redenen. Ten eerste was het bezoek van Heleen heel aannemelijk: ze wil een paar vrienden een fles wijn cadeau geven met Sinterklaas en ze bestelt die wijn op 4 december bij een bevriende wijnhandelaar. Ze had het telefonisch kunnen doen, maar ze vindt het prettig met hem te praten en dus kiest ze voor een bezoek in plaats van een telefoontje. De tweede reden waarom ik Max geloof is dat Heleen in het eerste jaar van zijn detentie alle zaken voor hem heeft geregeld. Zou ze dat ook doen voor iemand die haar met een leugen in conflict met justitie heeft gebracht? Of omdat hij haar uit ridderlijke motieven met een leugen in zijn eigen nadeel uit de wind wilde houden? Wie weet hoe het in het Rijk van de Bok toe gaat beseft hoe waardevol vriendschap 'van buiten' is. Een gevangene is dolblij met iedere hulp en dat stelt hij niet op de proef door iets te eisen waarvoor die helper een drempel moet overwinnen. Van Aarden schatte het alibi natuurlijk ook naar waarde. Hij heeft lang, indringend maar tevergeefs met haar gepraat om het los te krijgen en ten slotte heeft hij Max afgeraden nog langer aan te dringen op Heleens verklaring. Het was zo ongewis dat ze haar rug recht zou houden in een nieuwe confrontatie met het OM dat hij dacht: beter geen alibi dan een alibi dat op het beslissende moment onderuitgehaald wordt. En, hoe vreemd het ook lijkt voor een advocaat die blij zou moeten zijn met zo'n prachtig alibi: het kon wel eens een juiste inschatting zijn geweest. Heleen schreef zelfs een excuusbrief aan Leonard, waarin ze nederig om vergeving vraagt, terwijl ze volkomen in haar recht had gestaan als ze had geprotesteerd tegen de manier waarop hij haar behandeld heeft. Helaas lijkt zo'n actie niets voor Heleen. Toch hoop ik dat ze ooit beseft hoe belangrijk haar getuigenis voor Max is en daarvan de consequentie aanvaardt.

Een paar vragen

In deze strafzaak is zo weinig verifieerbaar bewijs dat we uit talloze verklaringen moeten reconstrueren wat er werkelijk gebeurde. In het vorige hoofdstuk liet ik al voorbeelden zien van getuigen die elkaar tegenspreken. Wat moeten we dan denken van de verklaringen van Ron die we alleen uit de tweede en derde hand hebben: het verhaal van de blind date, van de limousine en het dure etentje? Wat is er echt besproken tussen Ron en de man van het bemiddelingsbureau? Als die man nadrukkelijk om geheimhouding vraagt en Ron al na tien minuten zijn belofte verbreekt en het hele verhaal aan zijn ouders en vrienden vertelt, wat moeten we dan geloven? Als het bemiddelingsbureau voor bloemen en een passend cadeau zou zorgen en Ron door een limousine met chauffeur zou worden opgehaald, waarom stond zijn Mazda dan klaar voor de flat met een keurig ingepakt cadeautje op de achterbank, terwijl hij zijn auto altijd achter de flat parkeerde als hij hem die avond niet meer nodig had? Zou het niet zo kunnen zijn (zoals zijn blonde homovriend in zijn anonieme brief aan de rechtbank schrijft) dat er inderdaad een afspraak was met een anonieme jongedame, maar niet bij Rons huis waar hij door een dure limousine zou worden opgehaald, maar bijvoorbeeld bij het station, waar hij haar zelf op zou halen en het cadeautje zou geven dat hij in zijn auto klaar had gelegd? Past dat ook niet beter bij het merkwaardig lage bedrag van tachtig gulden dat Ron aan het dure avondje bij moest dragen en dat in de versie van Ron zelf (limousine, chauffeur, diner in een toprestaurant) minstens het twintigvoudige zou kosten? Welke vrouw betaalt dat voor een buitensporig luxe kennismaking met een onbekende man?

Wat deden die mensen in de witte bus die vlak voor die vermeende afspraak zo'n belangstelling hadden voor zijn flat en zijn auto? Waarom raakte Ron zo in paniek (alweer volgens de brief van zijn blonde homovriend) dat hij aan de achterkant de flat uitsloop? Wie sprak hij op die dag nog meer die geen verklaring heeft afgelegd? Wie waren de mensen die Vonne G. om negen uur 's morgens bij hem zag staan naast zijn auto? Wie zat er in de onbekende donkere stationwagen die buurman John H. omstreeks zes uur in de straat voor de flat zag rijden, kennelijk wachtend op iemand die niet kwam?

Niets van dat alles is door de politie uitgezocht. Je zou verwachten dat de rechercheurs met man en macht probeerden te achterhalen wie die mensen waren en waarom juist op die dag in de stille straat voor Rons flat allerlei vreemdelingen opdoken. Maar alle verklaringen daarover zijn genegeerd of niet nader onderzocht. Waarom niet? Omdat vrienden en familieleden van Ron gewag maken van een blind date en een mogelijke betrokkenheid van Sandra F., hoewel ze ook zeggen dat de man van het bureau haar naam niet heeft genoemd en zelfs niet gesuggereerd. Ron dácht het en kennelijk was de wens de vader van de gedachte. We kunnen het niet meer vragen. Zijn verhaal, dat we uitsluitend via anderen horen, klopt niet op essentiële onderdelen zoals tijd en plaats, maar volgens justitie is het tot in detail waar. Welk detail? Waarom kwam niemand binnen justitie op het idee de verklaringen over Rons verhaal en handelingen naast elkaar te leggen en te verifiëren bij andere getuigen? Waarom slikken aanklagers en rechters het verhaal van Ron voor zoete koek? Zou geen van hen zich eens afgevraagd hebben: klopt dit wel? Het antwoord is alweer van een verbijsterende simpelheid: alles wat de verdachte vertelt is een leugen en dus moet alles wat het slachtoffer verteld heeft waar zijn, ook al horen we het uit de tweede en derde hand en zijn er nogal wat inconsequenties als je die verklaringen naast elkaar legt.

Ik geef toe dat het detectiveverhaal van Max heel wat ver-beeldingskracht vergt. Een privédetective met een oncontro-leerbare naam die in het holst van de nacht verschijnt, zich niet legitimeert en een louche plan ontvouwt dat vervolgens grandioos de mist ingaat: in een roman hoef ik het niet te flikken. Maar dit is de werkelijkheid en elke thrillerschrijver weet dat de werkelijkheid zo bizar is dat je het niet kúnt ver-zinnen. Ik ben het verhaal van Max gaan geloven toen ik de anonieme brieven las die de toedracht van Rons dood be-schrijven. Aanklager Leonard en zijn rechercheteam hebben die brieven ook gelezen. Ze zijn er kennelijk zo van geschrokken dat de eerste anonieme brief, die al na een half-jaar binnenkwam, verdween. Ze gaven pas toe dat hij was aangekomen, toen de briefschrijver anderhalf jaar later een tweede brief schreef en die via advocaat Bram Moszkowicz en misdaadjournalist Peter R. de Vries aan de advocaat van de verdachte stuurde. Wat is er met die eerste brief gebeurd? Helaas de weg van het fotorolletje gevolgd? Verstopt in het zorgvuldig gesloten dossier ontlastend bewijs? We zullen het misschien nooit weten, maar de brieven zijn goddank bewaard. Zij komen bij het hoofdstuk over de toedracht uit-voerig ter sprake.

Het psychologisch onderzoek

Hoe koel en klinisch bleef de psycholoog die aanklager Leonard op Max losliet om diens psyche op schrift te stel-len? Als die psycholoog zijn werk goed had gedaan had het ook voor justitie nog wel eens verrassende informatie kun-nen opleveren, maar helaas maakte hij de meest essentiële fout die een onderzoeker kan maken: hij kreeg de pest aan zijn subject. Het was wederzijds, waarmee het onderzoek bij voorbaat tot mislukken gedoemd was. Zelfs als de uitslag gunstig voor Max was uitgevallen hadden we het resultaat met argwaan moeten bekijken. Nu het ongunstig uitpakt geldt hetzelfde. Hoe gevaarlijk zo'n subjectief onderzoek is blijkt wel uit de belangrijkste conclusie van drs. Van E.:

Samenvattend, de persoonlijkheidsproblematiek van betrokkene is te omschrijven als een gemengde persoonlijkheidsstoornis met narcistische en theatrale kenmerken. De genese van dit beeld is in dit onderzoek niet duidelijk geworden. Mogelijk kreeg betrokkene reeds op jeugdige leeftijd, mede wegens de langdurige ziekte van zijn moeder een aparte rol in het gezin. Een vorm van bijzonder zijn die zijn karakter in sterke mate heeft bepaald.

De bevreemdende verklaringen die betrokkene geeft over het ten laste gelegde en andersoortige incidenten in zijn leven zijn niet vanuit een ziekelijke leugenachtigheid te verklaren. Bij dat beeld raakt de persoon zo in de ban van eigen leugens dat het ziekelijke al vrij snel opvalt en duidelijk is. Zo evident en overduidelijk is dat bij betrokkene niet.

In deze casus is zeer waarschijnlijk sprake van het construeren van mistige en listige verzinsels en misleidende fantastische verhalen waarmee betrokkene tracht zijn ontkenning op te tuigen. Het betreft hier een in enigermate gestoorde fantast. In dit geval gaat het dan om een fantast met een gemengde persoonlijkheidsstoornis waarbij het moeilijk is te bepalen in welke mate de stoornis het beeld bepaalt. Gezien zijn onderhuids en regelmatig manifest blijkende sterk agressieve en achterdochtige attitude is betrokkene waarschijnlijk toch meer jaloers ingesteld dan hij zelf beweert te zijn.

Is niet duidelijk geworden... mogelijk... zijn niet te verklaren... moeilijk te bepalen... zeer waarschijnlijk... waarschijnlijk toch meer... Wat is dit voor een onderzoek? Welke waarde mogen we toekennen aan conclusies met zoveel slagen om de arm? Van E. stelt wel vast dat Max geen ziekelijke leugenaar is zoals justitie beweert, terwijl je toch mag zeggen dat de onderzoeker er alles aan gedaan heeft om dat aspect en andere ongunstige kanten van Max' karakter bloot te leggen. De agressie en achterdocht ontstonden omdat psycholoog en verdachte in een ongelijke machtsverhouding aan de negen uur durende reeks gesprekken deelnamen. Al vanaf het begin was duidelijk dat ze elkaar niet lagen.

Justitie ging niet op één oordeel af en vroeg ook psychiater dr. K. een analyse van Max Spaan te maken. Dr. K. sprak drie uur met Max in de gevangenis. Ze legde haar bevindingen vast in een uitvoerig rapport waarin ze eerst een beeld schetst van de voorgeschiedenis: jeugd, relaties binnen het ouderlijk gezin en relaties als volwassen man. Haar rapport is veel genuanceerder dan dat van de psycholoog, maar ook zij maakt gewag van narcistische trekjes die het verhaal van drs. Van E. ondersteunen. Ze heeft Max scherp geobserveerd en hoewel je tussen de regels leest dat ook zij haar reserves had tegen zijn manier van optreden tijdens het onderzoek is haar aversie tegen haar studieobject minder pregnant dan bij drs. Van E. Toch vraag ik me ook bij haar conclusie af hoe ze aan dat narcisme komt. Ze stelt vast dat Max zich tijdens het onderzoek volledig onder controle had. Ze vindt hem intelligent, welbespraakt en geheel in staat tot adequaat handelen. Ook als ze hem in haar forensisch psychiatrische overwegingen, dus als potentiële misdadiger bekijkt, schrijft ze het volgende:

> Max Spaan ontkent het ten laste gelegde volledig.
> Aan de hand van de stukken in het dossier conclu-

deert hij dat Ron Verbeek aan een natuurlijke dood overleden is en niet vermoord is. Hij corrigeert mij enkele malen op nadrukkelijke wijze als ik spreek over een slachtoffer.

Over de gebeurtenissen voorafgaande aan de periode van het ten laste gelegde en rondom het ten laste gelegde heeft hij uitgebreid verslag gedaan tijdens het onderzoek. De gebeurtenissen komen nogal bizar over waarbij het handelen van betr. verbazingwekkend is en hij soms nogal mystificerend spreekt.

De inhoud komt niet algemeen psychotisch over voor zover dat is na te gaan. In ieder geval is hij tijdens het onderzoek niet psychotisch en komt dat ook niet naar voren in het proces-verbaal. Het is onwaarschijnlijk dat hij in die periode, dus langere tijd, psychotisch zou zijn geweest en dat die toestand zonder medicatie verdwenen zou zijn. Het zou mogelijk kunnen zijn dat er sprake is van een ziekelijke leugenachtigheid (pseudologia fantastica), maar tijdens het onderzoek heeft hij daar geen symptomen van. Hij gaat wel geheel op in zijn interpretatie van de gebeurtenissen waarvan met dit onderzoek niet vast te stellen is of het op waarheid berust of niet. Als er wel sprake van een pseudologia zou zijn dan was te verwachten dat die psychische toestand ook nog aanwezig zou zijn tijdens het huidige onderzoek en omtrent andere zaken dan alleen het ten laste gelegde maar dat was niet het geval.

Er zijn geen klachten of symptoombeschrijvingen uit die tijdsperiode en het ten laste gelegde zoals die door Spaan tijdens het huidige onderzoek geuit zijn die wijzen op dissociatie. Hij kan zich details herinneren uit die periode. Dat betreft ook onderwerpen die verifieerbaar zijn. Dat betekent dat zijn verhaal over de gebeurtenissen toen geen invulling achteraf is van een geheugenleemte over die tijd of anderszins een teken zijn van een meervoudige persoonlijkheid. Er zijn ook geen geheugenstoornissen zodat we niet mogen spreken van confabuleren (verzinnen).

Tijdens het onderzoek viel op hoe weinig emotioneel hij verbonden was met het ten laste gelegde. Hij is vooral bezig met de bewijsvoering van zijn onschuld en blijft afstandelijk verslag doen. Er zijn geen posttraumatische verschijnselen. De rationaliserende wijze waarop hij over die periode spreekt past binnen zijn psychodynamiek waarin hij zijn gevoelens verdringt of omzet in een passief agressieve houding zoals weergegeven bij de beschrijving van zijn persoonlijkheid.

Niks mis met Max zou je zeggen als je dit leest. Hij is geen fantast of ziekelijke leugenaar, hij heeft geen geheugenstoornissen – integendeel – en hij vertoont geen spoor van wroeging of onzekerheid, laat staan schuld over de verdwijning en dood van Ron Verbeek. Hij heeft er kennelijk helemaal niets mee te maken. Alles wat hij zegt en doet is erop gericht zijn onschuld aan te tonen. Logisch, als je onschuldig bent. Niet logisch is de eindconclusie van dr. K., die ten slotte de kernvraag van justitie moet beantwoorden: *lijdt de onderzochte aan een ziekelijke stoornis, c.q. gebrekkige ontwikkeling van zijn geestvermogens?* Ja, zegt dr.K.,

… er is bij Spaan sprake van een gebrekkige ontwikkeling van zijn geestvermogens in de vorm van een narcistische en theatrale persoonlijkheidsstoornis. De somatische toestand toont een voorwandhartinfarct in 1996. Er is geen rechtstreekse relatie aantoonbaar tussen het hartinfarct en een veranderde psychische toestand.

Die conclusie is verbazingwekkend. Opeens is die intelligente, formele man waarmee ze drie uur heeft gepraat iemand met een persoonlijkheidsstoornis die er niet om liegt: narcistisch en theatraal. Ziekelijke stoornissen… onnodig te zeggen dat die conclusie perfect past in de visie van het OM: die vent is gestoord en wat hij vertelt is per definitie een leugen.

Alle spannende films over Amerikaanse daderprofielen ten spijt: er bestaat geen blauwdruk voor moordenaars.[10] De forensische psychologie is geen exacte wetenschap. Integendeel: als ik de uiteenlopende oordelen van de psychologen van justitie en die van de verdediging naast elkaar leg dan hangt de uitslag van je onderzoek er dus kennelijk vanaf waar je als onderzoeker staat. Is de premisse: dit is een moordenaar, aan u de taak dat aan te tonen, dan kun je nog zo je best doen objectief te blijven, maar je onbevangenheid is weg. Als er ook nog sprake is van een spontane wederzijdse antipathie dan is je opinie per definitie gekleurd.

Van Aarden vroeg forensisch psycholoog W.H. Derks, die 15 jaar in het Pieter Baan Centrum heeft gewerkt, om een oordeel over de onderzoeken van drs. Van E. en dr. K.

Dr. Derks plaatst in welgekozen woorden kanttekeningen bij de analyses van zijn confraters. Ik citeer met zijn toestemming het volgende uit zijn brief aan Van Aarden:

1. Betrokkene had relatieproblemen, maar is geen psychiatrisch patiënt; hij is intelligent, spraakzaam en sociaal, en heeft voorzover bekend een regelmatig en aangepast leven geleid. Voor zijn problemen is hij in psychotherapie gegaan waarbij naar voren zou zijn gekomen dat hij altijd ongelijkwaardige vrouwelijke partners opzoekt en de rol van hulpverlener aanneemt.

2. Beide deskundigen zien zich voor het probleem gesteld dat betrokkene die nooit eerder met justitie in aanraking is geweest, wordt verdacht van een zeer ernstig strafbaar feit dat hij in alle toonaarden ontkent. De vraag wordt nergens gesteld maar lijkt zich als het ware zelf te stellen, namelijk of de persoon van de verdachte zich karakterologisch met de veronderstelde moord wel of niet laat combineren – een vraag waarvan elke deskundige weet dat zij door hem niet kan en mag worden beantwoord.

3. De psychiater blijft binnen de grenzen van haar vak. Zij ziet haar taak als een louter voorlichtende en beschrijvende taak, geeft een overzicht – en zo ook enig inzicht – in het leven van betrokkene en diens persoon zoals zij dat tijdens het onderzoek heeft ervaren. Zij houdt zich buiten de bewijsvoering, buiten een oordeel omtrent toerekeningsvatbaarheid en gevaarlijkheid omdat daarover in dit stadium van de berechting niets met zekerheid te zeggen valt.

4. De psycholoog heeft een geheel andere taakopvatting en begeeft zich op glad ijs. Hij gaat op zoek naar een psychologische bewijsconstructie, een bewijs uit het ongerijmde. Daartoe begeeft hij zich op het gevaarlijke terrein van wat wel genoemd wordt het daad/dadercomplex, een terrein van speculaties. Hij kiest voor een benadering die vraagtekens oproept over zijn objectiviteit, zijn onpartijdigheid en onafhankelijkheid, en sterk doet twijfelen aan de waarde van zijn oordeel.

5. Van belang is dat niet alleen de psycholoog maar ook de rapporterende psychiater spreken van een

ontwikkelingsstoornis met narcistische en theatrale trekken, maar niet van een psychiatrische stoornis in engere zin. De problematiek wordt 'heel licht' genoemd en zou voornamelijk in de relationele sfeer liggen.

Van E. gokt op een stoornis als verklaring voor moord, maar Derks wijst die conclusie af.

Daarnaast wordt door de psycholoog ook nog de mogelijkheid overwogen van een ziekelijke leugenachtigheid. Onderzoeker acht dit bij nader inzien niet houdbaar. Hij noemt de verdachte 'een enigermate gestoorde fantast'. Er zou sprake zijn van 'het construeren van mistige en listige verzinsels en misleidende fantastische verhalen' waarmee betrokkene 'tracht zijn ontkenning op te tuigen.' Afgezien van het feit dat onderzoeker hierbij zijn competentie ver overschrijdt, verschaft hij geen zweem van argumentatie voor deze stelling. Volgens onderzoeker is de stoornis van invloed geweest op de daad, aangenomen dat hij deze inderdaad heeft gepleegd, en zal zij van invloed blijven op de toekomstige gevaarlijkheid van de verdachte. Hierbij wordt uit het oog verloren dat betrokkene geen strafrechtelijk verleden heeft, dus terechtstaat als een first-offender en 59 jaar oud is. Het mag een wonder heten dat deze stoornis hem dan niet eerder in problemen heeft gebracht. Al even opmerkelijk is dat een kans op recidive in verband wordt gebracht met deze twijfelachtige stoornis en met de mogelijkheid dat hij op zijn leeftijd opnieuw in een analoge situatie terechtkomt met een partner of een concurrent die zijn jaloezie zou opwekken. Onderzoeker weet dus precies hoe het zit en geeft daar, rijkelijk voorbarig en op een toon die geen tegenspraak duldt, blijk van. 'Het was een vrij moeilijke casus maar zo is het.'

Natuurlijk heeft de aanklager uitsluitend gebruikgemaakt van de bevindingen van drs. Van E. en dr. K. Tijdens de rechtszaak gebruikte hij meermalen het rapport van Van E. om uit te pakken over de 'stoornis' van de verdachte, over zijn onmiskenbare narcistische trekjes, over zijn neiging om de dingen naar zijn hand te willen zetten en over zijn 'mistige verzinsels'. Maar nergens blijkt uit de analyses dat Max een niets ontziende moordenaar is, een man zonder geweten die een naïeve, kwetsbare man op een gruwelijke manier om zeep helpt, omdat hij een briefkaartje naar zijn geliefde heeft gestuurd. Wat stelt Leonard zich daarbij voor? Max is een oudere man met een blanco strafblad die een normaal, ordentelijk leven heeft geleid. Hij valt op labiele vrouwen en brengt de fantasie van veel mannen in praktijk die de rol van beschermer spelen, maar dat maakt iemand nog geen moordenaar. Derks merkt terecht op dat het een wonder mag heten dat een man van Max' leeftijd niet eerder in de problemen kwam met de stoornis die hem door de gerechtszielkundigen wordt toegedicht. Al even opmerkelijk noemt hij het feit dat de rechters Max' straf op grond van dezelfde stoornis met vijf jaar verlengden vanwege de kans op recidive. Als Max na zijn even onterechte als lange straf vrijkomt is er grote kans dat hij zich met een rollator voortbeweegt.

Op verzoek van advocaat Van Aarden heeft klinisch psycholoog dr. Sijben een grondig onderzoek gedaan naar de persoonlijkheid van Max Spaan. Sijben sprak ruim zestig uur met hem, vijf keer langer dan de beide gerechtszielkundigen samen. Uit zijn onderzoek komt een totaal andere man naar voren dan de narcist die doctorandus Van E. beschreef.

Dr. Sijben neemt de tijd. Hij beziet Max als een mens en niet als een psychopaat wiens drijfveren voor een afschuwelijke misdaad hij moet ontrafelen. Hij laat hem zijn levensloop vertellen – die hij nagaat bij Max' moeder – en samen proberen ze de gebeurtenissen te duiden die leidden tot de detentie. Sijben noteert zijn bevindingen in een uitvoerig rapport waarin hij Max helder en klinisch kenschetst als jongeling, als volwassene en in zijn relaties met vrouwen. Max, die voor het eerst tegenover een man zit die hem onbevangen en met eerlijke belangstelling tegemoet treedt, ervaart dit onderzoek als een verademing. Voor het eerst hoeft hij niet op zijn qui-vive te zijn, loopt hij niet het risico dat hij op elk moment met strikvragen kan worden bestookt, maar kan hij zijn gedachten ordenen en tot de kern proberen door te dringen. Terwijl hij vertelt ziet hij de gebeurtenissen nog eens als in een film voorbijgaan en in het beeldende verslag van Sijben zien we die film terug. Later geeft Sijben commentaar op het rapport van de gerechtspsycholoog L. die – zonder zelf onderzoek te doen – op verzoek van justitie een samenvattende en zeer negatieve kenschets van de verdachte gaf. Over dat rapport van L. schrijft Sijben aan de advocaat:

> …Van duurzame ontwrichting, lijden etc. is geen sprake. Een persoonlijkheidsstoornis die zich op zo late leeftijd zou uiten is inderdaad ongebruikelijk, maar zal ook dan aan de diagnostische criteria moeten voldoen. Dat is door de heer L. niet onderbouwd.
> …Later in het rapport spreekt hij van persoonlijkheidstrekken, een veel mildere beschrijving van een persoon. Persoonlijkheidstrekken liggen binnen de range van hetgeen wij nog 'normaal' noemen, er is dan geen sprake van een stoornis. Ik ben het met de heer L. eens dat de heer Spaan een zeer sterke nei-

ging heeft om de helpersrol aan te nemen. In mijn rapportage spreek ik van 'Max, de Hulpverlener.' Deze karaktertrek is in belangrijke mate de drijfveer in zijn leven, zoals dat door mij is beschreven. En zo is hij ook betrokken geraakt in de huidige situatie. Echter, hierbij past niet de term 'narcisme'. Bij dit begrip horen de volgende gedragingen: grootheidsfantasieën, behoefte aan bewondering, gebrek aan empathie voor anderen, wenst alleen om te gaan met mensen met een hogere status, vindt zich heel speciaal. Geen van deze gedragingen doen zich bij de heer Spaan voor. Zijn overdreven helperrol en sociale (over)betrokkenheid uiten zich eerder in wegcijferen voor een ander dan in grootheidsfantasieën.

Paranoïde trekken lijken mij geheel passen in de situatie van de onderzochte en derhalve in grote mate situatief bepaald. Als er echt sprake was geweest van paranoia, was de heer Spaan niet bij deze zaak betrokken geweest. Immers paranoïde betekent: angst voor het onbekende en verkeerd/negatief interpreteren van normale signalen. Max Spaan was eerder te goedgelovig.

De narcistische trekjes die Van E. en dr. K. bij Max ontdekken kosten hem vijf jaar extra gevangenisstraf. Eigenlijk is het een verkapte TBS die de rechters hem opleggen omdat narcisme als psychische stoornis – een ziekelijke vorm van zelfvergroting – naar hun idee de kans op recidive vergroot. Hoe komen de magistraten aan dat idee? Ze lezen eerst het rapport van dr. K., waarin ze onder meer schrijft:

In relaties kiest hij partners waarin hij de redder is, de persoon waar de partner tegen opkijkt. In zijn redderschap zit vooral een narcistisch element en niet zozeer een angst voor verlating of machtselement. De verdachte heeft een theatrale persoonlijkheidsstoornis, dat is de problematiek van het constructen maken, voor zichzelf een wereld opbouwen en daarin geloven: 'ik ben de redder van zo'n vrouw'. Die theatrale persoonlijkheidsstoornis doet zich voor in alle aspecten van zijn leven. Er is sprake van machts/ hechtingsproblematiek vooral in relatie tot vrouwen; het affectieve element ontbreekt als hij over hen spreekt.

Dan volgt een belangwekkende conclusie die in het vonnis van het gerechtshof staat.

Hoewel dr. K. geen uitspraak deed of hiermee een agressieregulatieproblematiek gepaard gaat omdat verdachte die agressie ontkent, kan wel de conclusie worden getrokken dat daarvan in specifieke omstandigheden sprake kan zijn, vooral in relatie tot vriendin of vrouw Het hof verwijst naar de omschrijving van een narcistische persoonlijkheidsstoornis in de Diagnostic and Statistical Manual of Mental Disorders IV van de American Psychiatric Association. Daaraan zijn de volgende passages ontleend: … Als het wezenlijke kenmerk van die persoonlijkheidsstoornis wordt genoemd een diepgaand patroon van grootheidsgevoelens (in fantasie of gedrag), behoefte aan bewondering en gebrek aan empathie, beginnend in de vroege volwassenheid en tot uiting komend in diverse situaties. Opgemerkt wordt dat kwetsbaarheid in zelfachting individuen met een dergelijke stoornis zeer gevoelig maakt voor 'schade' door kritiek of nederlaag. Hoewel zij het niet naar buiten behoeven te laten blijken, kan kritiek deze individuen achtervolgen en hun het gevoel geven vernederd, hol en leeg te zijn. Zij kunnen reageren met minachting, woede of provocerende tegenaanval. Zulke ervaringen, aldus DSM-IV, leiden vaak tot sociale teruggetrokkenheid of een uiterlijke houding van nederigheid die de grootheidsgevoelens kunnen maskeren en beschermen. Relaties met andere personen worden op typische wijze belemmerd als gevolg van problemen door de aanspraak bijzondere rechten te hebben, de behoefte aan bewondering en de relatieve veronachtzaming van de gevoelens van anderen.

Hier spelen de rechters dus voor psychiater, tot verbijstering van hun experts en die van de verdediging. Wie Max kent, zoals dr. Sijben en ik die hem geregeld ontmoeten, weet hoe onrechtvaardig dat oordeel van zijn rechters is en hoe onterecht de daaruit volgende extra straf van vijf jaar. Max is breedsprakig, schoolmeesterachtig en overtuigd van zijn gelijk. Ik heb hem eens gekarakteriseerd als een man die op het punt van verzuipen nog instructies zal geven hoe je de reddingslijn naar hem toe moet werpen, maar dat maakt hem nog geen psychopaat. Laten we eens zien wat dr. Sijben na grondig onderzoek concludeert:

Max laat zich typeren als een goed ontwikkelde man, die erg verbaal is ingesteld en zich op uitstekende wijze kan presenteren. Hij is beslist intelligent, zoals blijkt uit zijn opleiding maar ook uit zijn woordgebruik en andere zaken. Hij is erg sociaal ingesteld en is bereid zich sterk weg te cijferen in een relatie. De zorgen voor de ander gaan steeds voor. Gevoelens van jaloezie zijn hem volledig vreemd. Hij accepteert dat zijn eerste echtgenote een vriend heeft en laat dit zijn gedrag en houding ten opzichte van haar niet veranderen. Hij vindt het emotioneel wel moeilijk maar vindt dat hij het moet accepteren. Dat is een basiskenmerk van zijn persoonlijkheid: zorgen voor de ander te laten prevaleren boven zijn eigen gevoelens.

In de gesprekken heb ik een levensverhaal gehoord dat onwaarschijnlijk is, maar daarom nog niet onwaar. Max heeft inderdaad een bijzonder leven geleefd maar de details zijn zo helder gegeven, eventueel aangevuld met brieven, verhalen van zijn moeder dat dit bij mij niet tot twijfel heeft geleid. Wanneer ik doorvraag, sprongen maak in het verhaal, of om toelichting vraag, blijkt dit steeds heel adequaat te geschieden. Er is beslist geen sprake van een goed gerepeteerd verhaal dat mij wordt opgedist. Nee, Max was eerlijk en oprecht, ook in de emoties die hij heeft laten zien. Ik ben ervan overtuigd dat deze persoon geen moord kan plegen gezien zijn persoonlijkheidsstructuur. Zijn drijfveer is om mensen te helpen, zich verantwoordelijk te voelen en het beste voor hen te doen. Deze karaktertrek heeft hem zijn leven laten leiden zoals hij dat geleefd heeft, maar nu ook in grote problemen gebracht. Door deze drijfveren is hij bij deze zaak betrokken, heeft hij zich laten gebruiken, maar ook niet meer dan dat.

Ik bepleit dat bij de beoordeling van deze zaak mede gekeken wordt naar de persoon van Max die ik hier beschrijf. Ik zie geen drijfveren om tot een dergelijke daad te komen. Daarnaast zijn er voldoende omstandigheden om tot een andere beoordeling van de persoon en het ten laste gelegde te komen.

Een benadering zoals in dit rapport kan hopelijk een

andere kijk op de zaak geven en de ware toedracht aan het licht brengen.

Ons oordeel over mensen stoelt bijna altijd op intuïtie. Dat heeft een reusachtig voordeel, want intuïtie hoef je voor jezelf niet te motiveren. Je voelt dat je betere ik het bij het rechte eind heeft. Het heeft ook een reusachtig nadeel, want een intuïtief oordeel is uitgesproken subjectief en het zal veel moeite kosten om zo'n eenmaal ingenomen standpunt over een mens te veranderen, zeker als het een verandering ten gunste is. We zijn maar al te zeer geneigd om het slechtste van iemand te denken. Maar wat je ook van hem zeggen kunt: Max Spaan is geen psychopaat, geen narcist en geen pathologische leugenaar. Hij heeft wel een mening die hij onder alle omstandigheden naar voren wil brengen, ook als hij beter zijn mond kan houden. En hij heeft in zijn wanhoop over de vijandige houding van justitie tijdens de zitting voor de rechtbank zijn detectiveverhaal opgeklopt tot een versie die ronduit ongeloofwaardig is. Zijn tennismaatje Edith de B. die als trouwe vriendin bij de zitting was hoorde het met gekromde tenen aan: 'Wat zit je nou toch voor onzin te verkondigen! Hou in godsnaam je mond!' Ook nu hij zijn verhaal heeft teruggebracht tot de kale werkelijkheid zal het hem – en mij – erg moeilijk vallen zijn geloofwaardigheid over die gebeurtenissen te herwinnen. Rechtspsycholoog prof. Peter van Koppen heeft beschreven wat er gebeurt als normale mensen opeens verdacht worden van een ernstig misdrijf. Ze raken in een shock. Sommigen klappen volledig dicht en er komt geen stom woord meer uit. Anderen gaan praten: eindeloos, oeverloos praten. Max praatte de stenen uit de muur. Hij maakte het detectiveverhaal veel groter dan het was. Aanklager Leonard hoorde het glimlachend aan en maakte met geraffineerde demagogische trucs een monster van deze verdachte die zichzelf in het begin van de rechtszaak steeds verder het moeras in had gekletst. Niettemin heeft Max zijn verklaringen nooit ondertekend omdat ze niet weergaven wat hij gezegd had. Veel te laat krijgt hij daarbij steun uit onverwachte hoek. In november 2006 publiceerde de Nationale Ombudsman een buitengewoon kritisch rapport over politieverhoren. Daarin staat onder andere: *volgens de wet moeten politieambtenaren door de verdachte voorgestelde wijzigingen in het proces-verbaal opnemen. Het is mij bekend dat dit in de praktijk veelal niet gebeurt. Vaak zijn het de politiemensen die bepalen wat wel en wat niet in de verklaring wordt opgenomen.* (Bron: *De Stentor* van 8 november 2006)

Precies zo is het ook bij de verhoren van Max gegaan.

Wat gebeurt er met een mens die vecht tegen een meedogenloos systeem? Franz Kafka (*Het proces)* en Arthur Koestler (*Nacht in de middag)* hebben het schitterend beschreven. Net als hun helden Josef K. en Nikolai Roebasjow voert Max zijn strijd onder de slechtst denkbare omstandigheden. Ik merk dat het hem steeds moeilijker valt. Hij heeft een ongewone geestkracht, maar ook zo'n man kan breken. Dit boek heet niet voor niets *Het Rijk van de Bok.* Veel Nederlanders denken dat de gevangenis een soort Biovakantieoord is waar je met gezonde tucht en bruine boterhammen met appelstroop wordt heropgevoed tot een bruikbaar lid van de samenleving. Vergeet het maar. De gevangenis is een hel. Ik heb inmiddels zoveel gruwelverhalen gehoord (soms vonden op de achtergrond van ons telefoongesprek felle matpartijen plaats) dat ik me niet meer verbaas over het extreem hoge zelfmoordpercentage in de gevangenis.

Laten we na dit beeld van de vermeende dader eens kijken naar zijn motief.

Geen hard bewijs? Dan vrijspraak!

Wim Anker, strafrechtadvocaat

Het motief

Elke moord heeft een motief. Zoek het motief en je vindt de dader, is een oude wijsheid in speurdersland. En inderdaad: toen Rons ouders en vrienden in hun getuigenverklaringen de naam Sandra F. noemden als *deus ex machina* was de dader gauw gevonden. Wie kon het anders zijn dan haar veel oudere vriend die vol jaloezie de belangstelling van de jonge man voor zijn vriendin heeft gadegeslagen? Oudere minnaar vermoordt jongere mededinger. Het is al zo vaak gebeurd dat aanklager en rechters gemakkelijk in de verleiding kwamen jaloezie als motief te noemen voor moord. Toen er ook een passende aanleiding was gevonden lag moord zelfs zo voor de hand dat er niet meer is gezocht naar andere mogelijkheden, zoals een illegale begrafenis na Rons plotselinge, niet-gewelddadige dood. Maar ook die illegale begrafenis heeft een motief. Het ligt minder voor de hand dan een moord uit jaloezie, maar wie zich verdiept in de herenliefde in de provincie merkt dat het niet zo onwaarschijnlijk is als justitie beweert.

Had de relatie van Max en Sandra de kiem van het klassieke drama dat justitie ervan gemaakt heeft? Heeft Sandra de allure die maakt dat haar minnaar elke rivaal wil doden? Welnee, ze is een gewone jonge vrouw die verliefd werd op een oudere man, zoals miljoenen andere meisjes met een vaderbinding. Ze wil een prettig leven met een zorgzame vent die om haar geeft. En ze wil een kind, zoals miljoenen andere vrouwen.

Het enige ongewone is het leeftijdsverschil. Max is twee-entwintig jaar ouder, wat beiden aanvankelijk geen bezwaar vinden, maar Sandra's moeder ziet het met lede ogen aan. 'Zoek een vent van je eigen leeftijd!' snauwt ze als Sandra op een verjaarsvisite in de zomer van 2001 tot ieders verrassing, ook van Max, aankondigt dat ze samen gaan wonen en misschien een kind nemen. Als ze terugrijden naar Bennekom is Sandra overstuur door de reactie van haar moeder. Max zegt dat ze te hard van stapel is gelopen. Hij begrijpt dat hij haar kinderwens niet naast zich neer kan leggen, maar twijfelt aan hun toekomst als paar. Hij zegt dat hij haar de beste man ter wereld gunt, maar dat hij dat niet voor haar is. Sandra bevestigt dat in haar eerste verhoor op 19 december 2001:

> U vraagt hoe Max zou reageren als ik een relatie met een andere man zou aangaan. Max zou hier positief op reageren, Hij zou mij hier het beste in toewensen.

In een door justitie afgeluisterd telefoongesprek tussen Max en zijn vriend Simon H. op 23 december 2001 zegt hij: 'Het zou goed zijn als we allebei een ander zouden ontmoeten.' Dat is geen opmerking die je verwacht van een man die een medeminnaar uit jaloezie heeft vermoord. Moord zou ook schieten met een kanon op een mug zijn geweest, want Rons pogingen om contact met Sandra te zoeken waren zo schuchter, om niet te zeggen halfbakken dat hij op deze manier geen schijn van kans bij haar had gekregen. Bovendien had ze in november en december 2001 haar handen vol aan de relatie met Max. Laten we eens zien wat ze zei over die relatie en over de koppelpogingen van Beate R. die met niet aflatende ijver probeerde haar belangstelling voor Ron te wekken. Het verhoor vindt plaats op 19 december 2001. Ron is twee weken spoorloos, zijn verhaal over de blind date met Sandra als kandidate heeft uitvoerig de ronde gedaan, maar Max is nog niet in beeld als moordenaar. We komen een paar oude bekenden tegen, zoals Willem van der F., de collega waarmee Ron vaak naar hun werkplek reed, en

Steven ter E., vriend van Sandra en Ron, die een beeld gaf van de relatie van Sandra en Max. In haar eerste verhoor zegt Sandra het volgende over die relatie:

> Na afloop van een tennispartij was ik begin november op bezoek bij Beate. We hadden een heel persoonlijk gesprek. Ik heb daar open gesproken over mijn relatie met Max. Ik zei dat de relatie steeds beter verliep. Dit nadat wij eerder onderling tot de conclusie waren gekomen dat wij toch geen blijvende relatie met elkaar konden hebben. Wij wilden wel een vriendschappelijke relatie onderhouden.

Max is op dat moment nog niet van belang voor de politie en al gauw komt het gesprek op de pogingen van Beate R. om Ron en Sandra te koppelen.

> Na dit open gesprek met Beate kwam het gesprek op het aangaan van een nieuwe relatie. Ze vroeg of ik Ron kende, een collega van haar en een vriend van Willem. Ik wist niet wist wie ze met Ron bedoelde. Beate liet mij haar trouwfoto's zien en wees daarbij een manspersoon aan die zij Ron noemde. Ik herkende de man als een laborant die wel eens bij mij op de afdeling kwam. Beate deed heel positief over hem en zei dat wij goed bij elkaar zouden passen. Ik zei toen zoiets van nou zo op de foto en wat ik mij van hem kan herinneren is het een leuke man. Verder tijdens het bezoek werd niet verder over Ron gesproken. Een aantal dagen later sprak ik Beate weer, waarbij ze vertelde dat Ron haar had laten weten dat hij nog niet aan een relatie toe was. Ik accepteerde dat en vond het een verstandig besluit van Ron.

Op 22 november en 1 december treffen de dames elkaar weer bij de koffie.

> Op 22 november 2001 ben ik nog bij Beate op de koffie geweest. Het onderwerp Ron is niet ter sprake geweest. Rob, de man van Beate zou die avond afscheid nemen op zijn werk. Rob werkte ook als laborant in het ziekenhuis in Ede. Ik vroeg nog aan Rob of hij de groeten van mij wilde overbrengen aan Willem.
>
> Op 1 december 2001 ging ik koffiedrinken bij Beate. We zouden gaan tennissen, maar het weer liet dit niet toe. We hebben niet over Ron gesproken, wel over Max. Ik zei dat ik de volgende dag uitgebreid met hem zou koken bij hem thuis.

Ron komt in hun gesprekken pas een paar dagen na zijn verdwijning ter sprake. Sandra vertelt het in het verhoor tamelijk onderkoeld, maar volgens Max schrok ze zich wezenloos dat zij de blind date zou zijn. Ze wist absoluut niet dat Ron haar een kaart zou hebben gestuurd.

> Op woensdag 5 december 2001 werd ik 's avonds op mijn werk gebeld door Alice die vertelde dat haar man Steven thuiskwam met de mededeling dat Ron verdwenen was. Steven is een collega van Ron. Ik vroeg wat er was gebeurd. Steven vertelde dat hij een blind date had. Ron had gevraagd wie dat dan wel georganiseerd had, maar het relatiebureau gaf dit niet prijs. Ron had gevraagd of ik dit dan geweest kon zijn. Ik wist niet wat ik hoorde! Steven zei ook dat Ron mij een brief gestuurd zou hebben.
>
> De dag daarna was ik bij Beate. Uiteraard hebben we het over Ron gehad. Zij was al van de verdwijning

van Ron op de hoogte. Ze vertelde mij ook dat Ron mij een brief had gestuurd. Hij had haar gebeld om te informeren of ik de brief al had ontvangen en of ik daarop had gereageerd. Beate wist niets van een brief. Bij mijn bezoek aan haar van 1 december is dit helemaal niet ter sprake geweest.

Weer een dag later volgt de inbraak in haar huis: een nieuwe schok die het verontrustende nieuws van Rons verdwijning en haar mogelijke betrokkenheid naar de achtergrond dringt.

Op vrijdag 7 december 2001 had ik late dienst. Ik had met Max afgesproken dat hij die avond mijn fax mocht gebruiken. Hij heeft een sleutel van mijn woning. Hij gebruik mijn fax omdat hij in zijn nieuwe huis ISDN heeft waarop zijn oude fax niet werkt. Ook mijn ouders hebben een sleutel van mijn woning. Omstreeks 20.00 uur werd ik op mijn werk door Max gebeld. Hij vertelde dat er in mijn huis was ingebroken. Ik was er behoorlijk van overstuur en kon op mijn werk regelen dat ik naar huis kon. Thuis gekomen was Max daar nog die alles met de politie had geregeld. Mijn computer, tv, sieraden en creditkaart waren weggenomen. De dader(s) zijn mijn woning binnen gekomen door een plankje open te breken waarmee de brievenbus in de deur was dicht gelijmd en geschroefd. Hierna heeft men via de brievenbus de sluitgrendels kunnen openen. Ik gebruik die brievenbus niet. Ik heb naast de voordeur een buiten-brievenbus hangen. Die is afgesloten en deze wordt voor alle post gebruikt.

Die week ervoor was er bij Max ingebroken. Hierbij waren geen waardevolle goederen weggenomen, alleen een aantal dreigbrieven. Dit zijn brieven die

vermoedelijk gestuurd zijn in de tijd van de echt-
scheidingsproblemen en daarna.

Als de schrik van de inbraak voorbij is gaat haar mogelijke
betrokkenheid bij de verdwijning van Ron weer opspelen.
Hoe komen die rechercheurs erbij dat zij er iets mee te
maken heeft!

Op dinsdag 11 december 2001 ging ik naar de tennisclub. Ik moest die avond twee wedstrijden spelen.
Na de 1^e wedstrijd ging ik naar mijn huis. Ik was rond
20.00 uur thuis. Toen ik een poosje thuis was werd
het mij allemaal te veel. Dit ontaardde in grote boos-
heid. Ik ben met mijn auto naar de woning van Beate
gereden. Ik belde aan. Beate deed de deur open. Ik
schreeuwde: "Jij denkt alleen maar aan Ron! Je vergeet je beste vriendin! Jij hebt contact gehad met
Ron, ik weet nergens van!" Ze wilde wat zeggen
maar ik gaf haar de kans niet en reed weg. Ik heb wat
rond gereden, een bezoek gebracht aan Alice en
Steven en daar heb ik ook gesproken over mijn boos-
heid. Daarna heb ik in een bar in Wageningen een
pilsje gedronken en na middagnacht reed ik naar
huis. Toen ik omstreeks 01.15 uur thuiskwam was
Max in mijn huis. Hij was gebeld door de tennisclub
met de vraag waar ik die avond was gebleven voor
de tweede wedstrijd. Max maakte zich ongerust
omdat ik niet op tennis was en ook niet thuis was.
Alice en Steven waren ook even bij mij thuis geweest
nadat ik bij hen ben vertrokken. Ze troffen alleen Max
aan. Die heeft de politie gebeld. Hij had goed inge-
schat dat ik behoorlijk overstuur was.

Op rustiger momenten vroegen de twee vriendinnen zich

natuurlijk wel af wie of wat er achter de verdwijning van Ron kon zitten.

U vraagt mij of ik tijdens het vorige gesprek met Beate het idee heb geopperd dat Ron zijn verdwijning mogelijk in scène had gezet. Ik weet nog dat tijdens het gesprek met Rob en Beate even ter sprake kwam hoe Rob met zoiets om zou gaan, met dat kaartje naar mij bedoel ik. Ron wilde kennelijk snel nadat hij een bericht verstuurd had weten hoe ik gereageerd had. Rob zei dat hij zeker langer gewacht zou hebben voordat hij ging polsen en hij zou het niet zo openbaar maken. Ik voelde dat Rob meer op mijn lijn zat dan Beate. Zij reageerde hier veel emotioneler op.

Ook kwam Rons reactie op Robs afscheid in het ziekenhuis op 22 november ter sprake. Rob zei dat hij er een apart gevoel bij had. Ron nam voor zijn gevoel nadrukkelijk afscheid en was geëmotioneerd. Eerder had ik een gesprek gehad met Alice. Zij vroeg zich af of Ron zoiets in scène gezet kon hebben, wanneer er nou geen sprake zou zijn van een misdrijf. Alice en ik kennen Ron niet, dus konden wij dat ook niet beoordelen. Later bracht ik dit ook bij Beate en Rob ter sprake toen wij de verschillende mogelijkheden bekeken van wat er met Ron gebeurd zou kunnen zijn. Het viel mij op dat Beate weer heel anders reageerde dan Rob en ik.

Opmerkelijk, die emotie van de anders zo kalme Ron bij Robs afscheid. Net zo opmerkelijk als de extreme stress die Ron in dezelfde periode vertoonde toen zijn collega Roosje R. hem in paniek aantrof voor de computer van het laboratorium. Recent hartonderzoek toont aan dat plotselinge hartdood zijn komst aankondigt. Uit gesprekken met familie en vrienden van iemand die op vrij jonge leeftijd plotseling aan een hartaanval sterft blijkt dat er altijd iets vreemds aan voorafging dat niet paste bij de persoon in kwestie. (Bron: *De Stentor* van 28 november 2006)

Wat er ook achter die verdwijning zat: Sandra had meer dan genoeg van de koppelpogingen van haar vriendin. Nog steeds op 19 december zegt ze er dit over:

> Ik heb tot op dit moment nog geen contact gehad met Beate R. We hebben besloten dit maar even op een laag pitje te zetten. De reden dat ik zo emotioneel reageerde Is dat ik het heel vreemd en naar vond dat ze de politie in Apeldoorn dacht te moeten inlichten over de inbraak in mijn woning. Ik had haar namelijk al tweemaal laten weten dat ik dat wel ter sprake zou brengen wanneer de Apeldoornse politie contact met mij op zou nemen. Beate heeft zich te nadrukkelijk bezig gehouden met een eventuele relatie tussen Ron en mij. Ik was daar in ieder geval op dat moment niet aan toe. Ik kan u niets meer vertellen over het verdwijnen van Ron.

Later, als Max al in beeld is als verdachte, komt de relatie tussen hem en Sandra weer in de verhoren ter sprake. Op 17 januari, tijdens haar vierde verhoor, zegt ze er het volgende over:

> Ik heb met niemand gesproken over Ron Verbeek. Ik vond het ook niet van belang omdat Beate me half november had verteld dat Ron nog wilde wachten. Hij zou volgens haar eerst zijn oude relatie moeten verwerken. Daar komt bij dat mijn relatie met Max op dat moment best goed ging. We kwamen beter tot elkaar. Problemen uit het verleden konden we steeds beter

uitpraten. Ik had op dat moment dus helemaal niet zoveel belang bij een eventueel contact met Ron Verbeek.

Ik was ook niet degene die over een relatie met Ron begon. Het was Beate R. die over hem begon. Hij was een collega van haar, zoals ik al eerder heb verklaard.

Die verhoren en de verkapte dreiging die er van uitging vielen haar zwaar. In hetzelfde verhoor van 17 januari zegt ze het volgende over de verdwijning van Ron Verbeek:

Ik heb Max dus op die 7[e] december het verhaal verteld dat ik zelf op woensdagavond van Steven en Alice ter E. heb gehoord. Dat verhaal over Ron Verbeek dus. De weken daarna heb ik het heel moeilijk gehad. Dat komt omdat ik er een rotgevoel bij had. Plotseling was ik ergens bij betrokken zonder dat ik dat wilde. Ik doel op die vermissing, de kaart of de brief, een afspraak waarvan ik niets wist... Daar komt bij dat Max en ik enorm veel last hebben gehad van Patty D., de ex-vrouw van Max. Er zijn veel dreigbrieven naar ons gestuurd. Mijn auto is eens bekrast en er is geprobeerd een ruit in te gooien in mijn huis. Het is echter nooit bewezen dat die ex-vrouw van Max dat gedaan heeft. Dit is pas sinds december 2001 wat beter geworden. Ik word niet meer lastig gevallen, Max daarentegen nog wel. Toch hebben we meer rust en tijd om aan onze relatie te werken. We konden al merken dat het steeds beter ging.

U vraagt mij nogmaals *(voor de 50[e] keer, JV)* wat er dan gebeurd zou kunnen zijn met een kaart of brief die door Ron aan mij is verzonden. Ik heb er over nagedacht. Ik weet het niet. Misschien dat het toch

iets te maken heeft met zijn ex-vrouw. Dat er toch
post uit mijn brievenbus gehengeld kan zijn. Ik weet
niet. Er waren wel dreigbrieven aan Max en mij met
teksten: 'We maken jullie kapot.'

Op 25 januari 2001, twee dagen voor Max' arrestatie, zegt
Sandra in het 5^e verhoor als de recherche weer gaat zeuren
over haar mogelijke betrokkenheid bij de blind date:

> Ik ben niet ingeschreven bij een relatiebemiddelings-
> bureau.

en

> Ik ben momenteel niet zoekende naar een relatie. Ik
> ben nog bezig voor mezelf uit te vinden of ik met Max
> verder wil of niet. De factor leeftijd speelt daarbij een
> grote rol.

Wat was Max' rol in de relatie in de herfst van 2001? Hij
voorvoelde dat het binnenkort kon eindigen. Hij zocht een
volwaardige relatie, geen vader/dochterverhouding. Hij
wilde Sandra niet aan het lijntje houden, maar ook zichzelf
niet tekort doen en begaf zich op vrijersvoeten. In september
2001 zette hij een contactadvertentie waarop tien vrouwen
reageerden. Met twee reflectanten maakte hij een afspraak.
In het eerste geval leidde het tot niets, maar bij Rachel Y. uit
Amsterdam klikte het van weerskanten. Zij vertelt op 5
februari 2002:

> Mijn indruk was dat Max serieus, intelligent en eerlijk
> was. Ik vond echter wel dat hij veel problemen had
> die heftig waren. Kijk, iedereen heeft wel problemen
> maar Max had wel erg veel problemen, met zijn auto,
> zijn ex-vrouw, enz., enz.
> Op 21 november 2001 is Max bij mij geweest met

zijn auto. Ik vond dit wel een leuk bezoek. Temeer omdat mijn moeder pas was overleden en ik daar nog overheen moest komen. Mijn vader was er ook en hij luisterde ook naar mijn vader. Hij had een fles wijn bij zich en een cadeau voor mijn zoontje, een puzzel.

Ik vond wel dat hij erg op de voorgrond trad met hoe goed hij wel niet was. Hij vertelde dat hij heel goed was toen hij op school zat. Ik vond Max wel aardig en interessant, maar ik was niet verliefd op hem. Hij vond mij wel een leuke vrouw en omdat wij beiden veel hadden meegemaakt vond hij ons beiden behoedzaam.

Max heeft die avond mijn zoontje nog naar bed gebracht en is zelfs nog bij hem in bed gaan liggen. Mijn zoontje vond dit wel leuk. Max heeft mij laten blijken dat hij graag een kind van mij wilde als de relatie wat zou worden.

Later is afgesproken dat wij elkaar tegen de Kerst weer zouden ontmoeten, maar dat is er niet meer van gekomen. Wij hebben daarna nog regelmatig geschreven en gebeld. De laatste keer dat Max belde was op 15 of 16 januari 2002. Hij zei dat hij niet op vakantie ging en naar een huis zou gaan kijken met zijn vriend Simon. Hij vertelde ook dat hij veel problemen had maar mij daar niet mee op wilde zadelen.

Wie de brieven van het tweetal leest ziet een man die met wijdopen armen klaar staat om een nieuwe geliefde te omhelzen. Hij vertelde Sandra over Rachel toen het contact met de Amsterdamse nog pril was en de impliciete boodschap was dat ze zelf ook een ander kon zoeken. In januari 2002 kwam een abrupt einde aan de relatie met Sandra door Max' arrestatie. Natuurlijk hebben de rechercheurs er alles aan gedaan om te achterhalen hoe de relatie tussen Max en Sandra in de eindfase was, waarbij ze de meest impertinente vragen niet schuwden. Ze hebben haar *vierentwintig keer* verhoord. Aan het eind van die verhoren vraagt Sandra zich verbijsterd af hoe ze ooit met zo'n man het bed heeft kunnen delen, maar ze houdt nog genoeg besef van de werkelijkheid om Max als een zorgzame, begripvolle vriend te kenschetsen. Dat gebeurt zelfs nog bij haar getuigenverhoor voor het gerechtshof op 7 november 2003, maar ze wil absoluut niets meer met hem te maken hebben. Om die afstand te benadrukken noemt ze hem consequent bij zijn achternaam. Bij de rechtbank wil ze dat er een scherm tussen hen wordt geplaatst en bij het gerechtshof vraagt ze via haar raadsman om het verhoor achter gesloten deuren te laten plaatsvinden. Zo gebeurde het ook. Haar verklaring voor het gerechtshof beslaat zes bladzijden, maar dit is de essentie:

> … U vraagt mij het volgende over Spaan (de getuige spreekt nu met stemverheffing). Ik heb niet in december 2001 nog seksueel contact met hem gehad. Ik zal dat uitleggen. Ik heb in december 2001 heel veel nare dingen meegemaakt en er was één iemand die voor mij klaar stond. Dat was Spaan. Hij stond altijd voor mij klaar. Ik ben met Oud en Nieuw bij hem geweest. Ik zat kapot van verdriet. We hebben gegeten, gedronken en ik heb daar geslapen, maar er was geen seksueel contact omdat we geen relatie meer hadden. Ik wil dat heel duidelijk stellen, de relatie was over. Er was alleen heel goede vriendschap (de stem van de getuige daalt weer). Ik heb vier maanden met hem samengewoond omdat zijn huis nog niet klaar was. Er was wel een relatie. We hadden verkering en we waren er nog niet uit hoe het zou lopen. Er is gesproken over een kinderwens, over toekomstper-

spectief. Het was een serieuze relatie, die is niet subiet geëindigd. Er waren heel veel ups en downs. Hij zei zelf: 'als je het zo moeilijk vindt kunnen we er niet mee doorgaan.' Eind 2000 zag ik het wel zitten, maar Spaan vond de kinderwens veel te moeilijk. Het wás moeilijk vanaf het begin als je steeds niet kunt zeggen: 'we gaan ervoor.' Het sudderde maar door. Vanaf juni was het duidelijk dat het klaar was.

… De zeilweek was in juni en ook in augustus 2001. Ik heb hem niet gevraagd om te trouwen maar wel om weer samen te gaan. Ik herinner mij niet dat we het over trouwen hebben gehad zoals u beschrijft ('durf eens ja te zeggen'). Met mijn ouders heb ik gesproken over mijn kinderwens. Mijn ouders hadden moeite met het leeftijdsverschil. Ik had geen problemen met Rachel, mijn relatie met hem was voorbij. Hij zei dat hij het heel moeilijk vond een ander in zijn leven toe te laten, maar hij was er wel mee bezig.

… Spaan was niet jaloers. Ik heb niets gemerkt van agressiviteit.

… Ik heb geen contact met andere mannen. Hij zei altijd dat hij hoopte dat ik heel gelukkig zou worden met een andere man.

… Op vragen van de verdachte verklaart de getuige: Ik herinner mij dat we na het huizen kijken koffie hebben gedronken. Ik kan mij niet herinneren dat ik vol trots tegen de makelaar gezegd zou hebben dat ik de partner was en dat de verdachte mij later vroeg of ik dat wel was. Er was toen veel spanning, ik voelde mij doodongelukkig, ik was heel blij dat Spaan mijn vriend was.

... Ik herinner mij niet dat ik gezegd heb dat ik misschien wel zijn partner wilde worden. Als het is gezegd dan is het gezegd in een periode van eenzaamheid en spanning. Ik hoor dat ik gezegd zou hebben dat ik misschien nog wel een lieve vrouw wist om in dat grote huis te wonen. Ik weet het niet. Het kan best zijn dat ik mezelf heb bedoeld.

... Spaan sprak met regelmaat over Rachel. Ons contact was altijd goed geweest en dat zouden we blijven houden. Het enige is dat er iets vreselijks was gebeurd en dat ik door de politie op mijn nek werd gezeten. Het kan zijn dat ik het zodanig heb gebracht dat je het nu zo kunt interpreteren dat ik bij de politie heb verklaard dat ik nog toekomst zag in de relatie met Spaan.

Kort voor en na Max' arrestatie zei Sandra tegen de recherche en ook in een telefoongesprek tegen haar therapeut dat ze wel degelijk toekomst zag in een relatie met Max. Ze wilde zelfs met hem samenwonen, maar bij dit laatste verhoor voor het gerechtshof is het duidelijk dat ze het absoluut niet meer met hem ziet zitten. Vierentwintig verhoren en twee rechtszaken waarin justitie haar voormalige geliefde afschildert als een meedogenloze moordenaar hebben hun destructieve werk gedaan. Toch benadrukt ze dat Max niet jaloers is en dat hij haar geluk zou wensen met een andere man. Wat is dan toch in vredesnaam de grond voor de dodelijke jaloezie die justitie in die man wil zien? Sandra verdwijnt uit beeld en Rachel komt in zicht. In die spagaat tussen twee vrouwen is het toch een absurd idee dat Max een man zou vermoorden die de verlaten vrouw wil troosten? Hij zou veeleer opgelucht zijn wanneer een aardige vent als Ron Verbeek zich aandient als kandidaat voor Sandra. Heeft aanklager Leonard de correspondentie tussen Max en Rachel gelezen? Zou een magistraat met mensenkennis en levenservaring géén spoortje twijfel voelen als hij zich probeert voor te stellen in welke situatie Max zich had gemanoeuvreerd? Zo ja, hoe komt hij dan op het idee dat een man die tedere brieven en telefoontjes uitwisselt met een nieuwe geliefde de man zou vermoorden die belangstelling toont voor de verlaten vrouw? Justitie moet toch wel een heel raar beeld van de verdachte hebben als zij gelooft dat hij zijn bezorgdheid over Sandra op zou lossen door een moord te plegen. In plaats van een oplossing komt er een reusachtig probleem bij.

Hoe waarschijnlijk is het dat een zevenenvijftigjarige man zonder strafblad een moord uit jaloezie zou plegen terwijl hij in zijn al tamelijk lange volwassen leven geen spoor van machogedrag of jaloezie heeft vertoond, laat staan de extreme vorm van naijver die de moordenaar van zijn medeminnaar moet koesteren voor hij tot zijn daad overgaat? Mensen die hem kennen, ook degenen die hem niet goed gezind zijn, zoals zijn ex-vrouw Patty D., verklaren zonder uitzondering dat Max niet jaloers is. Ook Sandra, om wie het allemaal zou gaan heeft in hun drie jaar durende verhouding niets van jaloezie gemerkt, zoals ook uit het bovenstaande fragment van haar verklaring voor het gerechtshof blijkt. Integendeel, Max moedigde haar omgang met vrienden aan en heeft nooit laten blijken dat hij niet gediend was van andere mannen in haar omgeving. En dan nu opeens een moord op een onbekende man die een kaartje schrijft aan zijn vriendin? Een kaartje dat nooit boven water is gekomen, dus weten we niet wat erin stond. Hoe weet justitie het dan wel? Geheime informatie, of raden de rechters maar dat het kaartje met zijn onbekende inhoud zo bedreigend was dat Max Spaan door dat onbekende epistel zijn moordplan beraamde?

Kortom: het motief jaloezie is niet alleen onhoudbaar, het is zo volstrekt bezijden elke waarschijnlijkheid als je objectief naar de man en zijn omstandigheden kijkt dat het werkelijk onbegrijpelijk is dat de rechtbank meent dat Max Spaan – die volop bezig is een nieuwe relatie te ontwikkelen – een hem onbekende man zou vermoorden die middels een nooit gevonden kaartje belangstelling toont voor zijn bijna ex-geliefde. Het motief van justitie deugt dus niet. Het gerechtshof heeft dat erkend en liet jaloezie als motief vervallen.[11] Als dat nog niet overtuigend genoeg is moeten we eens kijken naar de aanleiding: het kaartje. Volgens justitie zou Ron het op 29 november 2001 naar Sandra gestuurd hebben en hoewel geen mens het gelezen heeft zou het een voorstel bevatten voor een ontmoeting.

Het kaartje

We zagen al dat Max en Ron elkaar niet kenden, want bij hun enige ontmoeting voor Sandra's huis gebruikte Ron een schuilnaam. Hoe wist Max dan dat Ron een oogje op Sandra had? Volgens justitie zit het zo: Ron vertelde op maandag 3 en dinsdag 4 december aan zijn ouders en een stel vrienden dat hij op donderdag 29 november een kaartje aan Sandra had gestuurd en volgens justitie heeft Max dat kaartje de volgende dag in haar brievenbus onderschept. De getuigen veronderstellen dat het kaartje een voorstel was voor een ontmoeting tussen Ron en Sandra. De rechters nemen voetstoots aan dat Rons verhaal uit de tweede hand klopt, net zoals ze het verhaal over de blind date geloven dat hen ook via overlevering bereikte. Ze hebben zelfs gecontroleerd of de post op vrijdag 30 november wel naar behoren werkte. Toen dat het geval bleek te zijn (en waarom zou het ook niet zo zijn?) bedacht aanklager Leonard dat Max het plan beraamde om Ron te vermoorden nadat hij het kaartje in Sandra's brievenbus had gevonden. Stel dat Max op die manier achter Rons belangstelling voor Sandra was gekomen en inderdaad het snode plan had opgevat. Zou hij dan niet glashard ontkennen dat hij op die bewuste vrijdag 30 november een voet in haar huis heeft gezet, laat staan in de brievenbus heeft gekeken? Sandra heeft in een van haar verhoren met nadruk ontkend dat hij op die dag in haar huis was – overigens ten onrechte

– en al wat de moordenaar hoefde te doen is dat verhaal bevestigen. Wie had het tegendeel kunnen bewijzen? De poes? Justitie heeft hemel en aarde bewogen om aan te tonen dat Max een sleutel van haar brievenbus had, maar dat was helemaal niet nodig want hij gaf grif toe dat hij die vrijdag in haar huis was om de krant te lezen, een paar faxen te versturen en te controleren of er post voor hem was.

Alle getuigen die de recherche iets vertellen over het kaartje hoorden het van Ron op 3 of 4 december. Op één man na: de enige die het hoorde op donderdag 29 november is Rons vriend Vincent B. We zagen al in het derde hoofdstuk dat Ron hem vaak in vertrouwen nam over zijn relaties met vrouwen. Vincent en Ron waren bevriend sinds de laboratoriumschool. Ze sportten elke week samen met een stel andere vrienden, meestal in het begin van de week, maar op die donderdag 29 november waren er geen anderen bij. Vincent woont in Deventer en reed elke week naar Apeldoorn voor het sportavondje. Over het kaartje vertelt hij:

Op donderdag 29 november 2001 kwam ik omstreeks 20.30 uur bij Ron thuis om hem te halen voor squash. Willem van der F. deed die avond niet mee.

Ron zei tegen mij dat hij zich energiek voelde en vertelde een verhaal over een Beate van zijn werk die ene Sandra kende. Deze Sandra had tegen die Beate verteld dat zij Ron wel een leuke jongen vond. Zij kende hem van het ziekenhuis toen zij daar werkte, Zij was geen directe collega van Ron.

Ron vertelde mij dat hij haar ook wel een leuke meid vond en wilde haar een kaartje sturen. Hij had dat nog niet gedaan vertelde hij mij die donderdag, hij was dat van plan. Ron had het wel over een kaartje en niet over een brief. Ik kon uit wat Ron mij vertelde over die Sandra opmaken dat hij haar de laatste tijd niet had gezien. Hij wilde met het kaartje iets met haar afspreken.

Wij zijn die avond laat teruggekeerd van de squash. Ik heb Ron die avond omstreeks 00.30 uur thuis afgezet en ben direct naar huis gereden.

Ron heeft het kaartje dus niet op donderdag verstuurd. Het kan dus ook niet op vrijdag bij Sandra in de bus zijn gekomen, de feilloze postbestelling ten spijt. Het is natuurlijk mogelijk dat hij het die vrijdag zelf in haar brievenbus heeft gestopt. We zagen al dat hij er niet tegenop zag voor een nachtdienst 80 km om te rijden om bij een potentiële kandidate koffie te gaan drinken. Toch is het niet waarschijnlijk. Hij heeft iedereen verteld dat hij het kaartje *verstuurd* heeft, dus gewoon op de post gedaan. Waarom ook niet? Er was immers helemaal geen haast bij? Maar als er op vrijdag geen kaartje was, hoe wist Max dan dat Ron iets met zijn meisje wilde? Heeft Ron het wel verstuurd, of is het net zo'n wensgedachte als die over Sandra als zijn blind date? We kunnen het helaas niet meer vragen, maar we mogen wel afgaan op Vincent B. die als goede vriend van Ron geen enkele reden heeft onwaarheid te vertellen. Integendeel, want die waarheid stelt de aanleiding voor de moord op losse schroeven en pleit de vermeende moordenaar van zijn vriend dus vrij. Hoewel Vincent twee keer is verhoord – beide keren met dezelfde vragen en antwoorden – liet aanklager Leonard zijn verklaring buiten de rechtszaal. Geen wonder, want als Vincent voor de rechters zou herhalen wat hij de politie had verteld dan zou justitie ernstig in verlegenheid zijn gebracht. Natuurlijk heeft Van Aarden de verklaring van Vincent gebruikt in zijn pleidooi, maar de rechtbank heeft die verklaring genegeerd, het pleidooi voor kennisgeving aangenomen en haar oordeel over het kaartje vooral gebaseerd op de verklaring van Beate R., de koppelaarster. Waarom gelooft justitie wel wat Beate vertelt en niet wat Vincent B. te berde bracht? Als je ziet met hoeveel ijver het OM zich op de vervolging van Max Spaan stortte dan is het wel duidelijk: de verklaring van Vincent kwam slecht uit en het verhaal van Beate paste perfect in hun straatje. Beate heeft het kaartje evenmin als wie dan ook gezien, maar beweert dat ze weet wat erin stond.

> Op 3 december 2001 belde Ron vanuit het ziekenhuis. Ik was thuis. Hij vertelde dat hij Sandra een kaart had gestuurd en deze afgelopen donderdag voor de buslichting op de bus had gedaan. Hij had mijn naam genoemd en hij verzocht haar contact met hem op te nemen. Hij had zijn naam en telefoonnummer erop gezet. Ron was er helemaal vol van. Hij was in een vrolijke stemming. Ik kreeg de indruk dat hij zich veel voorstelde van een eventuele ontmoeting met Sandra.

Deze verklaring heeft de rechtbank dus gebruikt als bewijs dat Max het kaartje heeft onderschept. Vincent B. ontkent met nadruk dat Ron op donderdag het kaartje heeft verstuurd. Als beide getuigen te goeder trouw zijn dan heeft Ron dus tegen een van hen gelogen. Sandra maakt er in haar vierde verhoor een behartenswaardige opmerking over.

> U vraagt mij hoe het kan dat ik geen kaart of brief van Ron heb ontvangen terwijl deze volgens u wel verstuurd is. Ik zou het niet weten. Ik twijfel aan een eventueel verzonden brief omdat ik het onlogisch vind. Als Beate tegen mij, half november 2001 zegt dat Ron nog wil wachten met een contact dan vind ik het zeer vreemd dat hij dan binnen twee weken toch een kaart aan mij stuurt.

Sandra zoekt een stabiele vent die staat voor zijn mening. Iemand die binnen twee weken 180⁰ draait is niets voor haar. Als blijkt dat hij tegen Beate R. – hun gezamenlijke vriendin – de waarheid verdraait valt hij door de mand. Waarschijnlijk had Ron geen schijn van kans bij haar gemaakt. Het is ook niet aan de orde, want Sandra is er van overtuigd dat hij dat kaartje nooit heeft verstuurd. Al bij het eerste verhoor op 12 december zegt ze:

> Vrijdag 30 november 2001 heb ik na een nachtdienst die dag tot half 1 geslapen bij mijn zus in Doetinchem en aansluitend die middag op mijn nichtje gepast. Ik ben toen die dag om 21.30 uur thuis gekomen. Ook toen heb ik de brievenbus geleegd. Er zat geen brief van Ron bij. Max is die dag niet bij mij thuis geweest.
>
> Zaterdag 1 december 2001 was ik vrij en ben ik de hele dag thuis geweest. Ik kan mij herinneren dat ik die zaterdagmiddag de post uit de brievenbus heb gehaald. Dit is tussen 14.00 en 14.30 uur. Er zat geen brief of kaart bij van Ron.
>
> Maandag 3 december 2001 ging ik om 09.30 uur naar mijn ouders in Lichtenvoorde. Na dit bezoek ben ik naar mijn werk gereden. Ik had die dag late dienst. Toen ik die avond thuis kwam heb ik de brievenbus leeg gehaald. Er zat toen geen brief bij van Ron. Ik denk dat ik elke dag wel post krijg toegestuurd.

De enige betrouwbare verklaring over het kaartje is die van Vincent B. Zijn waarneming was op de vermeende dag van verzending. Vincent was een vertrouwde vriend voor wie Ron de schijn niet op hoefde te houden en met wie hij al zijn vriendschappen met vrouwen besprak. Daarom is zijn getuigenis de enige die de werkelijkheid weergeeft. In feite dient hij als ontlastend bewijs. Bij justitie hangt echter alles van veronderstellingen aan elkaar en dienen de volgende axioma's als bewijs om Max te veroordelen:

1. hij onderschept op vrijdag 30 november het kaartje van Ron in Sandra's brievenbus;
2. op dat kaartje staan diens amoureuze plannen met Sandra;
3. Max barst van jaloezie en bedenkt het plan om Ron te vermoorden. Hij zoekt uit wie die Ron eigenlijk is en lokt hem met de blind date op maandag 3 december in de val.

Bij het derde punt hoort nog een kleine aanvulling. Als Max Spaan zoveel voorwerk gedaan heeft om Ron met een goed opgezet plan in de val te lokken, hoe komt het dan dat niemand in Rons omgeving daar iets van gemerkt heeft? De moordenaar moet toch inlichtingen hebben ingewonnen om zijn verhaal voor het beoogde slachtoffer geloofwaardig te maken en dat doe je meestal bij mensen die dat slachtoffer kennen. Maar niemand heeft zich spontaan bij de recherche gemeld of in een andere verklaring verteld dat een onbekende met het signalement van Max Spaan tussen de postbestelling op vrijdagmiddag 30 november en het begin van de avond van maandag 3 december inlichtingen heeft gevraagd over Ron Verbeek.

Conclusie

Het motief jaloezie dat justitie aanvoert is ongeloofwaardig. Eind 2001 was Max bezig zijn relatie met Sandra af te ronden en een nieuwe met Rachel Y. op te bouwen. Ook gezien zijn uitlatingen tegen Sandra dat hij haar met een leeftijdgenoot als nieuwe vriend het beste toe zou wensen is het uiterst onwaarschijnlijk dat hij een mogelijke nieuwe relatie van Sandra, voor zover daar al sprake van was, in de weg zou staan, laat staan dat hij de kandidaat zou vermoorden.

Het kaartje dat justitie aanvoert als aanleiding voor de moord is nooit gevonden. Het is onduidelijk of het echt heeft bestaan, of bij een voornemen van Ron is gebleven. Uit de verklaring van Vincent B. over donderdag 29 november 2001 blijkt dat Ron het kaartje niet op die dag heeft verstuurd. Het is dus de volgende dag niet bij Sandra aangekomen. Op zaterdag en maandag heeft ze zelf haar brievenbus geleegd.

De aanname van justitie dat Max het kaartje op vrijdag 30 november onderschepte en op grond daarvan het moordplan beraamde is dus uit de lucht gegrepen.

*Elk spoor dat verloren gaat
is een vermijdbare fout.*

Jos van der Kolk, docent Politieacademie

De plaats delict

In een moordzaak is de plaats delict doorgaans de plaats waar het lijk werd gevonden, al hoeft dat niet de plek te zijn waar het slachtoffer stierf. In deze zaak is dat laatste het geval, maar omdat justitie ervan uitgaat dat Ron op de plaats delict werd vermoord zullen we deze naam voor de vindplaats van zijn lijk aanhouden.

De plaats delict is bij uitstek de plek voor het sporenonderzoek. Ervaren technisch rechercheurs kunnen aan de hand van de sporen een bijna volledige en zeer geloofwaardige reconstructie geven van het misdrijf. De mannen in de witte pakken zetten zo'n plaats delict ruim af, jagen iedereen die er niets te maken heeft uit de buurt en beginnen systematisch en met griezelige grondigheid te zoeken naar alle stukjes van de puzzel. Dadersporen kunnen alle sporen zijn die een verifieerbaar beeld van de identiteit van de misdadiger opleveren, zoals vingerafdrukken, voetsporen, oorafdrukken, draadjes textiel en menselijk weefsel dat het nieuwe forensische wondermiddel DNA (deoxyribo nucleic acid) kan bevatten. Ook het lijk kan een bron van dadersporen zijn, speciaal van DNA in bloed, speeksel, sperma, haren, zweet, huidcellen, maar ook in het nagelvuil van het slachtoffer, vooral als er een lijf-aan-lijfgevecht aan diens dood vooraf ging. De dader probeert zoveel mogelijk en liefst alle sporen uit te wissen, maar ik heb op de politieacademie in Zutphen gezien hoe minuscule en schijnbaar banale voorwerpen die een leek gemakkelijk over het hoofd ziet toch een heel verhaal kunnen vertellen. DNA is een fantastisch hulpmiddel, een genetische vingerafdruk die voor elk mens uniek is. Alleen bij eeneiige tweelingen en klonen is het DNA niet van elkaar te onderscheiden. Toch dient het in strafzaken te vaak als de enig zaligmakende bron van dadersporen, terwijl DNA zijn kracht als bewijsmiddel vooral krijgt in combinatie met andere sporen. Op de politieacademie geldt een veelzeggende afkorting: *Doet Niets Alleen.* Vocht en ultraviolette stralen, dus direct zonlicht, kunnen de kracht en betrouwbaarheid van DNA aanzienlijk verminderen. Dat geldt natuurlijk ook voor andere sporen. Regen en wind kunnen voetafdrukken uitwissen. Vingerafdrukken kunnen gemakkelijk verdwijnen door er bewust of onbewust overheen te vegen. Haren, een belangrijke bron van forensisch DNA, zijn zo dun dat je er met je neus bovenop moet staan om ze te ontdekken.

Technisch sporenonderzoek is een veelomvattend vak. De beste rechercheurs kunnen aan de hand van hun sporenonderzoek nauwkeurig reconstrueren wat zich op de plaats delict heeft afgespeeld, maar het gebeurt ook nog te vaak dat minder begaafde collega's sporen missen die ze niet hadden mógen missen. Bovendien is het beste sporenonderzoek waardeloos als de rechters het gebodene verkeerd interpreteren. Bij vingerafdrukken en voetsporen zal dat niet zo snel gebeuren, tenslotte wisten de indianen al hoe je voetsporen moet lezen, maar het interpreteren van DNA-sporen stelt rechters nog te vaak voor problemen. In een zaak met zoveel twijfels zou je verwachten dat het sporenonderzoek met alle vereiste grondigheid is gebeurd, maar er is slechts één DNA-spoor gevonden: dat van Ron in het bloedveegje in Max' auto. Van alle contactrijke en inspannende handelingen die de grafdelvers verricht moeten hebben om Ron het bos in te dragen en te begraven is niets teruggevonden.

Het Reve-Abbertbos

Op 29 maart 2002 werd Ron gevonden in het Reve-Abbertbos in Oost-Flevoland, ruim zestig kilometer van huis. Het is de tweede keer dat een lijk in dat bos werd ontdekt. In 1993 werd een Turkse drugshandelaar in het Revebos doodgeschoten en in een greppel gedumpt, ongeveer 3 kilometer ten noorden van Rons graf. Die moord is nooit opgelost. Ook Rons dood stelt justitie voor raadsels die ondanks de veroordeling van Max Spaan nog lang niet zijn opgehelderd. In elk bos gebeuren dingen die het daglicht niet verdragen, maar geweldsmisdrijven zijn in de polderbossen een uitzondering. Mijn dierbare Reve-Abbertbos, waarin ik veel bomen 'als eikel heb gekend' om met Tom Bombadil (de baas van de boomherders in *De Ban van de Ring* van J.J.R. Tolkien) te spreken, kreeg een bedenkelijke reputatie door die twee doden én door de homoprostitutie die er sinds 1980 welig tiert.

Het Reve-Abbertbos (756 ha groot) grenst aan de Drontermeerdijk. Wijlen Gerard Reve dacht dat het naar hem was genoemd. In de tachtiger jaren schreef hij een hilarisch bedankbriefje aan het toenmalige polderbestuur, maar het antwoord moet een teleurstelling voor onze volksschrijver zijn geweest. Het bos dankt zijn naam aan twee voormalige ondiepten: de Reeve en de Abbert, twee zandplaten voor de woelige Zuiderzeekust van Elburg waarop menig schip is vergaan. Het noordelijk deel heet het Revebos, het zuidelijk deel het Abbertbos. Tussen de twee bossen loopt de Stobbenweg die zijn naam dankt aan de stobben die bij de drooglegging opdoken als restanten van het grovedennenbos dat hier voor de jaartelling groeide. Later verdween het bos door de expansie van de Zuiderzee.

Het graf lag halverwege de boswachterij op kavel O 66. Aan de westkant loopt de Abberttocht als grens tussen bos en bouwland. Naast de tocht ligt een schouwpad dat meestal is afgesloten met een slagboom. Bosbezoekers die hier vaker komen weten dat de slagboom niet op slot zit. Soms parkeert iemand zijn auto dus achter de slagboom. Je moet het pad wel kennen om er weer veilig uit te komen, want vlak achter de slagboom ligt een brede, ondiepe, glibberige kuil waarin je auto gemakkelijk vast komt te zitten.

De bosbodem bestaat merendeels uit zand. Dat was de reden om hier bos te planten. Het Reve-Abbertbos en het aangrenzende Roggebotzand zijn echte zandboswachterijen, waarin – behalve de polderpionier populier – veel eiken, beuken, dennen en sparren zijn geplant. Voor essen, een veeleisende boomsoort die op O 66 en op de aangrenzende boskavels de bosrand vormt, is de grond eigenlijk te schraal. Het graf lag in een sparrenopstand die in 1969 als tweede generatie bos werd geplant. Om de plaats delict vanaf het pad te bereiken passeer je een twintig meter brede essensingel, twaalf meter sparrenbos, vijf greppels en andere obstakels zoals lage struiken en afgevallen takken.

De ontdekking van het lijk

De politie zette Max onder enorme druk om de verblijfplaats van Ron prijs te geven. Elke dag verhoren, soms drie keer per dag met steeds wisselende teams inquisiteurs, is een beproefde methode om een verdachte tot een bekentenis te dwingen. Een doorgewinterde crimineel brengt zijn verhoorders eerder tot wanhoop dan omgekeerd, maar in strafzaken tegen een onervaren verdachte blijkt dat die meestal bezwijkt, zelfs als hij onschuldig is. Max onderging de verhoren als een marteling, maar hij gaf niet toe. Dat kon hij ook niet, want je kunt wel een bekentenis verzinnen, maar geen lijk uit het niets toveren. Iemand die onder zo'n druk zijn onschuld volhoudt had justitie aan het denken moeten zetten – zou die vent toch onschuldig zijn? – maar met botte vooringenomenheid probeerden de verhoorders de verdachte te breken: natuurlijk is hij schuldig! De manier waarop dat gebeurde herinnert aan

B-films over de ondervraging van spionnen, maar Max brak niet. Bij de laatste verhoren zei hij geen woord meer. Ten slotte schakelde justitie de televisie in, bijna vier maanden na Rons verdwijning. Op 25 maart 2002 kwam de zaak Verbeek uitgebreid in *Opsporing Verzocht* en een dag later stroomden de reacties binnen waaronder de twee gouden tips.

De rode jas

De eerste kwam van R. van M., een politieagent uit Dronten die de jas van Ron herkende en zich opeens herinnerde dat hij tien weken geleden net zo'n jas als gevonden voorwerp in ontvangst had genomen. Reyer J., een elfjarige boerenzoon, had hem op 9 januari 2001 uit een dun laagje ijs op de Abberttocht gevist en een mobiele telefoon, een sleutelbos en een flesje aftershave in de zakken gevonden. Hij maakte het flesje open, vond het vies ruiken en smeet het terug in de tocht. Hij nam het mobieltje mee naar huis: 'Kijk, mam, gevonden in de tocht, mag ik hem houden?' Maar zijn moeder liet hem de jas met de sleutelbos ophalen. De volgende dag brachten zijn vader en zijn zusje de jas met inhoud naar het politiebureau in Dronten. De vrouw aan de balie nam de spullen in ontvangst, maakte een aantekening en legde ze in het magazijn. Je kunt je nog voorstellen dat de jas met inhoud voor de baliemedewerkster een gewoon gevonden voorwerp was, maar het is onbegrijpelijk dat de dienstdoende agent Van M. er net zo over dacht en zich geen moment afvroeg: wat vreemd dat iemand een jas met zijn huissleutels en mobiele telefoon in een tocht achterlaat. Hoe komt die man in zijn huis? Is dit wel vrijwillig gebeurd? Elke diender denkt dan toch direct aan een misdrijf? Maar niemand in het politiebureau ging na van wie die jas zou kunnen zijn. Als agent Van M. op 25 maart 2002 niet naar *Opsporing Verzocht* had gekeken, lag de jas misschien nog in het Dronter politie-magazijn. Hoe kon de speurtocht van de politie Apeldoorn naar Ron Verbeek voorbijgaan aan hun collega's in de aangrenzende regio? Dat vroegen meer mensen zich af toen eenmaal bekend werd van wie de jas was en dus schreef agent Van M. bijna elf weken later dit proces-verbaal van bevinding over de vondst.

Ik, R. van M., agent van politie bij Basiseenheid Dronten, heb op 10 januari 2002, omstreeks 14.00 uur een onderzoek ingesteld, waarbij het volgende is gevonden.

Aanleiding onderzoek

Op donderdag 10 januari 2002 omstreeks 12.00 uur was ik in uniform gekleed in het bureau van politie in Dronten. Daar vernam ik dat in een sloot langs het Abbertbos een jas met een mobiele telefoon en een sleutelbos was gevonden. De vinder van de jas, Reyer J. woont aan (adres). Vervolgens ben ik met brigadier M. naar dit adres gegaan om de exacte vindplaats te bekijken.

Onderzoek ter plaatse

Op donderdag 10 januari 2002, omstreeks 14.00 uur kwamen wij ter plaatse met de vinder Reyer J. Hij wees de precieze plaats waar hij de jas had gevonden: onder in het talud van de tocht. Hij vertelde dat het water op woensdag 9 januari 2002 nog ietwat bevroren was en dat hij de jas uit het ijs had losgetrokken. De vindplaats is ongeveer 50 meter van de Stobbenweg. Toen ik naar de auto terugliep zag ik een dubbelgevouwen wit papiertje op de grond naast de sloot liggen. Ik pakte het op en zag dat er een adres op stond. Reyer vertelde dat het papiertje in het hoesje van de telefoon had gezeten en er vermoedelijk uit was gevallen toen hij de telefoon nader had bekeken. Ik heb het papiertje meegenomen. Uit nader onderzoek bleek dat dit het Imeinummer van de GSM-telefoon was: 330091534520606.

Bevindingen

Toen ik op maandag 25 maart 2002 omstreeks 22.15 uur naar het programma Opsporing Verzocht keek zag ik dat in de zaak Verbeek aandacht werd gevraagd voor bovengenoemde zaken. Ik zag dat ze grote gelijkenis vertoonden met de spullen die op 9 januari door Reyer waren gevonden. Op 26 maart heb ik de collega's van de politie in Apeldoorn van mijn bevindingen op de hoogte gesteld. Toen bleek dat het Imeinummer van de gevonden telefoon overeenkwam met dat van Ron Verbeek kwamen de collega's uit Apeldoorn naar Dronten voor aanvullend onderzoek. Ik heb de jas, de sleutelbos en de telefoon aan hen overgedragen.

Op ambtsbelofte opgemaakt te Dronten op 26 maart 2002.

Als agent Van M. en brigadier M. inderdaad al op 10 januari gedaan hadden wat Van M. hier schrijft dan hadden ze aan het Imeinummer kunnen zien dat het de GSM van de vermiste Ron Verbeek uit Apeldoorn was. Dat hij vermist was hadden ze kunnen zien in het landelijk register van vermiste personen waar Ron op 9 januari was aangemeld. Als ze vervolgens gedaan hadden wat Van M. in zijn proces-verbaal beweert en al op 10 januari in het bos waren gaan kijken dan was er een goede kans dat ze ook zonder speurhonden het graf hadden gevonden. Ze hoefden maar vanaf de vindplaats van de jas in rechte lijn het bos in te lopen om na 32 meter op het graf te stuiten dat duidelijk afweek van de omgeving. Het was gemarkeerd met korte takken die rechtop in de grond waren gestoken en van de sparren rond het graf waren afgezaagd. Dwars over het graf lagen een paar sparrenstammetjes als extra markering. Tegen een spar naast het graf lag een hoopje geel zand waarvan ook een leek kon opmaken dat het uit een diepere grondlaag afkomstig was. In de bosrand stond een schop met een rode steel en een eindje voorbij het graf lag Rons broekriem die in drie stukken was gebroken. Kortom, er waren meer dan genoeg aanwijzingen om de technische recherche te waarschuwen.

Maar het liep anders. Van M. en zijn baas zijn op 10 januari helemaal niet op de plaats delict geweest en ze hebben ook niet uitgezocht van wie de jas, de mobiele telefoon en de sleutels waren. Integendeel, ze hebben die jas met inhoud stilletjes in het magazijn laten liggen tot Van M. bij de tv-uitzending in de gaten kreeg van wie die spullen waren. Ach, wat zal hij geschrokken zijn! Hoe klets ik me hieruit? Dus schreef hij – wie weet op advies en met medeweten van zijn bazen (waaronder brigadier M., die ongetwijfeld dit rapport gezien heeft) – haastig zijn rapportje en loog er lustig op los. Bedrog op ambtseed met enorme gevolgen. Als hij direct actie had ondernomen dan was Ron al op 11 januari gevonden, twee weken voor de arrestatie van Max. Weliswaar vond dat onderzoek plaats door een andere politieregio, maar moord is moord en de politie behoort daar adequaat op te reageren. De persofficier van justitie heeft er wel een draai aan gegeven met het verhaal dat een gewone veldagent niet in een mobiele telefoon mag kijken wie de eigenaar is, maar zo'n gewone veldagent heeft een baas die hij kan vragen dat onderzoek uit te laten voeren. Ik vraag me af of die persofficier wist dat Van M. gelogen heeft over het tijdstip van zijn veldonderzoek. Het kan niet anders dan dat justitie dit wist, want het proces-verbaal van bevinding was geschreven en gedateerd op 26 maart. Zoiets schrijft een verbalisant niet elf weken later. Hij doet het op de dag waarop hij die bevindingen deed en ze nog vers in zijn geheugen zitten.

Wat er wel gebeurde vertelde Reyer J., de vinder van de jas, in juni 2006 aan de rechercheurs Paalman en De Roy van Zuydewijn van het particuliere recherchebureau PD-rechercheadvies uit Rijssen die namens de verdediging een nieuw onderzoek instellen. Reyer kwam op 9 januari 2002 thuis met de mobiele telefoon en kreeg van zijn moeder opdracht terug te gaan om de jas en de sleutelbos te halen. Zijn vader en zusje brachten de volgende dag de jas met inhoud naar het politiebureau in Dronten. Vervolgens hoorden ze niets meer tot 26 maart toen opeens agent Van M. en brigadier M. het erf opreden en Reyer vroegen aan te wijzen waar hij de jas had gevonden. Terwijl ze terugliepen naar de auto ontdekte Reyer het papiertje dat verfrommeld op 10 meter van de weg in het gras van het tochtpad lag. Stond er een adres op het papiertje of was er misschien een onbekend telefoonnummer waarvoor een echte rechercheur nog meer belangstelling kon krijgen? Het is bijna niet te geloven dat Van M. het niet heeft opgeschreven, maar de smoes ligt voor de hand: je kon nog net zien dat er een adres op stond, maar het was onleesbaar door de regen, dat papiertje heb ik dus weggegooid. We zullen nog zien welke consequenties deze blunder had voor het vaststellen van de doodsoorzaak. Hoe dan ook: *dit was hét moment waarop de zaak nog kon kantelen.* Op 11 januari was er nog een goede kans dat de waarheid boven tafel zou komen. Op 29 maart was er al zoveel gebeurd – en misgegaan – dat justitie elk zicht op de werkelijkheid had verloren.

De nummeranalyse van Rons telefoon leverde twee inkomende gesprekken uit begin december op. Het eerste gesprek van maandagavond 3 december rond acht uur kwam uit een telefooncel in Ede. Het tweede kwam op dinsdagmiddag 4 december om vier minuten over halfzes uit een telefooncel in Apeldoorn. Het eerste moet het telefoontje zijn geweest van de man van het bemiddelingsbureau, het tweede van Rons blonde homovriend.

De recherche heeft het lege aftershaveflesje uit de tocht gedregd, wat nog een hele operatie was, maar dit leverde geen nieuwe aanwijzing op.

De Volvo in de berm

De tweede tip kwam van Stella van der W., een 37-jarige huisvrouw uit Dronten. Zij vertelde dat ze op de avond van 4 december een automobilist had geholpen die met zijn donkerblauwe Volvo V40 stationwagen in de berm van de Stobbenweg was vastgeraakt, vlakbij de plaats waar de jas is gevonden. Direct na haar verklaring begon de politie met speurhonden het gedeelte van het Reve-Abbertbos uit te kammen waar de jas en de Volvo waren aangetroffen. Na een dag speuren vonden de honden een geurspoor in het bos, maar het was toen al te donker om te graven. Dat gebeurde de volgende morgen en zo werd Ron gevonden. Hij lag in een ondiep graf in een sparrenbosje op kavel O 66, 42 meter van de tocht en 43 meter van de Stobbenweg. In de bosrand stond een rode panschop die kennelijk voor het begraven was gebruikt, want aan het blad vond het NFI gronddeeltjes met dezelfde diatomeeën die ook in de onderste lagen van het graf zijn ontdekt. In Max' tuin vond de politie een bats met aanklevende grond en dezelfde diatomeeën. Die komen in Bennekom niet voor, zodat de conclusie voor de hand ligt dat ook deze schop bij het graven van Rons graf is gebruikt. Een eindje van het graf lag Rons broekriem, in drie stukken gebroken. Je kunt allerlei theorieën loslaten op die riem. Ron

kan ermee gewurgd zijn, maar dan moet je de striem terug-
vinden op zijn hals. Nu dat niet het geval is, maar er wel een
striem zit om zijn middel is er een eenvoudiger verklaring:
iemand heeft hem aan die riem opgetild toen hij het bos in
gesjouwd werd. Om het graf te bereiken moet je dwars op de
rijrichting het bos inlopen. Je kunt je niet oriënteren op de
aangrenzende rijen en zelfs als je het bos op je duimpje kent
bots je in het donker tegen vrijwel elke boom op. Voor je het
graf bereikt passeer je vijf greppels die de tocht in het donker met een lijk extra lastig maken.

Op het schetsje hieronder staan de vindplaatsen van het
graf, de rode jas, de rode schop en de broekriem en de plek
waar de Volvo in de berm stond.

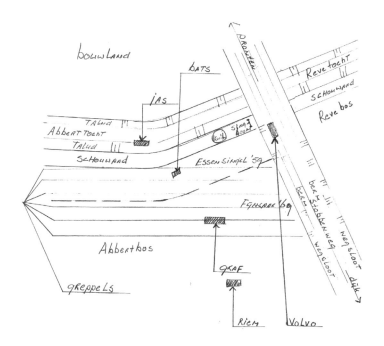

De verklaring van Stella van der W.

De intrigerende vraag is wie Stella van der W. op de avond van 4 december 2001 bij de Volvo heeft gezien. Voor de aanklager was dat geen vraag meer: het kan niemand anders zijn geweest dan Max Spaan. Max heeft een kenmerkende kop die je niet snel vergeet, ook als je hem in het donker en in het licht van je koplampen hebt gezien. Die herkenning was dus een fluitje van een cent voor Stella, ook al zaten er vier maanden tussen. Dit is haar verhaal.

Ik heb bij de boerderij op Stobbenweg 8 twee paarden gestald staan en zodoende rijd ik elke dag over de Stobbenweg. Ik herinner me dat ik op 4 december 2001 om 20.00/20.15 uur met mijn drie kinderen van de stal kwam en in de richting van de Drontermeerdijk reed. Bij de watergang aan de boszijde stond een donkerblauwe Volvo stationwagen V40, met een gele kentekenplaat in de berm met de neus naar de dijk. Ik zag diepe sporen achter die auto in de berm. Ik had het idee dat hij de berm in gereden was. Op de Stobbenweg bij die auto stond een man op de weg te zwaaien, zodat wij moesten stoppen.

Die man zag er als volgt uit: lengte ongeveer 1.75 tot 1.80 meter, leeftijd ongeveer 45 jaar, slank postuur, tanig sportersgezicht (afgetraind), donker haar met een soort regenpetje of iets dergelijks (donker van kleur). Het haar kwam net onder dat petje vandaan. Geen baard, snor of bril. Mogelijk bruine ogen. Hij droeg een donkerblauwe of zwarte korte jas van stof; een blauwe spijkerbroek; groene kuitlaarzen met een heel dikke profielzool die licht van kleur was, enigszins doorzichtig beige/naturel. Die zool was heel opvallend. De kleur groen was een doorsnee kleur, zoals de laarzen bij de Welkoop ook wel te koop zijn. Ik vond het vreemd dat die man op dat moment dit soort laarzen aan had, want daar valt niet mee te rijden. De laarzen waren niet opvallend vies. Deze man gedroeg zich raar en gejaagd. Hij was kortaf.

Ik stopte en draaide het portierraam open. Die man kwam aan mijn raam en vroeg of ik hem wilde helpen omdat zijn auto vast zat in de modder. Hij was toen nog vriendelijk. Hij vertelde dat hij bij het keren vast was geraakt.

Ik heb mijn auto voor zijn auto op de weg gezet. Die man pakte, vermoedelijk uit de kofferbak van zijn auto een oranje nylon touw van ongeveer 1 cm dik en 4 à 5 meter lang. Hij heeft het touw eerst aan de voorzijde van zijn auto vastgemaakt, middenvoor. Hij zat daarbij gehurkt voor zijn auto. Ik stond aan de zijkant van de auto naar hem te kijken. Bij het vastmaken maakte hij een knoopbeweging, vermoedelijk heeft hij het touw vastgeknoopt. Ik werd op dat moment ook wat angstig omdat hij begon te commanderen. Hij was niet vriendelijk meer en erg stil.

Ik moest mijn auto naar achter zetten, omdat het touw te kort was. Vervolgens heeft hij het touw aan mijn auto vastgemaakt. Ik moest iets vooruit totdat het touw gespannen stond. Hij stapte in de auto en gaf een lichtsignaal. Ik ben gaan rijden en toen ik dacht dat de auto van die man op de weg reed, heb ik getoeterd. Hij toeterde ook en ik stopte. Ik bleef in de auto zitten en die man maakte het touw los. Daarna liep hij naar zijn eigen auto en ging daar het touw losmaken. Ik riep vanuit mijn auto door het geopende raam of het zo goed was. Hij riep dat het in orde was. Ik ben toen direct weggereden, zonder op meer contact van die man te wachten.

Ik zag in mijn achteruitkijkspiegel dat die auto op hetzelfde stuk waar hij was vastgeraakt draaide en over de Stobbenweg reed in de richting van de Abbertweg.

Ik kan mij herinneren dat het 4 december 2001 was, omdat dinsdagavond altijd de cursusavond van mijn man is. Ik was toen alleen met mijn kinderen, Renske (10), Niels (8) en Vera (8). Ik kan mij herinneren dat de periode ervoor Vera ziek was en op dinsdag 4 december is Niels ziek geworden en had hij de volgende dag Sinterklaasfeest op school. Daar is hij toen niet geweest.

Het tijdstip 20.00 of 20.15 uur is een vast gegeven, omdat ik 's avonds met de kinderen niet te laat naar huis wil en ik daarom rond 20.00 uur vertrek bij het pension.

Het was die avond koud. Ter plaatse was het donker, geen straatverlichting. Ik had wel heldere verlichting op mijn auto, een Daihatsu Charade. In de lichtbundel van mijn auto kon ik de kleur van de Volvo goed zien en ook de man die erbij stond. Ik had direct door dat het een Volvo V40 was, omdat ik dat een mooie auto vind. Bij mij in de buurt woonden mensen die een soortgelijke auto hadden.

Ik heb die man en die auto verder nooit meer gezien. Ik heb alleen die man bij de auto gezien. Ik heb geen ander in of bij de auto gezien. Ik heb wel zijdelings in de auto gekeken, maar niemand gezien. Het linkerportier van die auto was open en de binnenverlichting was aan, maar ik heb niemand gezien.

Wie heeft zij gezien? Max is 1.75 m en heeft een tenger postuur. Hij heeft sluik, grijs/wit haar, blauwe ogen en een smal gelaat, maar zeker geen tanig sportergezicht en hij ziet er geen dag jonger uit dan zijn leeftijd (toen 57). Ook de kleding van de man die Stella op die avond zag wijkt sterk af van wat Max aan kleren bezat. Zijn kaplaarzen waren twintig jaar oud. Zelfs Patty D., die maar al te graag iets ten nadele van haar ex-man vertelt, geeft in een verhoor toe dat zijn laarzen oud en versleten waren. De zolen waren half afgesleten, donker van kleur en totaal onopvallend. Toen Max laat in de avond een briefje bij Sandra in de bus stopte droeg hij een donkerblauw sportjack met brede witte banden om de mouwen. Het was laat en Sandra had geen zin om open te doen, maar ze herkende zijn jack toen ze uit het raam keek. Stella, die blijk geeft van een scherpe opmerkingsgave, zou zich dat jack zeker herinneren.

Dan dat hoedje. Max droeg soms een alpinopet, een hoofddeksel dat gelukkig uit de mode is en alleen dankzij André van Duin en monsieur Hulot in onze herinnering blijft. Hoe je een alpinopet ook noemen wilt, niemand zal het 'een soort regenpetje' noemen zoals Stella of 'een grijze hoed met pluimen', zoals haar achtjarige zoon Niels of 'een smal, vierkant hoedje', zoals zijn tweelingzusje Vera. Hoewel de man die Stella en haar kinderen beschreven dus in bijna alle opzichten afwijkt van Max Spaan wilde de rechter-commissaris een Oslo-confrontatie arrangeren. Daarbij staat de getuige achter een doorkijkspiegel, waar zij wel doorheen kan zien, maar de tien mannen aan de andere kant zien alleen zichzelf. Uit die tien mannen die recht in de spiegel kijken wijst ze degene aan die zij die avond zag. Een zenuwtic of nadrukkelijk star kijken zal de verdachte verraden, ook als de getuige hem niet direct herkent. Als ze niemand herkent gaat ze misschien gokken, want ze weet dat hij ertussen moet staan. Max weigerde mee te werken aan die confrontatie, omdat hij totaal niet lijkt op het signalement dat Stella had gegeven. Als de figuranten wél op haar beschrijving lijken – zoals het hoort –

dan zou hij als enige uit de toon vallen en op grond daarvan aangewezen kunnen worden. Zonder hem was het uiteraard niet mogelijk. Bovendien is een Oslo-confrontatie riskant. Voorbereiding en uitvoering moeten vlekkeloos zijn om de kans op fouten binnen aanvaardbare grenzen te houden. Kennelijk was aanklager Leonard ook beducht voor fouten, want in een briefje aan de rechter-commissaris uitte hij zijn twijfels over de betrouwbaarheid van deze methode. Max' advocaat had het niet beter kunnen doen.

Geachte heer,

Over de vraag of een Oslo-confrontatie mij geraden voorkomt heb ik niet alleen zelf nagedacht, maar ik heb die vraag ook uitgezet bij het rechercheteam dat zich bezighoudt met de verdwijning en dood van Ron Verbeek. Op mijn verzoek is een specialist geraadpleegd. Gisteren ontving ik van hem een proces-verbaal met bijlage, waarvan de inhoud voor zichzelf spreekt. Los van de conclusie van de deskundige bestond er ook bij mij enige aarzeling, omdat de potentiële bewijswaarde van dergelijke confrontaties in de wetenschap niet onbetwist is. Tijdsverloop, ongunstige condities ter plekke en onduidelijkheid of verdachte Max Spaan bevestigt of ontkent dat hij op de avond van 4 december 2001 in de gemeente Dronten is losgesleept – tegen de achtergrond van de proceshouding van de verdachte die zelf tot op heden heeft aangegeven niet mee te willen werken aan nader opsporingsonderzoek en met rust gelaten wil worden – maakten dat ik u niet eerder gevraagd heb een dergelijke kostbare confrontatie te initiëren. Ik besef dat de situatie is veranderd nu de verdachte bij zijn laatste verhoor bij u duidelijkheid heeft ver-

schaft over de vraag of hij op de avond van 4 december 2001 met zijn auto bij de vindplaats van het stoffelijk overschot van Verbeek, heeft vastgezeten en
door een hulpvaardige automobiliste is losgetrokken.
Hij ontkent dat ten stelligste. Overigens los van mijn
gedachten en aarzelingen – die ik u toch niet wilde
onthouden – geef ik loyaal uitvoering aan de door u
gewenste Oslo-confrontatie. Ik heb de leider van het
onderzoek gevraagd de confrontatie voor te bereiden.
Vertrouwende u naar genoegen te hebben geïnformeerd,

De officier van justitie, W.T. Leonard

De fotoconfrontatie

Door Max' weigering en het bezwaar van de aanklager tegen
de Oslo-confrontatie bleef alleen een fotoconfrontatie over als
objectief middel om vast te stellen wie de getuige heeft
gezien. Nu ziet Stella maximaal tien kerels op papier, twee
foto's per man: een van voren en een van opzij. Ook daarbij
is de kans op fouten groot, want je moet de figuranten zorgvuldig uitzoeken. Als je selecteert op basis van het signalement – waaraan Max overduidelijk niet voldoet – dan zullen
objectieve testobservatoren hem er onmiddellijk uitpikken. In
dat geval krijg je een omgekeerd bewijs: die man lijkt niet op
de rest, dus dat zal hem wel zijn. In deze confrontatie zocht de
politie echter figuranten die wel op Max leken maar niet op
de man die Stella had beschreven. Ze mocht foto voor foto
bekijken. Voor elke foto kreeg ze tien seconden. Bij de vierde
foto (van een figurant) zei ze: 'Dit is hem.' Daarmee had de
confrontatie moeten stoppen, maar in strijd met alle regels

mocht ze doorgaan en bij de vijfde foto, die van Max, zei ze dat hij 10% gelijkenis vertoonde met de foto van de man die ze daarvoor had aangewezen als de man bij de Volvo.

Ik heb die foto's gezien en kan beamen dat die tien mannen allemaal bij benadering op elkaar leken. Leg tien pasfoto's van willekeurige mannen die globaal op elkaar lijken naast elkaar en je krijgt hetzelfde effect: de getuige gaat gokken. Stella deed het met de beste bedoelingen en had niet in de gaten hoe ze werd gemanipuleerd. Ze wist niet beter of de vierde man die zij met 90% zekerheid had aangewezen was de verdachte. Aanklager Leonard kraaide echter victorie over de 10% gelijkenis van Max' foto met die van de vierde figurant en maakte er hard bewijs van: dit is de man die zij bij de Volvo gezien heeft. Later ontdekte Stella het bedrog van de aanklager toen Max haar vanuit de gevangenis belde met het verzoek of hij haar namens de verdediging een paar vragen mocht stellen. Stella, die naar beste weten antwoord gaf, was zo verontrust over dat telefoontje van meneer 'Van der S.' dat ze de rechter-commissaris belde. Diens logische vraag had moeten zijn: herkende u zijn stem? Maar die vraag stelde hij niet en in haar gesprek met Paalman en De Roy van Zuydewijn van juni 2006 kwam Stella ook niet op die stem terug:

U heeft uitgelegd wat uw twijfels waren omtrent het onderzoek. (foto's) Ik heb u verteld dat ik destijds een telefoontje heb gekregen van iemand die zich uitgaf als zijnde advocaat van de verdachte. Ik heb toen Zutphen gebeld en gesproken met de rechter-commissaris. Tussen neus en lippen vertelde hij mij toen dat het waarschijnlijk de heer Spaan was geweest die zich uitgaf voor advocaat. Dat was een opmerking die hij 'als zijnde gezegd tussen ons' heeft gemaakt en niet heeft bevestigd. De rest van het gesprek heeft hij schriftelijk bevestigd, maar daar zitten 'typefouten' in omtrent de 10% en 90% gelijkenis. Ik heb daar twee jaar geleden een aantekening van gemaakt op de brief omdat ik dat heel slordig vond. Ik heb er verder niets mee gedaan. Wel voelde ik mij na dat telefoontje wantrouwig. Ik ben toen naar de plaatselijke politie gegaan en heb daar mijn verhaal verteld.

Ik zou het zeer waarderen als u op korte termijn langskomt met die foto's want ik voel mij helemaal niet gemakkelijk. Als ik mij bedenk dat degene die ik voor 90% heb herkend verwisseld zou kunnen zijn met degene die ik voor 10% heb herkend dan loopt degene die ik voor 90% heb herkend dus nog gewoon 'los' (als dit zo is).

Ik weet dat de dader Max Spaan heet, maar ik heb er geen hoofd bij, begrijpt u? Laat dat ook maar zo, des te objectiever kijk ik naar die foto's.

Achteraf vraag je je natuurlijk af waarom Stella niet gewoon heeft gezegd: ik herken niemand. Het zou toch wel een wonder zijn als die man die ze bij de auto heeft gezien nu tussen de figuranten zat. Met de man die ze als eerste aanwees zou de recherche op zijn minst een praatje moeten maken. Voor alle duidelijkheid, hij was het niet.

Advocaat Van Aarden legde het resultaat voor aan professor Wagenaar, cognitief psycholoog en internationaal bekend expert op het gebied van herkenning door getuigen in strafzaken. Prof. Wagenaar gaf in drie brieven antwoord, waarvan ik hier – met zijn toestemming – de tweede in iets verkorte vorm laat volgen.

Geachte heer Van Aarden,

In vervolg op mijn eerder schrijven van 4 november 2002, bericht ik u als volgt.

167

De foto van uw cliënt toont mij een man die duidelijk niet voldoet aan het door de getuige opgegeven signalement. De afgebeelde persoon is zichtbaar ouder dan 47 jaar, zijn haar is beslist niet donker, en zijn gezicht ziet er niet afgetraind uit.

2. De getuige zag een foto van uw cliënt die volgens de rechter-commissaris niet erg goed op uw cliënt lijkt. De vraag is of de foto wél aan het signalement voldoet. Zo ja, dan is dat uiterst suggestief, omdat uw cliënt niet aan het signalement voldoet. Zo nee, dan gaat de confrontatie eigenlijk nergens over, althans niet over de herkenning van uw cliënt. Het gebruik van foto's in plaats van levende personen heeft bepaalde voordelen, en niet zoveel nadelen, op voorwaarde dat de foto van de verdachte goed lijkt. Aan die laatste voorwaarde is niet voldaan. Daarmee vervalt de zin van de hele fotoconfrontatie.

3. Ik wijs u erop dat er zich nu vier grote problemen voordoen:
1. uw cliënt voldoet niet aan het signalement;
2. de getoonde foto van uw cliënt voldoet niet aan het signalement;
3. de getoonde foto vertoont geen goede gelijkenis met uw cliënt;
4. de getuige heeft ten onrechte twee keuzes gemaakt.

4. Het eerste probleem verbiedt een herkenningsprocedure, maar heeft in wezen geen rol gespeeld, omdat uw cliënt niet deelnam aan een levende confrontatie. Zijn rol is overgenomen door een foto, waarvoor de problemen twee en drie gelden. Men

kan proefondervindelijk vaststellen hoe ernstig de problemen twee en drie zijn geweest. In principe is dat niet nodig omdat uw cliënt (vanwege het vierde probleem) niet geïdentificeerd is. Zou de rechter echter tegen alle regels in de tweede aanwijzing door de getuige toch ernstig willen nemen, dan bestaat er een noodzaak voor de proefondervindelijke toetsing. Daarvoor bestaan de volgende mogelijkheden.

a. *Voldoet de foto van uw cliënt aan het signalement?* Hiertoe plaatsen wij de gebruikte foto van uw cliënt tussen foto's van vijf mannen die geselecteerd zijn op grond van het signalement: 47 jaar, donker haar, afgetraind gezicht. Vervolgens vragen wij aan 25 testobservatoren welke foto afwijkt. Wanneer meer dan 1/6 van de observatoren uw cliënt aanwijst, komt de gebruikte foto onvoldoende met het signalement overeen.

b. *Voldoet de foto van uw cliënt aan het signalement?* Zelfde fotoset als onder a. Nu vragen we de 25 testobservatoren welke foto het minst met het opgegeven signalement overeenkomt. Wanneer meer dan 1/6 van de observatoren uw cliënt aanwijst, komt de gebruikte foto onvoldoende met het signalement overeen.

c. *Voldoet de foto van uw cliënt aan het signalement?* Wij tonen alleen de gebruikte foto van uw cliënt aan 25 testobservatoren en vragen hen een signalement te geven. We vragen speciaal naar leeftijd, haarkleur, en dikte van het gezicht. Als de meerderheid van de observatoren de leeftijd te hoog inschat, de haarkleur te licht, en het gezicht te dik, dan komt de gebruikte foto onvoldoende met het signalement overeen.

d. *Vertoont de gebruikte foto afwijkingen die er voor zorgen dat de getoonde persoon meer aan het signalement voldoet, en minder op uw cliënt lijkt?* Herhaal de tests beschreven onder a, b, en c, maar nu met een goedgelijkende foto van uw cliënt, in plaats van de feitelijk gebruikte foto. Wanneer de testuitslagen extremer zijn dan onder a, b, en c, vertoont de feitelijk gebruikte foto een ongewenste afwijking in de richting van het signalement.

5. Over de herkenning van voorwerpen kan ik kort zijn. Daarvoor gelden dezelfde regels als voor de herkenning van personen. Men vraagt de getuige eerst de voorwerpen te beschrijven, en daarna een line-up te maken van het verdachte voorwerp tussen andere voorwerpen die aan hetzelfde signalement voldoen. Uit uw beschrijving van de gebruikte procedure maak ik op dat hiervan geen sprake is geweest. Volgens de regels der kunst kan dan de uitslag niet als een betrouwbaar bewijsmiddel worden opgevat.

6. Wellicht ten overvloede wijs ik er op dat mijn beschrijvingen van de juiste procedures er niet toe kunnen leiden dat de herkenningen worden overgedaan. De getuigen zijn inmiddels met de te herkennen targets (foto en gereedschappen van uw cliënt) geconfronteerd, en dat kan niet meer ongedaan worden gemaakt.

Hoogachtend,
W.A. Wagenaar

Als de verdachte sterk afwijkt van de persoon die de getuige heeft gezien – zoals hier het geval is – dan mag de fotoconfrontatie niet eens plaatsvinden. De tweede fundamentele fout is dat de getuige een tweede keus mocht maken toen zij met 90% zekerheid een figurant had aangewezen als de man die ze bij de Volvo gezien heeft. Zo'n tweede keus is absoluut verboden. De clou is juist dat de getuige de persoon die zij meent te herkennen direct aanwijst. Als het niet in één keer raak is dan zit hij er niet bij. Zo'n tweede keus is net zo fout als een scheidsrechter die een gestopte penalty over laat nemen omdat de keeper naar de goede hoek dook. Het wordt nog veel erger wanneer die tweede keuze als bewijs gaat dienen, zoals bij deze rechtbank gebeurde. Bij een eerste keus is tien procent gelijkenis volstrekt onvoldoende om er zelfs een zweem van bewijs aan te ontlenen, laat staan als het om een tweede keus gaat. Ook een van Wagenaars discipelen, een leraar aan de politieacademie, uitte ernstige twijfels over de manier waarop aan Stella van der W. een aanwijzing van de verdachte was ontlokt. Twijfel is echter niets voor aanklager Leonard. Het feit dat de foto van Max 10% gelijkenis vertoonde met de foto die ze eerst aanwees was voor hem genoeg om de verdachte vast te nagelen. Gelukkig was hij niet de enige die besliste over de identificatiemethode. De rechter-commissaris liet ook de kinderen van Stella horen. Geen slecht idee. Wie wel eens een spelletje Memory met kinderen speelt – en verliest – weet dat hun kortetermijngeheugen vaak beter is dan van volwassenen.

Volgens Stella stond de auto met alle wielen in de berm, maar de acht jaar oude Niels en Vera zagen dat de auto met de twee linkerwielen op de weg stond. Niels zag voor en achter de auto geen sporen, in tegenstelling tot zijn moeder die diepe sporen achter de auto had gezien. Hun twee jaar oudere zusje Renske zag de auto wél helemaal 'in de blub' staan, een meter of vijf voorbij de bosrand. De twee meisjes waren het eens over de kleding van de chauffeur: een donkerblauwe korte jas van stof (geen leer of plastic), een blauwe broek en groene laarzen. Niels heeft geen herinnering aan de kleren van de man, alleen de hoed met pluimen en de groene tuincentrumlaarzen met de dikke, beige zool vielen hem op. Hij zag nog een detail dat later terugkomt in een anonieme brief van een ooggetuige: de man had het oranje sleeptouw al in zijn hand toen hij hen aanhield. Dat is vreemd, want Max had een sleepkabel met stalen harpsluitingen in zijn auto. Waarom zou hij dan een kaal touw gebruiken? Iedere automobilist met een sleepkabel met harpsluitingen zal die kabel gebruiken en beslist geen touw, omdat knopen zich zo vast trekken als je een auto uit de modder hebt gesleept dat je ze slechts met de grootste moeite weer los krijgt. Tenzij je een perfecte paalsteek kunt leggen, maar wie kan dat nog? Die harpsluitingen zijn niet voor niets uitgevonden.

Het merkwaardigste is wel dát de man Stella aanhield. Volgens justitie heeft hij net een moord gepleegd en het slachtoffer begraven. Een moordenaar zou er juist alles aan doen om ongezien te blijven en een van zijn twee schoppen gebruiken om zijn auto met hulp van de vloermatten en desnoods met maaisel uit de tocht te bevrijden. Nu gaf hij zijn signalement prijs, want Stella kon hem bij haar portierraampje en even later in het licht van de koplampen uitvoerig bekijken terwijl hij vlak naast haar tussen de beide auto's hurkte om het touw vast te maken. Een auto zonder sperdifferentieel[12] komt weliswaar niet makkelijk op eigen kracht uit een natte wegberm, maar de chauffeur had genoeg spullen bij zich om zelf zijn auto weer uit de berm te krijgen. Was er een andere reden om de auto aan te houden? Wilde hij de aandacht afleiden? Was hij met dat touw dat hij volgens Niels al in zijn handen had van plan een andere auto die vastzat op het bospad los te trekken? Werd hij door Stella en haar kinderen gestoord en wilde hij hun aandacht van die andere auto of auto's afleiden door hen aan te houden?

Een nieuwe fotoconfrontatie is onmogelijk. Niet alleen is er teveel tijd verstreken: het beeld dat Stella in haar hoofd heeft is te sterk beïnvloed door de confrontatie om nu nog een objectief beeld te kunnen verlangen. Toch is ze als getuige nog steeds bruikbaar, want ze kan zich nog heel goed de omstandigheden herinneren. Die zijn anders dan Leonard in de rechtszaal beweerde. Hij zei dat ze de man in een flits had gezien. Onzin, zei Stella in juni 2006 tegen Paalman en De Roy van Zuydewijn: *Ik heb hem van dichtbij gezien toen hij aan mijn portierraampje verscheen. Toen hij de auto's aan elkaar knoopte stond ik ernaast en zag ik hem in het licht van de koplampen.'* Leonard beweert dat het zicht beperkt was door de regen, maar volgens Stella was het droog en de maan scheen. De laatste aanvulling die Stella aan Paalman en De Roy van Zuydewijn gaf had de hele fotoconfrontatie overbodig gemaakt als ze het ook bij haar eerste verklaring had gezegd: *'Die meneer bij de auto had bruine ogen en zwart haar.'* Die aanvulling is belangrijk nieuw ontlastend bewijs dat ten overvloede aantoont dat Max niet de man was die zij op 4 december 2001 heeft gezien en gesproken.

Het sporenonderzoek bij het graf

De plaats delict was een goudmijn voor een vaardig sporenonderzoeker. Zachte bosgrond, bomen en struiken, een drassig tochttalud, een modderig bospad en een wegberm met een slempige bovenlaag. Natuurlijk heeft de politie zelf sporen achtergelaten toen ze met man en hond naar het lijk zocht, maar een ervaren sporenonderzoeker had die sporen van zijn collega's inclusief hondenpootjes eruit gefilterd en de dadersporen vastgelegd. In bosgrond blijven de contouren van voetsporen soms jaren later nog zichtbaar, vooral in een essenopstand waar de toplaag rul is door de goede strooiselvertering. Het sporenonderzoek op de plaats delict heeft echter niets opgeleverd. Dat is merkwaardig, want wie Ron ook heeft begraven: het moet een heidense klus zijn geweest. Als de plaats delict volgens de regels van de kunst was afgezet – dus zo ruim mogelijk, zeg 100 bij 100 meter – en minutieus was onderzocht op voetsporen, textieldraadjes, peukjes of wat een mens ook maar achterlaat als hij met een lijk door het bos zeult – was er ongetwijfeld iets gevonden dat een beeld van de grafdelvers had kunnen geven, maar nu is er *helemaal niets* gevonden. Geen voetspoor, geen draadje, geen vezeltje, niets. Zou er wel naar gezocht zijn?

Ervaren rechercheurs zouden de route waarover de onderzoekers van en naar het graf liepen op de minst voor de hand liggende plaats leggen om de sporen van de grafdelvers zo min mogelijk te verstoren. Nu loopt die route in rechte lijn vanaf het schouwpad – dus precies zoals de grafdelvers gelopen hebben: de kortste weg door het bos. Door alle deskundigen die heen en terug naar het graf zijn gewandeld ontstond een soort reeënpaadje dat nog steeds herkenbaar is. Het schiep verwarring, want bij het bezoek van de magistraten aan de plaats delict in november 2002 wekte het de indruk dat het paadje er altijd had gelegen. Ik weet als voormalig beheerder dat er vrijwel niemand in dat deel van de boswachterij in het bos kwam. Vóór 4 december 2001 lag er beslist geen paadje.

Ook op het lijk is geen enkel spoor van de daders gevonden. Dat is vreemd, want het versjouwen van het zware lichaam moet veel inspanning hebben gekost. Zeker als het door één man gebeurd is, zoals justitie veronderstelt, dan *moeten* er haren van de drager op het lijk zijn achtergebleven. De enige losse haar die is ontdekt was een haar van Ron zelf die hij in zijn verkrampte linkerhand hield. Ook als het lichaam door twee of drie man het bos ingedragen werd dan was het zo'n zware klus dat er iets van de dragers op het lijk achtergelaten móét zijn. Toch hebben de technische recherche en het NFI op die ene haar na niets gevonden. Waarom zijn er geen sporen gevonden van degene of degenen die Ron naar het graf gedragen hebben? Waren het zulke slechte onderzoekers of is er gewoon niet serieus gezocht omdat ze dachten dat ze de verdachte al hadden? Zelfs als dat het uitgangspunt was, dan kon een grondig onderzoek van de plaats delict alleen maar bijdragen aan het bewijs dat ze de juiste man te pakken hadden. Als uit dat sporenonderzoek ondubbelzinnig was gebleken dat Max op de plaats delict is geweest dan had hij zich moeten verantwoorden, maar nu is er dus niets gevonden, noch van Max, noch van een andere grafdelver. Het feit dat de rechters dit lieten passeren zegt alles over hun vooringenomenheid jegens deze verdachte. Of was er toch een spoortje twijfel gerezen en besloten ze daarom op 19 november 2002 zelf een kijkje te gaan nemen?

De tocht begon bij de flat van Ron en leidde via een flinke omweg naar het Reve-Abbertbos waar het gezelschap in een busje, bestuurd door agent H. (in het verslag de 'getuige-deskundige') in het donker aankwam. De griffier maakt het verslag: de rechtbank op schoolreis.

> Allen stappen uit. Het gezelschap loopt naar het bosperceel via een grasberm langs de Abberttocht. Alvorens het bos in te gaan, neemt de groep de plaats op waar de jas van het slachtoffer is gevonden. De raadsman vraagt of het riet dat nu zichtbaar is, ook in januari 2002 langs de waterkant stond. De officier van justitie antwoordt dat de jas op 9 januari 2002 is gevonden. Toen stond er riet aan de waterkant.

> Het gezelschap loopt een stukje terug richting de Stobbenweg en slaat vervolgens rechtsaf het bosperceel in. De raadsman vraagt waarom de groep juist daar het bosperceel in slaat. De officier van justitie antwoordt dat het de kortste en makkelijkste weg

van de plaats waar de jas is gevonden naar het graf is.[13]

De groep neemt de plaats op, waar de spade in april 2002 is gevonden. Daarna neemt de groep de gemarkeerde plek op, waar het nylon koord is gevonden.

De raadsman vraagt of het paadje, dat de groep thans volgt, al een paadje was toen het lijk in de buurt gevonden werd. De getuige-deskundige verklaart dat het niet meer valt vast te stellen, maar dat er in deze omgeving veel gejaagd wordt en dat het daarom al een paadje geweest zou kunnen zijn.[14] Het gezelschap bekijkt de gemarkeerde plaatsen telkens afwisselend met en zonder kunstlicht. Het gezelschap begeeft zich dieper het bos in en neemt de plaats van het graf op. De voorzitter deelt mede dat zich hier naaldbomen bevinden.

De officier van justitie zegt dat drie verbalisanten elk in dezelfde greppel een vergelijkbaar graf hebben gegraven en weer dichtgegooid. Zij hebben elk een klein half uur moeten graven om een vergelijkbaar graf tot stand te brengen en zij deden een kwartier over het dichtgooien.

De raadsman merkt op dat er kennelijk bomen gesnoeid zijn. De officier van justitie antwoordt dat het inderdaad het geval is omdat een graafmachine naar de plaats van het graf is vervoerd, waarbij enkele takken nabij het graf zijn afgebroken. Het gezelschap begeeft zich naar de plaats waar riemdelen zijn aangetroffen. De voorzitter merkt op dat hier loofbomen groeien. De groep neemt de plaats op. De voorzitter: 'Het is nu 18.14 uur en de maan is al enkele minuten verdwenen.'

Na een korte koffiepauze begeeft het gezelschap

zich naar de plaats waar de Volvo door getuige Stella van der W. uit de modder is getrokken. De groep neemt de plaats op.

De officier van justitie verklaart: 'Er zijn nu ook moddersporen in de diepe modder zichtbaar. Om vanaf het graf via het gras langs de Abberttocht de verharde weg op te komen, moet men een heuveltje nemen. Het is een hypothese dat verdachte op die manier de weg is opgekomen. De Volvo stond schuin in de berm.[15] Op diverse plaatsen zijn monsters genomen van de grond; ook nabij het graf.'

De raadsman verzoekt of de getuige-deskundige de groep zodanig kan vervoeren dat bekeken kan worden of er nog een andere toegangsweg naar het bosperceel is. De rechtbank stemt in met het verzoek. Het gezelschap gaat weer naar de bus. Om ongeveer 18.30 uur rijdt de bus richting Drontermeerdijk en slaat rechtsaf de Drontermeerdijk op. De raadsman verzoekt de officier van justitie of hij kan beschikken over een zogenaamde stafkaart van de omgeving waar de groep zich zojuist bevond. De officier van justitie zal de mogelijkheid daarvan onderzoeken.

De getuige-deskundige verklaart: 'We zullen merken dat de Abbertweg, zijnde de eerstvolgende weg rechts, zich op aanzienlijke afstand bevindt van de plaats waar we net vandaan komen.' De rechtbank stemt in met wat deskundige zojuist zei en ziet er – in overleg met de raadsman – van af om de Abbertweg in te rijden.

Wat heeft dit bezoek opgeleverd behalve de constatering dat het in het bos zo donker was dat de magistraten hun eigen schoenen niet konden zien? Zou iemand zich afgevraagd hebben hoe een schriel mannetje als Max een zware man als

Ron Verbeek hier in zijn eentje en letterlijk zonder kleer-scheuren naar binnen heeft gesjouwd? Hoe is het mogelijk dat zo'n krachttoer geen voetsporen, DNA-materiaal en andere aanwijzingen achterliet die een rechercheteam en het NFI nog geen vier maanden later terug hadden moeten vinden?

Van Aarden nam er terecht geen genoegen mee. Bij de zitting van het gerechtshof van 4 september 2003 bestookte hij de leider van het recherchebijstandsteam, inspecteur Douwe G., met vragen. Pijnlijk duidelijk bleek bij dit kruisverhoor hoe slecht het onderzoek is gedaan, hoewel inspecteur G. zich bij elke lastige vraag achter het NFI verschool. Dit was zijn relaas:

> Er was in maart 2002 niets meer zichtbaar van de regen die op 4 december 2001 was gevallen.[16] Er zijn ook geen voetsporen of sporen van autobanden aan-getroffen. Niet bij het graf, niet erom heen en niet op de weg er naar toe. Het Nederlands Forensisch Instituut (NFI) heeft onderzoek gedaan, is bij het graf geweest en heeft onderzoek verricht samen met de technische recherche (TR). U moet aan de TR vra-gen hoe het onderzoek is verricht.
>
> Ik ben redelijk op de hoogte van wat er in het onder-zoek gebeurd is, maar ik heb het dossier niet meer doorgespit. Ik herinner mij niet welk onderzoek de TR heeft verricht. Het staat in het proces-verbaal van de TR. Ik kan niet de vraag beantwoorden of iets niet onderzocht is als het niet in het proces-verbaal staat.
>
> Op 4 december 2001 omstreeks 17.00 uur moet het ter plaatse donker zijn geweest. Volgens mij is er een proces-verbaal waarin staat dat het zicht heel beperkt was. Er is geen onderzoek gedaan naar de vraag of het gebruik van kunstlicht is opgevallen aan

de omwonenden. Er is geen reconstructie geweest naar de vraag of een persoon in staat is het stoffelijk overschot ter plaatse te krijgen en te begraven, maar er is wel stilgestaan bij die vraag. Het kan wel, het kan niet. Ik denk dat het makkelijk is om iemand over de grond te verslepen.[17] Ik weet niet of er sleepsporen zijn aangetroffen, ik dacht het niet. Alles wat is aangetroffen staat in het proces-verbaal.

Na het lokaliseren van het stoffelijk overschot is de omgeving met lint afgezet en die nacht bewaakt geweest. Bij het aantreffen van het graf is de omgeving afgezet, de volgende dag is de TR met het NFI gekomen.

Het staat in het proces-verbaal hoe de omgeving rond het graf is veranderd ten gevolge van de werkzaamheden. Het verschil tussen het eerste moment van vinden en wat daarna gebeurde is niet in kaart gebracht of bijgehouden. Er zijn foto's gemaakt voor en tijdens de werkzaamheden. Ik denk dat de foto's in het dossier een selectie zijn. Alles wat gevonden is, is vastgelegd. U vraagt mij of dat ook geldt als hetgeen gevonden was niet direct van belang was. Die vraag kan ik niet beantwoorden. U mag er vanuit gaan dat de dingen die daar gevonden zijn in het proces-verbaal staan. Ook als dat bijvoorbeeld een peuk betreft, ik denk het wel. De TR stelt alle sporen veilig.

U stelt dat uit het proces-verbaal is op te maken dat er bij het graf sporen waren uitgewist. Het graf was bedekt. Er zijn anderszins geen sporen uitgewist. Alles wat op de PD is aangetroffen, is verwoord in het proces-verbaal van de TR. Ik kan niet beantwoorden of er verder sporen zijn uitgewist. Ik kan alleen voor mijzelf spreken, ik weet niet wat anderen hebben gedaan. Er zijn ter plaatse geen aanwijzingen gevonden dat er meer dan één persoon bij betrokken was; anders was het vermeld.

U bent zelf bij het graf geweest, je kunt vrij makkelijk vanaf de zijkant het bos in. U kunt het zien op de foto's. U vraagt mij hoe het er daar uitzag toen wij het graf aantroffen. Het bos was redelijk makkelijk te betreden, er zijn foto's van gemaakt. Er zijn geen foto's van de plek voordat het bos werd betreden, we wisten toch niet waar het graf was.

Het NFI heeft onderzoek gedaan naar textieldraadjes in het struikgewas. Het NFI is ter plaatse geweest, het NFI heeft zelf opsporingsonderzoek verricht.

U vraagt mij naar de bedoeling van de reconstructie van het graven van een graf. Dat was om een indruk te krijgen van de tijd die je nodig hebt om daar een graf te graven. Daarbij is verdisconteerd dat de omstandigheden anders waren dan op 4 december 2001. De grond was niet hard op 4 december 2001.[18] Het maakt daar niet zoveel uit of het modderig is of niet. Je kunt daar vrij makkelijk een graf graven. Je kunt daar zo het bos in lopen. Er is geen rekening gehouden met de fysieke gesteldheid van verdachte. Er is gewoon door drie personen een graf gegraven en dat is vastgelegd in het proces-verbaal. In het proces-verbaal staat vermeld hoeveel tijd je nodig hebt om een graf te graven. Het heeft niets opgeleverd ten aanzien van verdachte.

Ik kan geen reconstructie maken van iets dat ik niet weet, dus hoe het stoffelijk overschot van Verbeek bij het graf is terechtgekomen. Het kan zijn dat de route heel anders is dan in het proces-verbaal staat vermeld.

Er is geen kleed of stuk plastic gevonden bij het graf. Er kan best tijdsverschil zitten in de wijze van het graven van een graf, dus met of zonder gebruik van kleed. Of er rekening mee is gehouden? Het gebeurt zoals het gebeurt. Ik kan niet beoordelen of het graf snel of langzaam gegraven is. Dat weet ik niet. Ik kan alleen een ruwe indicatie geven hoe lang het graven van een graf in die buurt duurt.

Of er grond overblijft als je een lijk begraaft? Theoretisch moet dat kloppen maar ik weet niet of dat zo werkt in een bos. Er is geen onderzoek naar gedaan. Het colbertjasje dat Verbeek droeg is niet gevonden. Het horloge is wel gevonden, het stond stil. Ik weet niet op welk tijdstip dat stilstond. Zijn portemonnee is niet gevonden.

Bij deze armzalige verklaring rijst alweer de vraag waarom er zo slordig met dadersporen is omgegaan dat de technische recherche niets op eigen kracht heeft gevonden. Was justitie zo overtuigd van het daderschap van Max Spaan, dat elk onderzoek ter plaatse verspilde moeite was? Ik heb die vraag voorgelegd aan Jos van der Kolk, docent van de politieacademie. Hij vertelde me dat een grondig onderzoek op de plaats delict in *alle* gevallen nodig is, al was het maar om het woordje 'vrijwel' van de vrijwel zekere bewijslast weg te nemen. Als je dat onderzoek met de vereiste grondigheid uitvoert vind je sporen, zeker op zo'n bosterrein als dit. Natuurlijk doet de tijd zijn werk om sporen te vervagen, maar vier maanden zijn te kort om alle sporen te laten verdwijnen. *Elk spoor dat verloren gaat is een vermijdbare fout*, aldus Van der Kolk. Dat geldt uiteraard ook voor het onderzoek naar dadersporen op het lichaam.

De bodemsamenstelling van het graf

Ron lag in een 95 cm diep graf in een greppelbodem op bos-
kavel O 66, 32 meter uit de bosrand. Rondom het graf staan
jonge sparren, in 1969 geplant als tweede generatie bos.
Tussen de sparren en het schouwpad staat een 20 meter brede
essensingel, geplant bij de eerste bosaanleg. Zowel de essen
als de sparren groeiden traag waardoor ze voorlopig geen
beheersmaatregelen vereisten. Deze beide opstanden werden
tijdens mijn beheersperiode zelden betreden en ook daarna
was er geen reden om daar het bos in te gaan.

Net als alle andere bosgreppels was de greppel waarin het
graf lag oorspronkelijk 60 cm diep, maar in de loop der jaren
is hij door blad en naalden half dichtgeslibd. De bodem van
het graf lag dus 1.25 m onder het maaiveld. De greppelwand
is doorvlochten met dunne boomwortels. Het bodemprofiel
bestaat uit matig fijn zand: hetzelfde zand dat een groot deel
van de Veluwe bedekt. Toch is hier een bijzonderheid. De
bodemkundigen van de Rijksdienst voor de IJsselmeerpolders (RIJP) noemden deze afzetting *Spijkzand*. Het is iets
grover dan het andere dekzand en afkomstig van een voormalige zandplaat die 15 km zuidelijker ligt en indertijd een
beruchte naam had onder de Zuiderzeevissers. Ik bezocht de
plaats van het graf met dr. Piet Ente, voormalig hoofd van de
bodemkundige afdeling van de RIJP. We maakten een pro-
fielkuil waarin hij het Spijkzand direct herkende. Dit zand is
in de laatste tweehonderd jaar door de woelige Zuiderzee
onder water verplaatst, vandaar de officiële bodemkundige
naam: *verplaatst Pleistoceen zand*. Dr. Ente zei dat het
Spijkzand van O 66 nu misschien bij Roggebotsluis zou liggen als de Zuiderzee was blijven bestaan.

Wat kom je tegen als je hier een graf graaft? Je moet de
sparrenwortels in de bovenste laag met een scherpe schop
doorsteken. Daaronder vind je geen boomwortels of andere

obstakels meer. Twee grafdelvers kunnen bij daglicht in een halfuur een graf van een meter diep graven. In het donker kost het meer tijd, vooral als ze de zwarte bovengrond apart houden om de plek te camoufleren. Als het lijk erin ligt kunnen ze de grond in een paar minuten in de juiste volgorde terugstorten en aanstampen om de vorm van het lichaam te camoufleren. Al met al zijn ze drie kwartier in het donker bezig om Ron te begraven. Een man alleen doet er minstens een halfuur langer over. De grafdelvers hebben hun werk zorgvuldig gedaan, maar desondanks die markering aangebracht. Het lijkt aannemelijk dat er twee grafdelvers waren, waarvan tenminste een van de twee wist hoe je (ook in het donker) zwarte en gele grond moet scheiden. Waarschijnlijk liet de een zijn schop met rode steel in de bosrand staan en zette de ander zijn schop in de achtertuin van Max Spaan.

Wat weten we van de grafdelvers? Hoe is Ron naar zijn graf gebracht? Als het onderzoek van de plaats delict volgens de regels van de kunst was uitgevoerd hadden we antwoord gekregen op die vragen. Nu dat onderzoek op een onvolledige en dilettantische manier gebeurde zijn alle sporen verloren gegaan.

Het diatomeeënonderzoek

Stella van der W. herinnerde zich dat de Volvo een geel Nederlands nummerbord had, maar het nummer heeft ze niet geregistreerd. Het kan dus een van de ruim tienduizend donkere V40 stationwagens met een Nederlandse kentekenplaat zijn geweest. Er zijn echter andere methoden om na te gaan of een auto op de plaats delict is geweest. Vooral in een bos is een schat aan natuurlijk identificatiemateriaal aanwezig: takjes, blaadjes, zaden, stuifmeelpollen, schimmels, sporen van varens en mossen, resten van insecten en andere dieren, kortom alles wat de natuur daar achterlaat. De kans op fouten is kleiner dan bij de herkenning van verdachten en zolang je het basismateriaal conserveert kun je het onderzoek op elk gewenst moment herhalen. Je kunt dus een second opinion vragen en dat tweede onderzoek in een paar laboratoria laten uitvoeren. De grootste kans op fouten bestaat bij de interpretatie van de onderzoeksresultaten: is een bepaalde soort kenmerkend voor de plaats delict of komt hij ook op andere plaatsen voor? Er zijn twee belangrijke bronnen voor identificatie met behulp van diatomeeën: het bodemprofiel van het graf en de berm waar de auto vastzat. Het is aannemelijk dat de grafdelvers gronddeeltjes aan hun gereedschap, schoeisel en kleding meenamen en in de vloermatten van de auto zouden achterlaten. Een andere bijzonderheid was dat het graf in de bodem van de voormalige Zuiderzee lag. Die bodem heeft typische kenmerken van mariene sedimenten die je op het oude land niet zult vinden: zoutwaterschelpen en resten van mariene schelpkreeftjes en kiezelwieren. De rechtbank gaf het NFI opdracht na te gaan of het bodemmateriaal op de beide schoppen, in de Volvo en in de kleding en het schoeisel van Max uit het graf komt en of de Volvo in de berm van de Stobbenweg heeft gestaan. Zowel voor het graf als voor de berm vond de rechtbank dat het diatomeeënonderzoek van het NFI het doorslaggevend bewijs leverde dat de auto van Max op 4 december 2001 's avonds rond acht uur in de berm van de Stobbenweg stond. Het NFI, dat de specifieke kennis van diatomeeën niet in huis heeft, besteedde het onderzoek uit aan het bureau Grontmij/AquaSense. Volgens de expert van AquaSense die het onderzoek uitvoerde geeft het NFI-rapport zijn conclusies correct weer. Ik heb twee deskundigen om raad gevraagd: dr. Hein de Wolf van NITG/TNO en dr. Koen Sabbe van de Universiteit van Gent. Samen met de onderzoeker van Aquasense zijn zij dé diatomeeënexperts in de Lage Landen.

Wat zijn diatomeeën?

Diatomeeën zijn microscopisch kleine algen of kiezelwieren die in grote aantallen in het oppervlaktewater leven. Je vindt ze in de wereldzeeën, maar ook in plassen regenwater in het bos. Ze bewonen een huisje van kiezelzuur. Het huisje bestaat uit twee gelijkvormige schaalhelften waarvan de ene helft als een dekseltje op de andere past. Wereldwijd zijn er naar schatting tienduizend diatomeeënsoorten, waarvan er ongeveer tweeduizend goed zijn beschreven. Je kunt ze herkennen aan hun huisje dat voor elke soort een eigen kenmerkende vorm heeft. Na de dood van de alg zakt het huisje naar de bodem en daar blijft het heel lang herkenbaar. In de bodem van de voormalige Zuiderzee zitten fossiele diatomeeën die kenmerkend zijn voor een brakke binnenzee. Als je die soorten terugvindt in de auto van de verdachte en aantoont dat ze elders niet voorkomen heb je een sterke aanwijzing dat de inzittenden op de plaats delict zijn geweest. Sabbe geeft een paar saillante voorbeelden uit de forensische praktijk die ik verderop kort samenvat. Als dat in de zaak Verbeek net zo eenduidig het geval zou zijn heb je een bewijs. Het zand uit het graf is hetzelfde dekzand dat je overal op de Veluwe vindt, maar het is uitgesloten dat je diatomeeënsoorten uit de bodem van de voormalige Zuiderzee terugvindt op het oude land.

Diatomeeën in het graf

Hoewel zij ook uit de Zuiderzeeperiode stammen zijn de onderste lagen van het graf uiteraard ouder dan de bovenste lagen. In de onderste helft van het bodemprofiel is de diatomee *Opephora krumbeinii* de kenmerkende soort. In alle lagen van het graf komt een andere kensoort voor: *Fragilaria heidinii* die buiten Flevoland zelden als fossiel voorkomt. Het NFI-rapport vermeldt dat ook Opephora krumbeinii buiten Flevoland zelden wordt aangetroffen. Ter controle nam de onderzoeker een monster uit de tuin van Max Spaan waarvan de soortensamenstelling zo sterk afwijkt van die van het graf dat verwisseling uitgesloten is. In de beide voorste vloermatten van de Volvo, op de rode bats in de bosrand en op de bats in de achtertuin van Max vond de onderzoeker een opvallend groot aantal Opephora krumbeinii. De conclusie ligt voor de hand: de inzittenden van de auto hebben op de bodem van het graf gestaan en de bats is gebruikt om het graf te graven. De 'vingerafdruk' van de diatomeeënsoort liegt niet. Wie het ook waren die de diatomeeën in de auto achterlieten, ze waren samen. Justitie aanvaardt wel het bewijs uit het diatomeeënonderzoek dat de Volvo van Max op de plaats delict was, maar niet het tweede deel van de conclusie, dat er dus twee inzittenden waren die allebei op de bodem van het graf hebben gestaan. Integendeel: de rechtbank houdt vol dat Max alleen was. Maar als dat waar zou zijn, waar komen dan die diatomeeën in de rechter vloermat vandaan?

Er zit nog een addertje onder het gras. O.krumbeinii komt uitsluitend in mariene afzettingen voor. Op het oude land is er geen sprake van dat je hem zult vinden. Op dat punt heeft de onderzoeker dus volkomen gelijk. Maar O.krumbeinii komt wél voor aan de kust, niet alleen hier, maar over de hele wereld. Volgens dr. De Wolf is hij pas in de loop van 2002 goed beschreven. Dr. Koen Sabbe schreef me het volgende over O.krumbeinii:

> De soort Opephora krumbeinii is oorspronkelijk beschreven uit de Baltische Zee (Golf van Gdansk), maar komt wereldwijd voor in kustgebieden (van Siberië tot Antarctica). Bovendien is het een moeilijk herkenbare soort die m.i. ook onder andere namen beschreven is (m.a.w. dezelfde diatomee is verschil-

lende keren beschreven onder een andere naam). Volgens mij is Opephora krumbeinii ook elders langs de Noordzeekusten van Nederland aanwezig (ik heb gelijkaardige diatomeeën gezien in de Westerschelde), en het is in ieder geval bekend van de Baltische Zee en de Franse Atlantische kust. Het enige wat je met zekerheid kan stellen over deze soort is dat die indicatief is voor mariene sedimenten (of die nu fossiel zijn zoals op Flevoland dan wel recent zoals wadden en slikken). Dus om nu te zeggen dat de aanwezigheid van deze soort op een persoon zou duiden op het feit dat die persoon enkel op die locatie in Flevoland geweest is lijkt me nogal sterk. Volgens mij kan die dus op eender welke kustlocatie opgepikt zijn.

Dat werpt nieuw licht op het bewijs van justitie. Als O.krumbeinii overal langs de kust voorkomt kun je hem dus ook oppikken bij een strandwandeling. Max en Sandra waren begin 2001 een week op Ameland. Ze hadden de Volvo bij zich, reden elke dag naar het strand en maakten daar een lange wandeling. In augustus bracht Max met zijn vriend Simon H. een midweek in Noordwijk door. Ook toen was de Volvo het dagelijkse vervoermiddel van en naar het strand. Eind augustus maakten Max en Sandra een stevige wandeling langs de voormalige Zuiderzeekust bij Stavoren. Drie kansen om de schelphuisjes van O.krumbeinii op te pikken en in de vloermatten van de auto achter te laten. Waarom staat dat niet in het NFI-rapport? Nu wekt het de suggestie dat O.krumbeinii alleen in Flevoland als fossiele soort voorkomt, terwijl het een levende diatomee is die in alle kustgebieden aangetroffen wordt. Met de huidige kennis van O.krumbeinii is het niet zo vreemd dat De Wolf en Sabbe een ander verhaal vertellen dan de onderzoeker van Aquasense. Toch heeft hij een voortreffelijk onderzoek geleverd. Zo vond hij in de kofferbak een diatomee die niet in Nederland voorkomt, maar wel in het West-Europese middelgebergte, hoogstwaarschijnlijk afkomstig uit de kluit van de kerstboom die Max half december in zijn auto vervoerde. De drie deskundigen hebben over en weer veel respect voor elkaar. Over hun integriteit bestaat niet de geringste twijfel, dus is het verschil van opvatting tussen het NFI-rapport en De Wolf en Sabbe alleen te verklaren door voortschrijdend inzicht. De experts weten nu meer dan in 2002.

Sabbe nuanceert zijn verhaal over het algemeen voorkomen van O.krumbeinii met de opmerking dat de aantallen in fossiele gemeenschappen doorgaans meer geconcentreerd zijn dan in de levende gemeenschappen langs de stranden. Hij geeft twee voorbeelden waarin diatomeeën onomstotelijk bewijs leverden dat de verdachten ook de daders waren.

Het eerste voorbeeld gaat over een bankoverval waarbij de experts sporen van diatomiet in de overvalwagen vonden. Om de kluis op te blazen hadden de bankovervallers het diatomiet als springstof gebruikt: een fossiel materiaal dat puur uit diatomeeën bestaat en miljoenen jaren oud is. Daar komen dus diatomeeënsoorten in voor die niet meer bestaan. Die uitgestorven soorten werden ook in de vloermatten van de overvalwagen gevonden en die soorten kun je niet op een strandwandeling of elders hebben opgepikt.

Het tweede voorbeeld komt uit het *Journal of forensic sciences* van mei 1994. Twee vissende jongens werden door een groep leeftijdgenoten gemolesteerd. Na arrestatie van de drie vermoedelijke daders bleek dat de belangrijkste kensoort van de algen in hun schoenen overeenkwam met die op de plaats delict. Die overeenkomst was zo specifiek dat er geen twijfel bestond over de aanwezigheid van de drie daders op de plaats van het misdrijf.

Nu bekend is dat O.krumbeinii voorkomt op de plaatsen waar Max met Sandra en later in het jaar met zijn vriend

Simon langs de kust heeft gewandeld mag het niet langer als bewijs dienen dat de inzittenden van de Volvo op de bodem van het graf stonden. En zelfs als dat zo zou zijn is het nog geen bewijs dat Max op die avond in de auto zat, want in de schoenen en kleding die hij volgens de rechtbank op de fatale avond droeg is geen spoor van O.krumbeinii, noch van een andere kensoort van de plaats delict terug te vinden. Toch gebruikte de aanklager het diatomeeënonderzoek als bewijs voor Max' aanwezigheid op de plaats delict. Hier blijkt dat het toch een tikje genuanceerder ligt dan het rapport van het NFI suggereert en nu we weten hoe het zit is de aanwezigheid van O.krumbeinii in de vloermatten van Max' auto dus geen bewijs van zijn aanwezigheid op de plaats delict.

Sporen in de berm

De bermgrond bestaat uit vulgrond die uit een gronddepot is aangevoerd en dus een andere samenstelling heeft dan het zand uit het graf. In 1991 is het gedeelte van de Stobbenweg tussen de Drontermeerdijk en de Stobbentocht van een nieuwe slijtlaag voorzien. De grens ligt precies op het hart van de tocht. De grens was goed te zien toen in augustus 2005 het andere deel van de Stobbenweg een nieuwe slijtlaag kreeg. Na het asfalteren ligt het wegdek tien cm hoger dan de berm, zodat de wegbeheerder de berm moet aanvullen. In 1991 kwam de vulgrond uit een gronddepot aan het Olsterpad, even buiten Dronten. Rijkswaterstaat had het depot gevuld met allerlei grondsoorten: zand uit tochten en kanalen, klei van aardappelsorteergrond en zware zavel uit paddenpoelen. De berm van de Stobbenweg is aangevuld met een grondmengsel: zand voor de stevigheid, klei voor de vruchtbaarheid.

Hoe zit het met het bewijs dat de auto in de berm van de Stobbenweg heeft vastgezeten?

De onderzoeker van Aquasense heeft 32 zakjes met bermgrond bemonsterd en de wielkasten van de Volvo onderzocht.
In de linker voorste wielkast vond hij een diatomeeënpopu-
latie die sterke overeenkomst vertoonde met het zandige
monster uit de berm. Kan de auto dat materiaal ook aan het
Noordzeestrand hebben verzameld? In de drie andere wielkasten vond hij geen of zeer zwakke gelijkenis met de bermgrond. Als de auto geheel naast de weg stond is het mogelijk
dat het aangedreven linkervoorwiel doorspinde toen de auto
uit de berm reed, maar het is wel vreemd dat er bij zoveel
geweld geen bermgrond in de andere wielkasten kwam. De
diatomeeën kunnen echter ook aan de Noordzeekust in de
wielkast zijn gekomen. Het NFI-rapport meldt terecht dat het
materiaal in de wielkasten niet alleen van de Stobbenweg
komt. Overal waar de auto door plassen of over onverharde
paden reed kon het materiaal in de wielkasten en op de
kokerbalk achterblijven. De diatomeeënsoorten van de
Stobbenweg die de onderzoeker onder de auto aantrof zijn
dus niet meer dan een component.

Sporen in de auto

Na de diatomeeën die in de vloermatten zijn aangetroffen
zou je nog meer sporen van de dader of daders in de auto verwachten. De Volvo van Max zit vol met sporen van hemzelf
en van Sandra, maar het is natuurlijk van belang wat er te
vinden is aan sporen van derden die betrokken kunnen zijn
bij de heterdaadactie. Het enige dat het NFI vond is een
ongebruikt pakje kauwgom en een geel notitieblokje met
kleefblaadjes, waarvan het bovenste beschreven blaadje was
verdwenen. Het NFI heeft het doorgedrukte handschrift van
het overgebleven papier geanalyseerd en vastgesteld dat het
handschrift niet van Max of van Sandra was. De vraag is: van

wie was het dan wel? Als de detective Hans Vecht en zijn assistent Bruut, zoals Max zegt, achter het stuur hebben gezeten, dan moeten er toch vingerafdrukken van hen zijn gevonden aan het spiegeltje, aan de handel waarmee je de stoel verschuift, aan het dashboard waaraan Vecht het 'bakkie' monteerde, aan de radio, aan de bedieningsknoppen van het licht, kortom aan alle gladde oppervlakken die een bestuurder aanraakt als hij in een onbekende auto een lange rit maakt. Misschien hebben ze geniesd, hun neus gesnoten, gehoest, in hun neus gepeuterd en hun vingers onder de stoel afgeveegd. Alles laat sporen na. Ze hebben met hoofd en nek tegen de hoofdsteun geleund en ook daar moet iets zijn achtergebleven, al is het maar huidvet of een minuscuul haartje. Hans Vecht deed alles met blote handen. Er moeten dus vingerafdrukken van hem te vinden zijn. Weliswaar heeft Max de auto schoongemaakt zoals Bruut hem opgedragen had, maar ik heb gezien hoe grondig het NFI te werk gaat bij zo'n onderzoek aan een voertuig. Het lijkt onwaarschijnlijk dat ze wél het piepkleine bloedspatje op de deurkruk vinden en dat notitieblokje uit de bekleding vissen en alle andere sporen over het hoofd zouden zien. Justitie kan zeggen: volgens het NFI zat er niemand anders in de auto, dus hoeven we alleen naar sporen van Max Spaan te zoeken. Bij een goed sporenonderzoek moeten *alle* sporen boven water komen en pas later blijkt van wie die sporen zijn.

De schoppen

Datzelfde raadsel geldt voor de beide schoppen die als bewijsmateriaal hebben gediend. De schop met de rode steel stond in de bosrand toen het lijk werd gevonden, de andere is later aangetroffen in Max' tuin. Het onderzoek van het NFI leverde geen vingerafdrukken of DNA-sporen op van de gebruiker. De schop in Max' tuin kreeg bijzondere aandacht van justitie omdat het NFI op het blad zandsporen met O.krumbeinii aantrof. We zagen dat dit voorkwam in de onderste lagen van het graf en voorkomt langs mariene stranden, maar het hoort beslist niet thuis in Bennekom. Het vermoeden dat iemand die schop gebruikte om het graf te graven lag dus voor de hand, maar er is geen enkele zekerheid wie het was. Om die vraag te beantwoorden toonde de recherche beide schoppen met een derde en schone schop uit Max' huis aan Hannes G., de man die zijn tuin onderhield. De tuinman zag de drie schoppen eerst op een plaatje en herkende ze niet. De volgende dag zag hij ze in werkelijkheid en toen herkende hij ze opeens alledrie: de rode schop aan de steel die verkeerd om zat, de bats uit de tuin aan de vorm en de roestvlekken en de schop uit het huis aan zijn vorm en de roest op het blad. Toen de herkenningsproef later werd overgedaan bij de rechter-commissaris raakte de tuinman in verwarring en herkende hij geen van de drie schoppen meer, dus ook niet de schop uit het huis. Dat is niet zo vreemd, want volgens zijn vrouw werkte Hannes G. het liefst met zijn eigen gereedschap. De recherche liet de schoppen ook zien aan Max' ex-vrouw Patty D. Zij herkende de schop uit het huis, de beide andere niet. Toch beweert justitie dat Max Ron met de oude bats heeft begraven. Het is inderdaad mogelijk dat die schop voor dat doel is gebruikt, het is alleen geen spoor van bewijs dat Max het heeft gedaan. Iedereen kan 's avonds ongezien in die tuin komen en er een schop neerzetten. Max is bepaald geen tuinier en laat het zware werk graag aan anderen over. Die schop is hem zelfs niet opgevallen. Wie heeft hem dan in Max' tuin gezet? Een van de grafdelvers? Dat kán gebeurd zijn om de verdenking op Max te laden, maar zolang de grafdelvers niet ontdekt zijn kunnen we slechts naar de redenen raden. Het is vreemd dat ze panschoppen hebben gebruikt. Panschoppen of batsen zijn vooral bedoeld voor het verwerken van losse grond, niet om een gat te graven. Een steekschop is het geëigende gereedschap om een gat te spitten in bosgrond waarvan de bovengrond doorvlochten is met boomwortels. Met zo'n scherp geslepen steekschop kun je een duimdikke boomwortel in een ferme haal doorsteken. Volgens de foto's in het dossier gebruikten de drie rechercheurs ook steekschoppen toen ze als proef elk een gat groeven naast de plek van het graf. Over de waarde van die proef kun je zo je twijfels hebben. Hij werd uitgevoerd bij daglicht, door mannen die minstens 20 jaar jonger waren dan Max. De echte grafdelvers hadden het heel wat moeilijker. Ik vermoed dat ze Ron niet op 4 december, maar een of twee dagen later begraven hebben (Max was zijn auto kwijt op 6 december). De aanklagers beweerden dat Ron in het graf was gedumpt, maar daar is geen sprake van. Bij de moord uit 1993 is het slachtoffer in het Revebos wel gedumpt: gedood met een schot in het achterhoofd, in een greppel gesmeten en zo slordig met grond en losse bladeren afgedekt (die letterlijk over hem heen geschopt zijn) dat zijn hand nog boven de grond uitstak. Zo is hij ook ontdekt door een man die in het bos brandhout mocht zagen en bijna over die hand struikelde. Maar bij het begraven van Ron hebben de grafdelvers uiterste zorgvuldigheid betracht. Hij is met piëteit begraven en het was overduidelijk geen haastwerk. Hoewel ze het graf markeerden met afgezaagde takken en dode stammetjes hielden ze tijdens het graven de zwarte bovengrond apart en brachten die als laatste weer terug, wat in het donker een waar kunststuk is. Het is ook niet helemaal gelukt, want we zagen al dat een hoopje geel zand tegen een fijnspar naast het graf bleef liggen.

Bij de rechter-commissaris herinnerde tuinman Hannes G. zich opeens dat de oude bats van Max kapot was.

Het klopt dat er een gescheurde bats was. Ik herinner mij dat die bovenaan bij het ijzer vlak onder de steel scheurde en als het ware is omgeklapt. Spaan heeft toen een nieuwe gekocht. Ik weet niet meer of de steel van die bats kapot is gegaan toen. Ja, ik weet het wel, want die is weer in die nieuwe bats gezet. Dus was die niet kapot. Nee toch niet, nu ik er over nadenk. Die nieuwe bats had een nieuwe steel.

Prof. Wagenaar heeft het gehannes met die schoppen scherp veroordeeld.

De toegankelijkheid van het bos

Max is 1.75 m en weegt 65 kilo, Ron Verbeek was 1.92 m en woog ongeveer 90 kilo. De rechtbank beweert dat Max in zijn eentje Ron het bos heeft ingedragen. Dat leek me al sterk vanaf het allereerste begin toen ik met deze zaak in aanraking kwam en nu ik weet wat de twee hoofdpersonen op die avond wogen lijkt het me buitengewoon onwaarschijnlijk. Zelfs op een vlakke weg, bij daglicht en zonder enig obstakel zal een tengere man als Max een flinke man als Ron al nauwelijks kunnen versjouwen, laat staan honderd meter over moeilijk begaanbaar terrein. Door het forensisch onderzoek ligt er nu een paadje door het bos en om het opgraven te vergemakkelijken zijn een paar sparren rond het graf omgezaagd, maar toen Ron werd begraven stonden alle bomen er nog en lagen alle takken nog op de grond. Bovendien moesten de grafdelvers op hun weg naar de plek van het graf vijf greppels en stevige bomen en struiken passeren waar je in het donker makkelijk tegenaan loopt. Met zijn tweeën is het al heel lastig om een zware man als Ron door het bos vol obstakels te dragen, voor een man alleen is het vrijwel onmogelijk.

Onder grote druk kunnen mensen een prestatie leveren die ver boven hun normale capaciteiten uitgaat, maar bij de gewichtsverhoudingen tussen Max en Ron is zo'n tour de force vrijwel onmogelijk.

De enige manier om de discussie te beslechten is een echte reconstructie waarbij Max of een man van zijn postuur en leeftijd, iemand als Ron in de auto overweldigt en vervolgens uit de auto tilt en vanaf de wegberm door het bos naar de plek van het graf draagt. Voorwaarde is dat beiden geen gevechtservaring hebben. Max is graag bereid aan zo'n onderzoek mee te werken, maar justitie heeft die reconstructie zonder opgave van redenen nagelaten. Bang voor de gevolgen? Wat zou hun verklaring moeten zijn als blijkt dat Max die overweldiging en die tocht met het zware lichaam op zijn nek niet zou volbrengen? Nu kon justitie volstaan met de veronderstelling dat de verdachte het slachtoffer overweldigde en in het bos begroef, zonder uit te leggen hoe dat in zijn werk was gegaan. Is die reconstructie niet uitgevoerd omdat justitie bang was dat Max die proef zou laten mislukken? Die angst lijkt ongegrond, want een sportarts kan vaststellen of de drager opgeeft door onmacht of uitputting, of simuleert.

Het Reve-Abbertbos als homo-ontmoetingsplaats

In het rechercheteam dat justitie op de zaak zette heeft slechts één politieman zich hardop afgevraagd waarom Ron werd begraven in een bos dat een bekende homo-ontmoetingsplaats is. In het begin van de jaren tachtig begon de homoprostitutie in het zuidelijk deel van het Reve-Abbertbos. Daar liggen drie staatskampeerterreinen waarvan de bezoekers geschokt reageerden op de prostitutie en randverschijnselen, zoals auto-inbraak en intimidatie, die zich plotseling in de nabijheid van het ooit zo vredige vakantieverblijf voordeden. Ook de dagrecreanten voelden zich hoogst onveilig in een omgeving waarin zwoel geurende, opdringerige heren elke mannelijke bosbezoeker voor een teder samenzijn in de struiken uitnodigden. 'Staatsbosbeheer, doe er wat aan!' riepen de bezoekers. Dat gebeurde, met alle tact die zo'n aanpak vereist. Het resultaat was dat de homoprostitutie zich naar de noordkant van het bos verplaatste en zich daar zo verankerde dat homo's van heinde en ver er nog steeds hun gerief komen zoeken. Op de oude plek vinden incidentele ontmoetingen plaats. De kavel waar het graf werd gevonden ligt halverwege de nieuwe en de oude homo-ontmoetingsplaats. Hier komen aanhangers van de herenliefde die zich nog niet durven te vertonen op de echte ontmoetingsplaats. Sommigen hangen hier uren rond. Ze parkeren hun auto achter de slagboom en wandelen schijnbaar doelloos over het bospad. Uit de anonieme brieven over de gebeurtenissen rond Rons dood blijkt dat Ron zo'n schuchtere homo was. Iemand die wel wil, maar niet durft en daarom op veilige afstand de kat uit de boom kijkt. Ontmoette hij daar lotgenoten? De enige politieman die zich afvroeg of er een verband was tussen de plek van het graf en de seksuele geaardheid van het slachtoffer vroeg voorzichtig, bijna terloops aan Rons naaste familieleden of ze iets wisten van een mogelijke biseksualiteit, maar de reactie was zo fel afwijzend dat hij het er maar bij gelaten heeft. Toch blijkt uit de anonieme getuigenissen dat die politieman het bij het rechte eind had, maar helaas neemt de rechtbank anonieme getuigenissen niet serieus. Onverstandig, want die brieven geven een helder beeld van de gang van zaken op 4 december. Ze komen bij het hoofdstuk over de toedracht uitvoerig ter sprake. Er is echter nog een getuige die de rechtbank wel serieus neemt: Stella van der W. die de Volvo uit de berm sleepte. Op 4 april 2002 vertelde zij de recherche over de auto die zij en haar man achter de slagboom hadden gezien toen ze van de stal naar huis reden:

Enige tijd geleden hebben mijn man en ik op de Stobbenweg nabij de boswachterij een rode Mazda 323F zien staan. Hij stond op het pad tegenover de boswachterijschuur achter de slagboom. Het viel namelijk op omdat ik het asociaal vond om daar een auto te parkeren. Het was overdag, mogelijk in een weekend. Dat wij die auto daar gezien hebben was nog voor de tijd dat ik op de Stobbenweg die Volvo V40 weggesleept heb. Dit moet voor de opening van de rotonde geweest zijn en zeker voor 4 december 2001.

Wat een kans! Dit was dé gelegenheid om uit te zoeken of Ron al eerder in het bosgedeelte was geweest waar hij later begraven zou worden. Al wat justitie hoefde te doen is bij de ca. 300 eigenaren van de andere rode Mazda's 323F – dezelfde auto als die van Ron – nagaan of ze tijdens een weekend in november 2001 hun auto achter de slagboom op O 66 hebben gezet. Tegelijkertijd had justitie bij de andere bosbezoekers en bij de bosbeheerders na kunnen gaan of ook zij de rode Mazda hebben gezien. Maar noch het een, noch het ander is gebeurd. Justitie heeft deze verklaring van Stella, die de sleutel kon bevatten voor het raadsel van Rons begrafenis, voor kennisgeving aangenomen. Een gemiste kans.

Samenvatting

Het sporenonderzoek op de plaats delict heeft geen enkel daderspoor opgeleverd, hoewel de omstandigheden waaronder de grafdelvers moesten werken zo lastig waren dat het onmogelijk was géén dadersporen na te laten. De enige sporen die de technische recherche ontdekte waren van Ron zelf: een hoofdhaar in zijn linkerhand en de drie riemdelen die een eindje van het graf af lagen. Ook op het lijk is geen enkel spoor ontdekt van degenen die Ron in het bos begraven hebben.

De vondst van Rons jas met zijn mobieltje en sleutelbos op 9 januari 2002 had het onderzoek in een vroeg stadium een heel andere kant op kunnen sturen. De vader van de jonge vinder bracht de spullen de volgende dag naar het politiebureau in Dronten. Als de politie in Dronten alert had gereageerd was Ron niet op 29 maart, maar al op 11 januari 2002 gevonden. Om die blunder, die enorme gevolgen had voor het verloop van het onderzoek, te verdoezelen schreef de verantwoordelijke agent een vals proces-verbaal. De leugen kwam pas in juni 2006 aan het licht toen Paalman en De Roy van Zuydewijn de verklaring opnamen van de vinder en zijn ouders.

Uit het feit dat Rons jas met telefoon en sleutelbos in het tochttalud lag, een schop waarmee het graf is gedolven in de bosrand stond en Rons broekriem, die waarschijnlijk bij het transport van zijn lichaam is gebruikt, in drie stukken vlak bij het graf lag, blijkt dat het begraven niet het werk was van iemand die zorgvuldig de sporen van zijn misdaad verbergt, maar een ongeorganiseerde, door paniek ingegeven actie van een groepje dat zich met de situatie nauwelijks raad wist.

Het graf was duidelijk gemarkeerd. Dat wijst erop dat de grafdelvers niet wilden dat Ron definitief zou verdwijnen.

De getuige die op de avond van Rons dood op de plaats delict een man in een donkere Volvo V40 stationwagen hielp om zijn auto weer vlot te trekken geeft een signalement waarop Max totaal niet lijkt. Desondanks heeft justitie de 10% gelijkenis misbruikt als bewijs dat hij de man was die de getuige op die avond heeft gezien. Tien procent gelijkenis zegt niets over de identiteit van de gezochte. Een tweede keus is verboden, volgens de eigen regels van justitie. De Hoge Raad had de lagere gerechtshoven erop moeten wijzen dat die gelijkenis onwettig verkregen bewijs is dat direct uit het vonnis moet verdwijnen.

De diatomeeënsoort in de vloermatten van Max' Volvo komt ook als fossiel in het graf voor. In 2002 gold hij als specifiek voor de polderbodem. Justitie gebruikte die biologische vingerafdruk als bewijs dat Max in het graf heeft gestaan, maar nu blijkt dat deze diatomee wereldwijd langs mariene stranden voorkomt. De aanwezigheid in de vloermatten toont wel aan dat een gebruiker van die auto met deze diatomee in aanraking kwam, maar niet waar dat gebeurde. Dat kan gebeurd zijn bij het graf, maar ook tijdens een strandwandeling.

Aan de panschop die in Max' tuin stond zat dezelfde diatomeeënsoort. Justitie beweert dat hij die schop gebruikte om Ron te begraven, maar daarvoor ontbreekt elk bewijs. Max kent die schop niet. Er zijn geen vingerafdrukken op de steel die aantonen dat hij die schop in handen had. De tuin is via een pad tussen de huizen bereikbaar. Het is eenvoudig daar in het donker ongezien een schop neer te zetten.

Justitie geeft geen antwoord op de vraag waarom Ron op een bekende homo-ontmoetingsplaats is begraven. Dezelfde getuige die de Volvo uit de berm van de Stobbenweg trok zag in november een rode Mazda 323F op de plaats delict achter de slagboom staan. Als dit de auto van Ron was zou dat verklaren waarom hij op die plek is begraven, maar justitie heeft verzuimd of geweigerd om dit uit te zoeken.

De enige reconstructie die justitie heeft uitgevoerd was een simpele proef om na te gaan hoelang het duurt om in dezelfde greppel waarin Ron is gevonden een graf te graven en weer dicht te gooien. De proef werd uitgevoerd bij daglicht, met afwijkend gereedschap en door proefpersonen die minstens twintig jaar jonger waren dan Max. Zij werkten onder veel gunstiger omstandigheden dan de echte grafdelvers en ze hebben geen pop van 1.90 m lengte en ruim negentig kilo begraven, maar simpel een gat gegraven en weer dichtgegooid. Die proef zegt dus niets over de toedracht.

*Mensen leiden hun ware, meest fascinerende leven
in het geheim.*

William Boyd, 'Rusteloos'

De doodsoorzaak

De kernvraag in deze strafzaak is: stierf Ron Verbeek een natuurlijke of een onnatuurlijke dood? In het eerste geval bestaat het misdrijf uit het verbergen van een lijk, waarop ten hoogste twee jaar gevangenisstraf staat. In het andere geval is er sprake van moord én verbergen van het lijk, een combinatie waarvoor de aanklager levenslang kan eisen.

Justitie beweert dat Max Spaan Ron op een geraffineerde manier in de val heeft gelokt en vermoord. Gezien de manier waarop Ron verdween en vier maanden later werd teruggevonden ligt de veronderstelling dat hij werd vermoord inderdaad voor de hand. Max houdt vol dat hij er niets mee te maken heeft en drie anonieme getuigen, waarvan twee ooggetuigen van Rons dood, bevestigen zijn onschuld. Wie heeft gelijk? Er zijn vele manieren om dat vast te stellen. De ene is beter dan de andere, maar de meest objectieve en voor alle partijen dus beste methode is een uitvoerig onderzoek door een forensisch patholoog-anatoom. In Nederland gebeurt zo'n onderzoek bij het Nederlands Forensisch Instituut.[19]

Is het mogelijk de doodsoorzaak vast te stellen van iemand die bijna vier maanden dood en begraven is? Ja, zegt het NFI: onze forensisch pathologen-anatoom kunnen zelfs van lijken in vergevorderde staat van ontbinding met redelijke zekerheid de doodsoorzaak vaststellen, althans als het een gewelddadige dood betreft. Bij een natuurlijke dood wordt het lastiger. Een longembolie, een hersenbloeding of een hartinfarct laten bij verse lijken al minder goed herleidbare sporen achter, laat staan bij lichamen in gevorderde staat van ontbinding. Bij het vermoeden van een misdrijf kan elk spoortje, hoe gering ook, van betekenis zijn. Het is dus van belang dat de forensisch patholoog er bij is als het lijk wordt gevonden. De eerste indruk kan al veel onthullen, onder meer over de doodsstrijd, maar de patholoog-anatoom van het NFI, dr. V., kwam pas in actie toen het lijk op 29 maart 2002 in Rijswijk was afgeleverd.

De opgraving is dus zonder patholoog gebeurd. De mannen van de technische recherche groeven ruim om het lijk heen om beschadiging aan het lichaam te voorkomen. Begrijpelijk, maar daarmee verdwenen ook de voetafdrukken en mogelijke andere sporen die de oorspronkelijke grafdelvers bij het graf achterlieten.

De foto's van de opgraving tonen een gat van twee bij één meter en een kleine meter diep. Ron ligt op zijn rechterzij, languit gestrekt. Naast hem liggen een nylon koord en een stuk van zijn broekriem. (De rest van die riem lag in drie stukken een eindje verderop in het bos.) De fotokopieën in het politiedossier zijn niet scherp, maar ze geven toch een goed beeld van het net blootgelegde lichaam. Ik schreef al eerder dat Ron met zorg was begraven. De grafdelvers hebben een arm over zijn hoofd gelegd, wat de indruk wekt dat ze wilden voorkomen dat de teruggestorte aarde op zijn gezicht zou vallen. Alle overhemdknoopjes waren dicht, zijn das zat recht en zijn voeten waren zorgvuldig gekruist. Op het eerste gezicht was er geen spoor van geweld. Geen schot- of steekwonden, geen schedelbreuk, geen worgstriemen, geen gebroken nek of andere uiterlijke kenmerken van een gewelddadige dood. Nog iets vreemds: na vier maanden onder de grond zou het lijk in vergevorderde staat van ontbinding moeten zijn, nauwelijks meer als mens te herkennen, maar Ron zag er opmerkelijk goed uit. Dr. V. stelt het vast, maar geeft er geen verklaring voor. De klinisch patholoog-anatoom van het Arnhemse Rijnstate-ziekenhuis, dr. Van de M., die verder in dit hoofdstuk aan het woord komt, vertelde me dat de omgevingstemperatuur de belangrijkste factor is voor de snelheid van de ontbinding. Het verklaart de goede toestand van het lijk, want in de eerste vijf weken, waarin de temperatuur zelden boven het vriespunt kwam, lag Ron in een goed functionerende koelcel.

Op de eerste foto's van de sectie ligt Ron gekleed op zijn rug op de tafel met zijn armen achter zijn hoofd. Zijn ogen zijn open.[20] De pupil van het rechteroog schuilt achter het bovenste ooglid, maar het linkeroog staart in de lens. De mond staat half open en onthult een stevig, gaaf gebit. De detailfoto's van het gelaat bieden geen prettige aanblik, maar het is onmiskenbaar Ron Verbeek. Voor de zekerheid doet het NFI nog vergelijkend DNA-onderzoek en stelt vast dat het DNA van het lijk overeenkomt met dat op de tandenborstel in Rons flat. De beelden van de inwendige sectie zijn gruwelijk, zoals alle foto's van een lijk op de snijtafel, maar hoe gruwelijk ook: nergens blijkt een spoor van geweld. Dr. V. legt zijn bevindingen in een uitvoerig rapport vast en besluit met de conclusie:

Er waren geen ziekelijke of door inwerking van uitwendig mechanisch geweld opgeleverde orgaanafwijkingen die het intreden van de dood kunnen verklaren.

Het lichaam verkeerde in een staat van gevorderde ontbinding; hierdoor waren eventueel aanwezige geringe afwijkingen of letsels mogelijk niet meer waarneembaar. Voorafgaande aan de sectie werd het lichaam met een röntgenapparaat gescand: hierbij werden geen voor metaal (bijvoorbeeld kogels) verdachte schaduwen gezien.

Er is bij sectie geen anatomische doodsoorzaak gebleken. Het is niet uitgesloten dat verstikking, door een of andere vorm van ademhalingsbelemmering het intreden van de dood heeft veroorzaakt. Alhoewel hiervoor geen specifieke positieve kenmerken aanwezig waren kunnen de sectiebevindingen hier toch wel bij passen.

Die laatste zin vraagt om nader onderzoek, want in het gedetailleerde sectieverslag en in het aanvullend onderzoek blijkt niets van verstikking. Integendeel: alle bevindingen wijzen op een natuurlijke dood. Dat was ook de dringende vraag van het OM, want bij deze conclusie zou het lastig zijn om de beschuldiging van moord te handhaven. Hoewel beïnvloeding van het NFI verboden is heeft de officier van justitie met de patholoog gebabbeld. Bij het getuigenverhoor voor het gerechtshof geeft dr. V. na een vraag van de advocaat dat ook toe, maar het gaat niet van harte.

> U vraagt mij of er veelvuldig contact is geweest tussen de officier van justitie en mij. Het kan zijn dat ik gebeld ben. Er is wel een expertmeeting geweest. Dat is een situatie waarbij op een bepaald moment in het onderzoek, als het complex verloopt, alle experts bij elkaar komen en op wetenschappelijke manier proberen om meer informatie te krijgen of om op ideeën te komen voor nader onderzoek.

Het is niet duidelijk of de patholoog zich door dat overleg liet beïnvloeden en daarom zijn aandacht bij het vervolgonderzoek vooral richtte op verstikking, of dat het zijn persoonlijke overtuiging was dat de kans dat een zevenendertigjarige man aan een plotselinge hartdood sterft verwaarloosbaar klein is. Hoe dan ook, hij liet de kans op een natuurlijke dood open en zei er voor het gerechtshof het volgende over:

> Een andere oorzaak van overlijden kan een ziekelijke oorzaak zijn. Dat is bij sectie niet vastgesteld. Op die

leeftijd komt het meest in aanmerking als oorzaak van overlijden bijvoorbeeld een longembolie, een hersenbloeding of een hartziekte. De mate van ontbinding van het lichaam was niet dusdanig ernstig dat we dat niet hadden kunnen vaststellen. Er was geen aanwijzing om een ziekelijke hartafwijking als doodsoorzaak vast te stellen[21], er was geen longembolie, er was geen hersenbloeding of een hersenvliesbloeding. Als dat er was had het vastgesteld kunnen worden. Er had nog een andere ziekelijke afwijking kunnen zijn, daarvoor heb ik informatie gevraagd bij de huisarts. Hij heeft zich willen beroepen op zijn medisch beroepsgeheim. Ik heb daardoor geen inzage gehad in het dossier. Wel meldde de dokter dat er geen sprake was van ziekten waaraan Verbeek zou kunnen overlijden.

Voor het aanvullend onderzoek gaf dr.V. zichzelf en zijn NFI-collega's de volgende taken:
- Microscopisch onderzoek op het weefsel van strottenhoofd waarin de bruinkleurige vlekjes mogelijk wijzen op verstikking.
- Microscopisch onderzoek aan het strottenhoofd. De abnormale beweeglijkheid van een pseudo-gewricht kon wijzen op verwurging.
- Eventuele aanvullingen op de mogelijkheid van ademhalingsbelemmering.
- Kan een aanvullende verklaring naar aanleiding van de sectiebevindingen worden gegeven over de mogelijkheid van levend begraven zijn?
- Kan een nadere verklaring worden gegeven over het niet aantreffen van sporen die wijzen op het geboeid zijn geweest van de polsen, c.q. nek en hals?
- Onderzoek naar de aanwezigheid van zand aan de

schoenen vergeleken met zandmonsters uit verschillende lagen van het graf.
* Medisch dossier bekijken of er in de medische historie iets voorkomt dat wijst op een mogelijke natuurlijke dood.

De bruinkleurige vlekjes

De kenmerkende postmortale verschijnselen van elke vorm van verstikking zijn petechiae: kleine puntbloedinkjes rond de oogleden, op de huid van het gezicht en in de mondholte. Ze zijn duidelijker naarmate het slachtoffer zich meer heeft verzet. Als dat niet gebeurt, bijvoorbeeld omdat er een groot krachtsverschil is tussen moordenaar en slachtoffer (kind of bejaarde) dan is het lastiger vast te stellen, vooral als de moord met een kussen of een ander zacht voorwerp gebeurde, of als het slachtoffer stierf door een plastic zak om het hoofd. Toch laten ook subtielere moordmethoden de kenmerkende puntbloedinkjes achter die bij een vers lijk onmiskenbaar wijzen op verstikking. Als je de zuurstoftoevoer naar de hersenen afknijpt is de ravage van buiten nauwelijks te zien, maar van binnen is niet alleen de machine gestopt, maar volledig geruïneerd, zoals de Engelse fysioloog J.B.S. Haldane al in 1930 vaststelde. Hartstilstand is soms nog te herstellen als je er razendsnel bij bent, maar zuurstoftekort in de hersenen is altijd fataal. Extreme druk op de luchtpijp sluit de bloedtoevoer naar de hersenen onmiddellijk af. Soms geeft die druk een impuls aan de tiende hersenzenuw, waardoor de bloeddruk zo abrupt stijgt dat het hart een signaal krijgt het kloppen te staken.

Hoe vind je dat terug in een lijk? Je kunt iemand met blote handen of met een hulpmiddel wurgen, bijvoorbeeld een koord, een nylonkous of een ijzeren band zoals de Spanjaarden met hun gruwelijke garotte.²² In alle gevallen blijven er striemen op de hals en puntbloedinkjes in de mond achter, vooral rond de huig. Die puntbloedinkjes in de mond en op het gezicht blijven lang zichtbaar. Het is dus voorstelbaar dat dr. V. de bruinkleurige vlekjes op het strottenhoofd nader wilde onderzoeken om te zien of het inderdaad ook petechiae waren.

Het gewrichtje in het strottenhoofd

Er is nog een postmortaal kenmerk van verwurging: de moordenaar oefent zo'n kracht uit op de hals van het slachtoffer dat een of meer gewrichtjes in het strottenhoofd breken. Dr. V. ontdekte dat een van die gewrichtjes een abnormale beweeglijkheid vertoonde. Dat liet hij dus nader onderzoeken. De radioloog van het NFI bekeek het gewrichtje van alle kanten met röntgenfoto's en stelt vast dat zijn foto's geen aanwijzing geven van een fractuur. Ook de hoornvormige gewrichtjes die later in het lab zijn geprepareerd vertonen geen breuk. De extra beweeglijkheid van de gewrichtjes verklaren de onderzoekers uit een aangeboren, zeldzame afwijking die geen invloed had op het functioneren van het strottenhoofd. Het is tijdens Rons leven dan ook niet ontdekt.

Andere kenmerken van adembelemmering

Over het onderzoek naar mogelijke andere kenmerken van verstikking zegt dr. V. in zijn getuigenverklaring voor het gerechtshof iets anders dan hij schrijft in zijn sectierapport, waarin hij met nadruk meldt dat hij geen enkele aanwijzing vindt die op verstikking wijst, in welke vorm dan ook. Voor het gerechtshof verklaart hij op 7 november 2003:

Er waren geen bloeduitstortinkjes in het bindvlies van de ogen. Daar wordt in iedere zaak volgens protocol naar gekeken. Dat betekent dat er in het hoofdgebied een toegenomen, enige tijd volgehouden forse bloeddruk is. In de forensische praktijk is dat meestal het geval bij een toestand wanneer er meer bloed in het hoofd komt dan er afgevoerd wordt naar het hart. Dat zie je vaak bij omsnoerend geweld aan de hals, waardoor de bloedafvoer naar het hart belemmerd wordt. Dan krijg je per saldo een drukverhoging in het hoofd en het gevolg daarvan is dat je bloeduitstortinkjes kunt zien. Als je het hebt over de toegenomen bloeddruk in het hoofdgebied dan is dat de enige plek waar je het ziet. Een tekort aan zuurstof, dus verstikking, kan volgens het tekstboek van de forensische pathologie ook op de vliezen worden aangetroffen bij het hart en de longen maar ook in het slijmvlies van de nierbekkens. Het is karakteristiek maar niet specifiek. Als je dat aantreft geeft dat steun aan een bepaalde veronderstelling maar je mag dan niet zeggen dat het dan dus verstikking is. Als er niks wordt aangetroffen was het er niet of is het in het kader van postmortale veranderingen niet meer op te merken.

Levend begraven

Als Ron levend was begraven dan had dr. V. zand in de bovenste luchtwegen, in de slokdarm en waarschijnlijk zelfs in de longen en in de maag gevonden, zoals bleek bij kinderen die bij hun spel onder het zand bedolven werden. Dat gebeurt ook als het slachtoffer bewusteloos is, want hij/zij blijft ademen en slikken, maar dr.V. is voor het gerechtshof uiterst voorzichtig:

In theorie is het denkbaar dat iemand die levend wordt begraven zand of aarde inademt. Maar ik denk niet dat je kunt uitsluiten dat als je niets aantreft iemand dan dus niet levend begraven is. Het hangt ook af van de aard van de grond, ik kan mij voorstellen als deze heel fijn en droog is, dat het wel ingeademd wordt. Voorwaarde is wel dat iemand dusdanig krachtige ademhalingsbewegingen maakt dat hij het ook inademt. Maar als het een compacte grondsoort is, weet ik het niet.

Volgens het aanvullend vonnis gaat justitie er gemakshalve van uit dat het klei was – want half Nederland denkt dat de IJsselmeerpolders uit klei bestaan – maar we zagen al in het vorige hoofdstuk dat Ron in zandgrond is begraven. Uit het feit dat er geen korrel zand in zijn bovenste luchtwegen is aangetroffen mogen we vaststellen dat hij dood was toen hij werd begraven. Ook de officier van justitie had die conclusie kunnen trekken, maar hij deed het omgekeerde: hij nam de veronderstelling dat Ron levend was begraven als uitgangspunt voor zijn eis van levenslang. Hij nam eerst de familie apart om het effect van zijn vondst te toetsen. Toen de nabestaanden met krijtwitte gezichten weer op hun plaats zaten zei Leonard met luide stem dat Max het slachtoffer levend had begraven. Er ging een zucht van afgrijzen door de zaal. Op dat moment verdween het laatste sprankje krediet voor de verdachte radicaal: een staaltje demagogie dat in een rechtszaal niet thuishoort.

Boeien

Hoe duivels het plan van de moordenaar ook mocht zijn geweest: het is ondenkbaar dat Ron zich zonder verzet liet overmeesteren en levend begraven. Hij was groot en sterk en zou met alle macht voor zijn leven vechten. Na dat gevecht op leven en dood zou de moordenaar hem moeten vastbinden en in het laatste verzet voor Ron de geest gaf moeten die boeien op knappen hebben gestaan. Zoiets laat zichtbare sporen na op het lijk, ook vier maanden later, maar er is niets gevonden, geen afdrukken van boeien aan polsen en enkels, noch andere sporen die het gevecht met zijn moordenaar moet hebben nagelaten. De enige zichtbare striem zit om Rons middel en dat kan ook verklaren waarom de riem is gebroken, want een van de mensen die hem naar zijn graf droegen heeft hem vermoedelijk aan zijn broekriem opgetild. Het is wel vreemd dat die in drie stukken is gebroken, maar ook die riem toont geen spoor van een gevecht. Dat heeft dus niet plaatsgevonden. Het ziet er naar uit dat Ron stierf zonder dat er geweld aan te pas kwam en hij al dood was toen hij werd begraven.

De reconstructie

Uit het feit dat Rons schoenen geen sleepsporen vertoonden leidt dr. V. af dat hij naar het graf is gedragen, niet gesleept. Een tour de force die een man alleen in het donker en door onbekend terrein vol obstakels niet kan volbrengen. Een reconstructie hoe iemand van Max' postuur iemand van Rons postuur in het donker door dat terrein sjouwt had veel kunnen vertellen over de toedracht, maar justitie beperkte de reconstructie tot een proef hoe snel drie rechercheurs bij vol daglicht in dezelfde greppel elk een graf konden graven. Ze gebruiken niet de rode bats uit de bosrand en de panschop die in Max' tuin is gevonden, maar scherpe, nieuwe steekschoppen. Op de foto's is te zien dat ze allemaal hun schop verkeerd vasthouden en daaraan zie je dat het geen buitenmensen zijn, maar de omstandigheden waren zoveel beter dan toen Ron werd begraven dat elke vergelijking mank gaat. Toch nam justitie de resultaten als bewijs van Max' schuld.

Het medisch dossier

Dr.V. laat de mogelijkheid van een natuurlijke dood open. Hij kan ook niet anders, want al zijn bevindingen wijzen in die richting, maar het gaat niet van harte. In een gesprek met de officier van justitie zei hij: 'de kans dat u of ik dood neervallen is uiterst klein'. In zijn optiek komt het bij jonge mensen zo weinig voor dat het alleen aannemelijk is als er in de voorgeschiedenis duidelijke aanwijzingen zijn voor zo'n plotselinge dood. Later in dit hoofdstuk blijkt wat Rons huisarts daarover schreef.

Gif

Iemand die kennelijk is vermoord, maar wiens lijk geen uiterlijke sporen van geweld vertoont kan vergiftigd zijn, of verdoofd waarna de moordenaar hem door subtiele verstikking om het leven bracht. Dat onderzoek naar vergiftiging is een specialisme van de toxicoloog waarvoor dr. V. delen van het lijk had gereserveerd: neusuitstrijkjes voor onderzoek op pollen, uitstrijkjes van penis, mondholte en anus voor eventueel onderzoek op aanwezigheid van sperma en nagels. Bij dit vervolgonderzoek ging het in volgorde van belangrijkheid om:
- aanvullend toxicologisch onderzoek;
- CO-gehalte in bloed en mogelijk in weefsels;
- cathecholamines[23] in nierbekkenweefsel, voor zover dit mogelijk is;
- mogelijk onderzoek naar andere vluchtige en/of bedwelmende stoffen.

Over de resultaten schreef dr. V. een brief aan Leonard om diens prangende vragen te beantwoorden. De kernvraag was natuurlijk: zijn er aanwijzingen voor moord? Een dode man in een graf, een ontkennende verdachte met een bizar verhaal en een vrouw die door dader en slachtoffer werd begeerd: dat kan toch niet anders dan moord zijn? Hoe je die brief van dr. V. ook leest: er zijn geen aanwijzingen dat Ron Verbeek door verstikking om het leven kwam. Het kan dus geen moord zijn, maar dr. V. houdt een slag om de arm en herhaalt in de rechtszaal wat hij in deze brief aan de officier van justitie vermeldt.

Vraag 1
U schrijft dat het niet is uitgesloten dat verstikking door een of andere vorm van ademhalingsbelemmering het intreden van de dood heeft veroorzaakt. Hoewel hiervoor geen specifieke positieve kenmerken aanwezig waren kunnen de sectiebevindingen daar toch bij passen. Welke sectiebevindingen bedoelt u?

Antwoord
Er waren geen positieve kenmerken voor verstikking. Met andere woorden: op grond van de sectiebevindingen is dit niet de oorzaak van het overlijden. Positieve bevindingen die op verstikking wijzen zijn betrekkelijk discreet. Zij kunnen goed door postmortale bevindingen worden gedomineerd en daarmee niet meer positief aantoonbaar zijn. Dat zijn bijvoorbeeld bloedstuwing in het hoofd-halsgebied, stipvormige bloedinkjes in de bindvliezen van de ogen en tapvormige bloedinkjes in het slijmvlies van de nierbekkens en in de bedekkende vliezen van het hart. Deze waren bij sectie op het lichaam dus niet zichtbaar, maar kunnen eventueel wel aanwezig geweest

zijn, maar overschaduwd door de postmortale bevindingen. Er is geen duidelijke andere doodsoorzaak gebleken. Uit de brief van de huisarts blijkt dat bij zijn weten de patiënt geen ziekelijke afwijking van betekenis had en bij hem geen aanwijzing in de voorgeschiedenis was als reden om aan te nemen dat een hoger risico op overlijden zou bestaan.

Het lichaam was in staat van gevorderde ontbinding. Er bleek geen anatomische doodsoorzaak, dus geen geweldsinwerking van betekenis. Als uit andere bron zou blijken dat de heer Verbeek door verstikking om het leven was gekomen dan zijn er bij sectie geen aanwijzingen naar voren gekomen die daarmee in tegenspraak zijn (geen andere anatomische doodsoorzaak, geen toxicologische doodsoorzaak, bij de huisarts geen ziekelijke afwijkingen van betekenis bekend).

Vraag 2

Tijdens het onderzoek is bloed van het slachtoffer in de auto van de verdachte aangetroffen. Bij de schouwing is geen uiterlijk geweld op het lichaam gebleken. Door welke mogelijke oorzaak of oorzaken heeft het slachtoffer bloed verloren?

Antwoord

Bij uitwendige inspectie zijn geen duidelijke primordiaal opgeleverde letsels aangetroffen. Er waren enkele huiddefecten waarvan vorm en aspect overeenkwamen met postmortale veranderingen. Ook hierbij is door de postmortale veranderingen geen zekerheid verkregen over de aanwezigheid van kleine letsels. Als er grote karakteristieke letsels waren geweest, zoals steekletsels, dan hadden deze, ondanks de postmortale veranderingen wél vastgesteld kunnen worden. U hebt bloed van de heer Verbeek in de auto van de verdachte gevonden. Dit kan bloed zijn geweest, maar ook bloederig vocht of bloederig slijm. Het is niet per se noodzakelijk dat bloed uit een huidwond vrijkomt, maar het kan ook bloederig vocht of slijm zijn dat uit een natuurlijke lichaamsopening zoals mond, neus, oor en/of anus komt. In geval van bijvoorbeeld verstikking zou als gevolg van de toenemende bloeddruk in het hoofd-gebied diffuus bloed of bloederig vocht uit de neus kunnen vrijkomen.

Vraag 3

In het schouwverslag staat: er was op circa 1 cm afstand van het uiteinde van de linker grote hoorn een beweeglijkheid. Bij het openen van het vlies was er een onderbreking van de continuïteit (pseudo-gewricht of breuk). Het slijmvlies was donkerbruin, glanzend en bij zorgvuldige inspectie werd er een aanduiding gezien van enkele donkerbruine vlekjes. Wat bedoelt u met een beweeglijkheid?

Antwoord

Aan het strottenhoofd bevindt zich een linker en rech-ter 'grote hoorn'. Dit is een benige of kraakbenige structuur van circa 2 cm lang en enkele millimeters in doorsnede. Bij druk van buitenaf (zoals bij verwur-ging), kan breuk van deze grote hoorn optreden. Een breuk kenmerkt zich o.a. door abnormale beweeglijk-heid. In het geval van de heer Verbeek was er spra-ke van abnormale beweeglijkheid. Dat hoeft echter niet altijd op een breuk te berusten, maar komt ook voor als de grote hoorn een anatomisch pseudo-gewricht bevat (een aangeboren variant). Bij de gevorderde ontbinding was het niet mogelijk met enige zekerheid hiertussen onderscheid te maken. Inmiddels is er goede samenwerking met een radioloog. Het strottenhoofd is door deze medisch specialist röntgenologisch onderzocht. Uit dit onderzoek blijkt dat een gewrichtje herkenbaar is hetgeen de beweeglijkheid verklaart. Het blijkt dus een aangeboren variant en geen breuk te zijn.

Vraag 4
Wat betekent de aanduiding van enkele donkerbruine vlekjes?

Antwoord
Hiermee wordt bedoeld: het slijmvlies was donkerbruin en glanzend en bij zorgvuldige inspectie werd er een aanduiding gezien van enkele donkerbruine vlekjes. Hierbij was het onderzoek gericht op de eventuele aanwezigheid van slijmvliesbloedingen, zoals bij samendrukkend geweld op de hals gezien kan worden. Bij inspectie bleken enkele donkerbruine vlekjes. Ook hier moet bij de interpretatie rekening worden gehouden met postmortale veranderingen. Daartoe werden het slijmvlies en de donkerbruine vlekjes later microscopisch onderzocht. Er werden deposities gezien van vermoedelijk schimmel (een postmortaal fenomeen) maar geen aanwijzingen voor bloedinkjes.

Je zou zeggen: deze brief toont glashelder aan dat Ron Verbeek niet door geweld het leven liet. Toch zit er een addertje onder het gras. In het antwoord op de eerste vraag schrijft dr.V. wat hij later in de rechtszaal herhaalt: *Het is niet in tegenspraak met mijn bevindingen als uit ander onderzoek blijkt dat de heer Verbeek door verstikking om het leven kwam.* Hij vertelt niet waaruit dat andere onderzoek moet bestaan. Dat is ook lastig, want alleen een andere forensisch patholoog kan zijn bevindingen onderschrijven, aanvullen of met gezag onderuithalen. Bij gebrek aan die andere patholoog moeten we het onderzoek van dr.V. en zijn collega's van het NFI die het aanvullende onderzoek hebben verricht dus als het enige daadwerkelijke onderzoek accepteren. Aan het slot van het antwoord op die vraag herhaalt dr.V. nog eens dat hij geen andere anatomische doodsoorzaak heeft gevonden, dat de toxicoloog geen toxicologische doodsoorzaak vond en dat de radioloog met zijn röntgenfoto's geen anatomische kenmerken van verwurging ontdekte. Toch durft dr.V. niet met absolute zekerheid een natuurlijke dood als de enige overgebleven mogelijkheid te noemen. Hij beroept zich daarbij ook op de huisarts bij wie geen ziekelijke afwijkingen van betekenis bekend waren. Aanklager Leonard legt dit laatste zinnetje uit als een bewijs dat het wel verstikking geweest móét zijn, omdat alle andere mogelijkheden zijn uitgesloten. Maar als je het sectieverslag goed leest blijkt dat verstikking uitgesloten is, zelfs in de meest subtiele vorm. Alle postmortale kenmerken die eventueel kunnen wijzen op een fatale ademfbelemmering hebben een andere oorzaak. De bruine vlekjes in het slijmvlies van de mond zijn geen puntbloedinkjes na verstikking, maar deposities door een schimmel als gevolg van het rottingsproces. De abnormale beweeglijkheid van het pseudo-gewrichtje in het strottenhoofd die inderdaad een sterke aanwijzing zou kunnen zijn van verwurging blijkt een zeldzame aangeboren variant te zijn. Daarom is het buitengewoon jammer dat dr.V. niet duidelijker was in zijn uitspraak. Als hij had gezegd: *Na grondig onderzoek met hulp van de toxicoloog en radioloog heb ik geen enkele aanwijzing gevonden van een gewelddadige dood,* dan had hij precies gezegd wat er uit zijn onderzoek en dat van zijn NFI-collega's naar voren kwam. Als Ron levend was begraven, zoals Leonard in de rechtszaal beweerde, dan hád het NFI zand in de luchtwegen, slokdarm en maag aangetroffen, maar er is geen korrel zand in het lijk gevonden. Het graf lag in matig fijn, lutumarm (kleiarm) zand. Als je dat terugstort op een levend mens dan krijgt hij zand binnen, ook als hij bewusteloos en vastgebonden is, maar er is geen spoor van knellende boeien gevonden en ook van bedwelming is niets gebleken.

Advocaat Van Aarden vroeg nadere uitleg aan dr.V. en ook hij kreeg, weliswaar twee jaar later, op 28 juli 2004, schriftelijk antwoord.

Vragen:
1. Hoe vaak komt het bij uw onderzoeken naar de doodsoorzaak voor dat u geen passende verklaring voor het overlijden vindt? Ik doel op de situatie dat er geen aanwijzingen (bewijs) worden gevonden en niet op de situatie, zoals in deze, dat door uitsluiting een niet uitgesloten doodsoorzaak voor mogelijk wordt gehouden;
2. Welke mogelijke doodsoorzaken – natuurlijke en onnatuurlijke – zijn niet of nauwelijks bij obductie aan te tonen?

Antwoord op vraag 1:
Bij de sectie wordt gedetailleerd geïnspecteerd en ook worden er monsters verzameld voor verder en gedelegeerd onderzoek, bijvoorbeeld voor microscopisch en toxicologisch onderzoek. Waarneming en interpretatie worden minder goed mogelijk als er sprake is van vorderende postmortale veranderingen. Het kan zijn dat er – bij een bepaalde situatie – geringe letsels waren ter plaatse van de halshuid met

onderhuidse bloeduitstortingen, zoals gezien wordt bij wurghandelingen. Bij een lijk in staat van ontbinding zijn er dusdanige postmortale veranderingen bijgekomen dat het goed mogelijk is dat de aanvankelijk aanwezige letsels niet meer waarneembaar zijn. In een dergelijke situatie kan ik op grond van de sectiebevindingen geen positieve uitspraak doen over de doodsoorzaak. Wel kan ik een suggestie doen over de doodsoorzaak of doodsoorzaken, waarbij u rekening moet houden met het feit dat dit niet bewezen is op grond van de sectiebevindingen. In dat geval is deze doodsoorzaak verenigbaar met (doch niet bewijzend) de sectiebevindingen, maar moet een bewijs uit andere bron komen, bijvoorbeeld de verklaring van getuigen of verdachte dader. Hoeveel onderzoekingen er zijn per jaar zonder passende verklaringen kan ik niet exact aangeven, maar ik schat dat dit omstreeks 5% is. In buitenlandse laboratoria voor gerechtelijke pathologie is het ongeveer dezelfde orde van grootte.

Antwoord op vraag 2:
Ik neem aan dat onder het begrip 'obductie' ook verstaan wordt 'in combinatie met verder of gedelegeerd onderzoek'. Verder is van belang hoe de conditie van het lijk is (zie hierboven). Ik kan u geen complete lijst geven met doodsoorzaken die bij obductie, zeker in geval van gevorderde ontbinding, niet vastgesteld kunnen worden, omdat dit sterk afhangt van de mate van beoordeelbaarheid. Bij dergelijke secties is het vooral van belang oorzaken uit te sluiten. Als voorbeeld: enige tijd geleden kregen wij voor onderzoek een vrijwel totaal geskeletteerd lijk. Weke delen waren grotendeels weg, met uitzondering van vorme-

loze weefsels rond de wervelkolom. Deze situatie bepaalde/beperkte dus grotendeels de mogelijkheid om een doodsoorzaak te vinden. In de schamele weefsels bevond zich nog een deel van de lichaamsslagader ('aorta'). Hierin bevonden zich enkele scherprandige overdwarse klievingen. Dit is zeker niet opgetreden in het kader van postmortale veranderingen, maar moet door iets scherprandigs (bijvoorbeeld een mes) zijn opgeleverd. Het kan voor of na het overlijden zijn ontstaan. Als het voor het overlijden ontstond dan kan het zonder meer een doodsoorzaak opleveren (namelijk door massaal bloedverlies en daardoor hersenschade). Het kan ook na het overlijden zijn opgeleverd. In dat geval moet men zich voorstellen dat er met een scherprandig voorwerp diverse keren in een lijk is gestoken. Dit is wel mogelijk, maar minder waarschijnlijk.

Ik hoop u met bovenstaande duidelijk te hebben gemaakt dat een simpel antwoord niet mogelijk is op uw vraag, maar hierbij toch naar genoegen te hebben geïnformeerd.

Vijf procent.[24] Dat betekent dat forensisch pathologen-anatoom in Nederland (dus van het NFI) elk jaar van 10 tot 12 lijken die ze op de snijtafel krijgen niet kunnen vaststellen wat de doodsoorzaak is. De vaststelling van moord moet in die gevallen uit andere bronnen komen, zoals een bekentenis, verifieerbare getuigenverklaringen of recherchewerk, liefst een combinatie van die drie. De zaak Verbeek heeft geen aanwijsbare doodsoorzaak, geen bekentenis en geen verifieerbare getuigenverklaringen opgeleverd en het recherchewerk bleef ver onder de maat. Ook op het lijk is niets gevonden van degene of degenen die hem begraven hebben.[25] Je zou verwachten dat er in zijn nagelvuil huidcellen van de dader zijn achtergebleven na de worsteling die aan de overweldiging voorafging. Als Ron dood of bewusteloos was moeten er toch op zijn minst een paar nekharen zijn achtergebleven van de man die hem naar het graf droeg. Als het volgens justitie zo zeker is dat Max Spaan de dader was dan zou een geurproef met een gespecialiseerde speurhond die de geur van een levend mens op een oud lijk kan herkennen dat mogelijk uit kunnen wijzen. De hondenproef is niet zonder risico, want de vraag blijft of de lijkenlucht niet alle andere geuren overheerst als de dode vier maanden onder de grond heeft gelegen, maar het zou op zijn minst te proberen zijn geweest. Een ander risico is dat geleiders van speurhonden bij geurproeven soms niet betrouwbaar rapporteren, zoals uit onderzoek van de rijksrecherche bleek. (Bron: *De Stentor,* 21 november 2006)

Een natuurlijke dood?

Een strafzaak waarin het slachtoffer een natuurlijke dood stierf onder omstandigheden die de aanwezigen ertoe brachten hem op een geheime plek te begraven, is bij mijn weten uniek in onze rechtspraak. Justitie verwerpt die gevolgtrekking, maar als je Rons medische geschiedenis met de feiten en met de verklaringen van de ooggetuigen combineert dan is er geen andere conclusie mogelijk. Uit de verklaringen van familie en vrienden weten we dat Ron in 1995 zonder aanwijsbare oorzaak bewusteloos neerviel op de tennisbaan in Tunesië. Hij liep een schedelbasisfractuur op en de neuroloog raadde hem aan met boot en trein terug te reizen om de drukverschillen bij opstijgen en landen van het vliegtuig te vermijden. Van dit incident vinden we niets terug in het briefje van de huisarts. Evenmin van Rons incidentele geheugenverlies dat zijn tweelingzus Linda opmerkte na hun terugkeer in Nederland. De huisarts schrijft aan dr.V.:

Geachte collega,

In antwoord op de in uw brief met bovengenoemd kenmerk (R. Verbeek) gestelde vragen kan ik u het volgende mededelen:

U vraagt of het mij bekend is dat de patiënt ziekelijke afwijkingen had die voor de oorzaak tot het intreden van de dood van betekenis geweest zouden kunnen zijn.

Antwoord: Bij mijn weten had patiënt geen ziekelijke afwijkingen van betekenis; er was voor mij geen aanwijzing in de voorgeschiedenis als reden om aan te nemen dat hij een hoger risico op overlijden zou hebben.

In het vertrouwen u hiermee naar behoren en vermogen te hebben ingelicht, teken ik, etc.

Het is een raadsel dat justitie met de kennis van Rons medische geschiedenis uit de getuigenverhoren geen inzage eiste van het medisch dossier. Na zijn val in Tunesië maakte een neuroloog in Apeldoorn röntgenfoto's van Rons hoofd, waarvan de uitslag in het medisch dossier moet zitten. De huisarts wist ook van de hoofdwond die Ron opliep toen hij zich een paar maanden eerder aan een openstaande kastdeur stootte en een hersenschudding opliep. Maar ook dr. V. vond geen littekens van de schedelbasisfractuur. Die zouden er wel moeten zijn als de diagnose van de Tunesische neuroloog klopt.

Van Aarden vroeg een contra-expertise van de sectie omdat het NFI niet eenduidig kon of wilde verklaren hoe Ron was gestorven. Die contra-expertise kwam er niet, dus vroeg Van Aarden advies aan dr. Van de M., klinisch patholoog-anatoom van Ziekenhuis Rijnstate in Arnhem. Dr. Van de M.

geeft grif toe dat forensisch onderzoek niet zijn specialisme is, maar hij heeft veel ervaring met patiënten die een natuurlijke dood stierven, wat weer niet het specialisme van de forensisch patholoog is. Met zijn toestemming citeer ik uit de brief die dr. Van de M. op 4 augustus 2003 aan Van Aarden schrijft het volgende:

Gaarne reageer ik op uw brief van 30 juli laatstleden na reeds twee keer met u overleg gehad te hebben op uw verzoek betreffende de zaak Spaan.

Vooropgesteld dient te worden dat ik als patholoog regelmatig secties verricht op mensen die een natuurlijke dood gestorven zijn en dat ik in het verleden slechts sporadisch in aanraking ben gekomen met de forensische pathologie.

Het rapport van de uit- en inwendige schouwing van de overledene Verbeek opgesteld door dr. V. is uitgebreid en helder. Ik sluit me bij zijn conclusie op grond van zijn bevindingen aan. Het lichaam verkeerde in staat van gevorderde ontbinding, waardoor geringe afwijkingen mogelijk niet waarneembaar waren. Een anatomische doodsoorzaak kon bij sectie niet worden aangewezen.

Ook kan ik me aansluiten bij het antwoord van dr. V. op vraag 1 in zijn brief van 18 november 2002: 'Er waren geen positieve kenmerken voor verstikking. Met andere woorden: op grond van de sectiebevindingen kon niet worden gesteld dat verstikking de oorzaak van het overlijden was. Positieve bevindingen welke wijzen op verstikking zijn betrekkelijk discreet en kunnen goed door postmortale bevindingen worden gedomineerd en daarmee niet meer positief aantoonbaar zijn.

Met andere woorden: verstikking kan niet met zekerheid worden uitgesloten, maar ook een natuurlijke dood is niet uitgesloten op grond van deze sectiebevindingen.

Deze vraag wordt door de officier van justitie in zijn requisitoir gesteld aan dr.V. die zegt dat iedereen een plots overlijden kan overkomen, maar de kans is verwaarloosbaar klein.

Ik onderschrijf die stelling met de kanttekening: in een normale situatie. Stel dat het slachtoffer in een penibele situatie is beland, dan is het denkbaar dat hij op basis van plotse stress een acute vernauwing van zijn kransslagader (coronairspasme) heeft gekregen, hetgeen kan leiden tot een acute hartdood op basis van ventrikelfibrilleren (hartritmestoornis) leidend tot een acute hartstilstand, wetende dat dit fenomeen onder de geschetste omstandigheden zelden voorkomt. Ook deze eventuele afwijking kan niet met zekerheid worden uitgesloten daar sectiebevindingen veelal ontbreken. Er hoeven derhalve dan geen klachten in de voorgeschiedenis van de overledene aanwezig geweest te zijn.

In het verslag van het pleidooi staat onder de aanhef 'natuurlijke dood' een tweede alinea die verkeerd geformuleerd en begrepen is.

Deze alinea zou moeten luiden: de donkere verkleuring van het bekledende weivlies van de longen kan een postmortaal verschijnsel betreffen, maar in combinatie met de microscopisch in de longblaasjes aangetroffen elementen gelijkend op rode bloedcellen ook passen bij acute stuwing met bloedinkjes in de longblaasjes zoals onder andere ook wel gezien kan worden bij een acuut hartfalen c.q. acute hartdood.

Dr. Van de M. ziet dus wel degelijk tekenen die kunnen wijzen op een natuurlijke dood. Dr. V. onderschrijft zijn laatste stelling als hij voor het gerechtshof zegt: 'Wat dr. Van de M. stelt is voorstelbaar, namelijk dat wanneer je in een stoffelijk overschot rode bloedcellen aantreft die mogelijk zouden kunnen passen bij een acute stuwing met bloedinkjes in de longblaasjes.'

Dr. Van de M. komt tot dezelfde conclusie als dr. Van Langen die hierna aan het woord komt: een acute hartstilstand kan ook bij jonge mensen optreden als het slachtoffer in een penibele situatie is beland. Dr. Van de M. heeft alleen het uitgebreide sectierapport gelezen, niet het lijk gezien. Zijn kanttekeningen berusten dus niet op eigen waarneming maar op die van dr. V. Niettemin is het verschil in benadering van de twee pathologen kenmerkend voor hun achtergrond. Dr. V. is forensisch onderzoeker en zoekt naar sporen van een misdrijf. Dr. Van de M. is klinisch patholoog-anatoom en zoekt naar klinische oorzaken van de dood van de patiënt. Op grond van hetzelfde onderzoek kijken beiden vanuit hun eigen specialisme met andere ogen naar dezelfde feiten. De een interpreteert het als een aanwijzing voor een mogelijke misdaad, de ander als een aanwijzing voor een natuurlijke dood. *Maar in beginsel zijn ze het volkomen eens: er zijn geen aanwijzingen voor een gewelddadige dood.* Uit het feit dat de forensisch patholoog dr. V. de mening van de klinisch patholoog dr. Van de M. onderschrijft blijkt dat justitie de verklaring van de laatste ten onrechte heeft afgewezen, onder het motto dat een klinisch patholoog de forensische ervaring mist om met gezag in deze kwestie te kunnen spreken. Maar nu beide pathologen het roerend eens zijn zou ook justitie de mogelijkheid moeten erkennen dat Ron een natuurlijke dood stierf, maar de rechters klampen zich vast aan het spoortje onzekerheid in de verklaring van Dr. V. voor het gerechtshof: 'er kunnen kenmerken van verstikking verloren zijn gegaan door postmortale veranderingen.'

De plotselinge hartdood van een 37-jarige man ondervond

zoveel weerstand bij justitie omdat het volgens de opvattingen in 2002 een zeer zeldzaam fenomeen bij jonge mensen is. Ook een expert als dr. V. twijfelde zo sterk aan die mogelijkheid dat hij het eigenlijk uit wilde sluiten en Leonard maakte dankbaar gebruik van zijn twijfel. Inmiddels weten we dat het veel minder zeldzaam is dan justitie toen veronderstelde.

De koelcel

De ontbinding begint direct na de dood, maar hoe snel het gaat hangt af van een aantal factoren waarvan de temperatuur de belangrijkste is. In de tropen wordt een dode binnen twee dagen begraven. In een koelcel blijft een lijk maandenlang goed.

Ron is op de avond van zijn dood naar de polder gebracht, maar ik vermoed dat hij pas een paar dagen later is begraven. Het lijk lag in dat geval enkele dagen boven de grond en nam de omgevingstemperatuur aan die 's nachts onder het vriespunt was. Op 6 december werd het echt koud en dat bleef zo in de hele maand december. In de eerste tien dagen van januari was het zelfs gemeen koud, met een paar nachten zeer strenge vorst. De vraag is hoe ver de vorst de grond indrong. De vorst dringt in onbewerkte bosgrond pas na een paar weken dieper door dan 50 tot 80 cm. In bewerkte grond ligt dat anders. De belangrijkste reden om bouwland voor de winter te ploegen is om de bouwvoor goed door te laten vriezen. Dat gebeurt al na een paar flinke nachtvorsten. In een vorstperiode vriest de grond ook na diepploegen door tot de ploegzool (de grens van bewerkte en onbewerkte grond). In Rons graf van een kleine meter diep dat aan het begin van een lange koudeperiode werd gegraven kan de kou dus doordringen tot de bodem. Dat betekent dat Ron tussen zijn dood en 11 januari in een goed werkende koelcel heeft gelegen.

Als agent Van M. zijn plicht had gedaan en direct na de aangifte van Rons jas al ter plaatse was gaan kijken dan was Ron al op 10 januari gevonden en op 11 januari naar Rijswijk gebracht. Zou de patholoog-anatoom bij dat goed gekoelde lijk ook twijfels hebben geuit over de postmortale veranderingen die een exacte vaststelling van de doodsoorzaak zouden belemmeren? Of had hij in dat geval zonder twijfel kunnen vaststellen dat Ron een natuurlijke dood was gestorven en bleven de enige raadsels waar en hoe dat was gebeurd en waarom hij in dat bos is begraven? Het is duidelijk welke gevolgen de blunder van agent Van M. had – en van zijn chefs, laten we die vooral niet vergeten. Een ervaren chef had minstens tegen Van M. kunnen zeggen: 'Kijk eens in het register van vermiste personen.'

Na 10 januari sloeg het weer om. De periode van 11 januari tot eind maart was ongekend zacht met een gemiddelde dagtemperatuur van 9^0C en een nachttemperatuur die ruim boven het vriespunt bleef. Uit ervaring weet ik dat het een week duurt voor de bosgrond na een vorstperiode weer ontdooid is. Daarna lag Ron dus tien weken in een temperatuur boven het vriespunt waarin het ontbindingsproces gestaag vorderde. Desondanks was het lijk ook op 29 maart nog opmerkelijk gaaf, vermoedelijk dankzij die zes koude weken in het begin, maar het is een bittere vaststelling dat de detentie van Max Spaan waarschijnlijk vermeden had kunnen worden als Ron aan het eind van de koudeperiode was gevonden. Dat zijn arrestatie een gevolg is van een blunder van de politie maakt die vaststelling des te schrijnender.

Hartdood bij jonge mensen

In 2005 promoveerde dr. Irene van Langen, klinisch geneticus in het AMC, op een onderzoek naar hartdood bij jonge mensen. Naar aanleiding van een uitstekend artikel van Berber Rouwé in *De Stentor* van 6 december 2005 vroeg ik dr. Van Langen hoe groot de kans is dat zoiets gebeurt bij mannen tot veertig jaar. Die kans is en blijft klein, zij het veel minder klein dan justitie aanneemt. In 50-70% van de gevallen is het een gevolg van een erfelijke hartziekte. Een bekend voorbeeld is de plotselinge dood van de 26-jarige profvoetballer David di Tomasso in december 2005. 'Het ene moment ben je jong en gezond en loop je nietsvermoedend rond en het andere moment val je dood neer. De trigger kan lichamelijke inspanning zijn – daarom komt het relatief vaak voor op het sportveld – maar ook emotionele stress, bijvoorbeeld als gevolg van een heftige ruzie,' aldus Dr. Van Langen.

Erfelijke aanleg speelt een cruciale rol. Dr. Van Langen vertelt: 'We weten pas sinds de jaren negentig welke DNA-fouten ten grondslag liggen aan welke hartkwalen. Het AMC begon in 1996 een polikliniek waarin cardiologen, klinisch genetici en DNA-specialisten samen die erfelijke afwijkingen opsporen, zo nodig bij hele families. Met een preventieve behandeling kun je de kans op plotseling overlijden flink verkleinen.'

Dr. Van Langen nam voor haar promotieonderzoek twee ziektes als voorbeeld: een verdikte hartspier (HCM) waarvoor één op de vijfhonderd mensen een erfelijke aanleg bezit en het lange-QT-syndroom, een hartritmestoornis die bij één op de tweeduizend mensen voorkomt. HCM is de belangrijkste veroorzaker van onverwachte hartdood op jonge leeftijd. In dit geval zou het terug te vinden zijn, want een verdikte hartspier blijft ook vrij lang na overlijden herkenbaar. Het hart van Ron woog vier maanden na zijn dood nog maar 290 gram in plaats van de normale 400 gram. Natuurlijk spelen ook bij dit gewichtsverlies postmortale veranderingen een rol, maar het lijkt toch waarschijnlijker dat het lange-QT-syndroom of een vergelijkbare hartritmestoornis de doodsoorzaak was, want dat vind je niet meer terug, ook niet bij mensen die pas overleden zijn. In deze gevallen is er nog een kans van ongeveer 40% om via cardiologisch onderzoek de doodsoorzaak te achterhalen.

Een ander belangrijk gegeven van het onderzoek van dr. Van Langen is het feit dat de erfelijke aanleg voor een plotselinge hartdood veel vaker voorkomt dan tot voor kort werd verondersteld. Het lange-QT-syndroom – waarnaar in Italië zelfs bij zuigelingen systematisch onderzoek wordt gedaan ter voorkoming van vroege hartdood – komt statistisch bij ca. 8.000 Nederlanders voor. Het hangt vooral van het stadium af waarin de ziekte ontdekt wordt of die 8.000 mensen er voortijdig aan overlijden. Bij tijdige ontdekking is het syndroom met het volgen van bepaalde leefregels en preventieve behandeling met bètablokkers meestal goed te behandelen, mits het consequent en levenslang gebeurt. Het is opmerkelijk dat in november 2005 (vrijwel tegelijk met de promotie van dr. Van Langen) een team wetenschappers in Califor-nië een genmutatie identificeerde die verantwoordelijk is voor een hartkwaal die bij jonge atleten en bij huiskatten plotseling overlijden kan veroorzaken. (Bron: Stichting Felissana)

Twijfel of zekerheid?

Het sectieverslag en het aanvullend onderzoek van het NFI toont aan dat er geen sprake is van een gewelddadige dood, ook niet van geweld in de meest subtiele vorm. De patholoog geeft dat ook voor het gerechtshof volmondig toe, maar hij houdt een slag om de arm: '*De sectiebevindingen zijn verenigbaar met verstikking als dat uit andere bronnen zou blijken.*' Die andere bronnen zijn er niet, noch in ander onderzoek, noch in getuigenverklaringen of speurwerk van de politie. Daarmee vervalt elk wettig en overtuigend bewijs dat Ron werd vermoord. Ik heb me afgevraagd waar dan toch die stellige conclusies van justitie over de doodsoorzaak vandaan komen. Hoe weten de magistraten dat Ron werd vermoord? Ze weten het niet, ze dénken het, zoals blijkt uit onderstaande passage uit het vonnis van de Hoge Raad.

> Die bevindingen houden kort gezegd in dat de staat van ontbinding van het lichaam niet zodanig was dat ernstig mechanisch geweld, zoals schieten of steken met een mes, niet als doodsoorzaak uitgesloten kon worden, dat er geen aanwijzingen waren dat er sprake zou kunnen zijn van een ziekelijke oorzaak – bijvoorbeeld een longembolie, een hersenbloeding of een hartziekte – en dat het *daarom* (cursivering van mij, J.V.) zeer wel mogelijk is dat de heer Verbeek door verstikking om het leven is gekomen. Het Hof concludeert dat het slachtoffer een onnatuurlijke dood (door verstikking) is gestorven.

De crux zit in het woordje *daarom*. De advocaat-generaal herhaalt dat slechts (in de betekenis van uitsluitend) de bevindingen van dr.V. direct verband houden met de doodsoorzaak. Er is dus geen sprake van uitwendig geweld, zoals schieten, steken, slaan of schoppen. Tot zover klopt het verhaal met dat van de patholoog. Maar dan vervolgt de advocaat-generaal dat er geen aanwijzingen waren van een ziekelijke oorzaak. Waar haalt hij dat vandaan? Uit het briefje van de huisarts? Uit het feit dan Ron 37 jaar oud was? Waarom zou hij niet een van de circa 8000 Nederlanders met een lange-QT-syndroom geweest kunnen zijn? Was de wens om het vonnis koste wat kost te bekrachtigen hier de vader van de gedachte? Was dat de reden om te beweren dat het *daarom* de voor de hand liggende verklaring van de doodsoorzaak was? Hoe haalt een magistraat die elk woord op een goud-schaaltje zou moeten wegen het in zijn hoofd om zo'n licht-vaardige conclusie te trekken? Een conclusie die zowel door de objectieve interpretatie van de autopsie als door voort-schrijdend inzicht volledig onderuit wordt gehaald.

De onderzoekers van het NFI benadrukken dat het lijk in gevorderde staat van ontbinding verkeerde waardoor de kleinste aanwijzingen wellicht verloren zijn gegaan, maar de mogelijkheid dat Ron door verstikking overleed is vooral door het aanvullend onderzoek afdoende weerlegd. De brui-ne verkleuringen op het bindvlies die op puntbloedinkjes leken – een zekere aanduiding van verstikking – waren het gevolg van het ontbindingsproces. De abnormale beweeg-lijkheid van de gewrichtjes in het strottenhoofd – mogelijk gevolg van verwurging – was een aangeboren afwijking waarvan Ron bij leven geen hinder ondervond. Daardoor is het niet eerder ontdekt.

Bij de opgraving bleek dat hij met zorg was begraven, heel anders dan je verwacht bij iemand die is vermoord, laat staan bij iemand die levend wordt begraven.

Recent onderzoek toont aan dat jonge mensen vaker sterven door een hartritmestoornis dan tot voor kort werd aangenomen – ook door de onderzoekers van het NFI. Bij vijf procent van alle forensische obducties waarin de patholoog geen doods-oorzaak vast kan stellen is dus voor een deel sprake van een erfelijke hartritmestoornis. Met die wetenschap zou het NFI, desgewenst met hulp van dr. Van Langen en haar collega's van het AMC, het andere onderzoek kunnen doen waarvan dr. V. gewaagt als hij in antwoord op een vraag van Van Aarden voor het gerechtshof zegt: 'Er is geen anatomische verklaring gevonden voor het overlijden van de heer Verbeek, dat is juist. Verstikking kan niet met zekerheid worden uitgesloten, maar ook een natuurlijke dood is niet uitgesloten. Dat is juist.'

Het AMC had het DNA van Ron kunnen onderzoeken om

te zien of er inderdaad sprake was van een erfelijke hartritmestoornis. Als dat de doodsoorzaak was dan is er kans dat Rons ouders en zijn drie zussen dezelfde aanleg hebben. Ook als dit onderzoek van Rons DNA en dat van zijn familieleden (dat ook hun veiligheid zou dienen) niets oplevert sluit dit een doodsoorzaak niet uit. Ron had de eerste erfdrager kunnen zijn.

Familieonderzoek en aanvullend DNA-onderzoek naar een mogelijke hartritmestoornis die Ron fataal werd kunnen het laatste restje twijfel aan een natuurlijke dood wegnemen. Die twijfel ontstond toen dr. V. voor het gerechtshof zijn eigen sectiebevindingen – die voor de goede lezer uitsluitend op een natuurlijke dood wijzen – zodanig nuanceerde dat het gerechtshof er het bewijs aan ontleende om Max te veroordelen. Volgens dr. V. is de kans op plotselinge hartdood voor een jonge man minimaal en justitie nam die opvatting over.

Rons lichaam zag er vier maanden na zijn begrafenis opmerkelijk goed uit. Wat had dr. V. ontdekt als het lijk tien weken eerder was gevonden? Ik denk dat er dan geen spoor van twijfel was geweest. Zekerheid krijgen we uit de sectie en alle vervolgonderzoeken waaruit blijkt dat geen enkele vorm van geweld de oorzaak is voor Rons dood. Een natuurlijke dood is dan de enige mogelijkheid. Als je de sectiebevindingen en de actualiteit van het hartonderzoek combineert, dan stierf Ron hoogstwaarschijnlijk aan een hartritmestoornis. Dat zou genoeg moeten zijn om een verdachte vrij te pleiten van moord. Om justitie te overtuigen moeten we echter zoeken naar andere bronnen die de twijfel van dr. V. weg kunnen nemen om zekerheid te krijgen over Rons natuurlijke dood. Die zekerheid krijgen we van de beide ooggetuigen die erbij waren toen hij stierf. Die getuigen komen in het volgende hoofdstuk uitgebreid terug.

Conclusie

Het onderzoek naar de doodsoorzaak is door fouten van justitie ernstig belemmerd. Door een blunder van een opsporingsambtenaar is het lijk niet reeds na vijf weken uit een goed werkende natuurlijke koelcel op de snijtafel beland, maar pas elf weken later. De bodemtemperatuur was toen inmiddels zo gestegen dat van een natuurlijke koeling geen sprake meer was. Daardoor ontstonden postmortale veranderingen die naar het oordeel van de patholoog de absolute zekerheid over de juiste doodsoorzaak uitsluiten.

De patholoog was niet op de hoogte van nieuwe inzichten over hartdood van jonge mensen, waarover ook al ver voor de verschijning van het proefschrift in december 2005 door de vakgroep klinische genetica van het AMC werd gepubliceerd. Hij heeft dus de kans gemist om die zeer reële mogelijkheid door specialisten van het AMC te laten onderzoeken.

De patholoog wist niets van de anonieme ooggetuigenverslagen van Rons dood. Hij wist dus ook niets over de manier waarop hij stierf en over de omstandigheden waaronder dat gebeurde.

Ondanks deze omissies bieden het pathologisch onderzoek en de aanvullende onderzoeken naar de doodsoorzaak in elk geval deze zekerheid: er is geen enkele aanwijzing van een gewelddadige dood. De conclusie dat Ron Verbeek een natuurlijke dood stierf is dus aanvaardbaar.

My defence, Mr Edalji? Merely that there is no evidence that you committed the crime, no motive for you to have done so, and no opportunity. Of course I shall wrap it up for de the judge and the jury, but that will be the essence of my case.

Julian Barnes, 'Arthur and George'

De toedracht

Deze strafzaak die ruim drie jaar duurde heeft wel een veroordeling, maar geen eenduidig beeld van de toedracht opgeleverd. Mijn idee van de werkelijkheid en de interpretatie van justitie liggen mijlenver uiteen. Die laatste leidde tot de veroordeling van Max Spaan, het eerste tot het schrijven van dit boek. Afgezien van de vraag wie gelijk heeft is het voor de nabestaanden en voor de rechtsorde schokkend dat de dood van een jonge man tot zulke fundamenteel verschillende opvattingen over de waarheid kan leiden.

De toedracht volgens justitie

De belangrijkste reden waarom justitie uitgaat van moord is de opvatting dat iemand die na een telefonische afspraak met een onbekende spoorloos verdwijnt en vier maanden later dood op een geheime plek wordt teruggevonden wel vermoord *moet* zijn. Als er dan een verdachte opduikt waarvan het OM voor de rechtbank aannemelijk maakt dat hij de moord uit jaloezie heeft gepleegd en wiens kroongetuige zo zwak in haar schoenen staat dat hij haar niet als alibi durft te gebruiken dan maakt hij zichzelf extra verdacht. Als die verdachte bovendien verklaart dat hij zijn auto heeft uitgeleend voor een heterdaadactie tegen het slachtoffer en in zijn auto een bloedspoortje van het slachtoffer en diatomeeën uit het graf worden gevonden, dan moet hij van zeer goede huize komen om te bewijzen dat hij niets met de dood van het slachtoffer te maken heeft. Justitie gelooft hem niet, mede omdat hij zijn verklaringen in het begin steeds bijstelt. De recherche zet hem onder enorme druk om te vertellen hoe hij hem heeft vermoord en waar hij het lijk heeft gelaten, maar de verdachte bekent niet, ook niet na uitputtende verhoren. Hij kán ook niet bekennen, want hij beschikt niet over de typische daderinformatie die zijn verhoorders hem proberen te ontfutselen. Die ontbrekende bekentenis is duur, want nu moest justitie meer dan tienduizend mensuren besteden om de moord op te lossen. Het resultaat is mager. Het dossier bevat behalve verklaringen over de goedheid van de overledene en de slechtheid van de verdachte vooral vliesdunne 'bewijzen' die door manipulatie van het OM een beetje dikker zijn gemaakt en bewijzen à decharge die het OM wegmoffelde of zo gedoseerd heeft aangeboden dat de angel er in de rechtszaal uit was gehaald. Voor het enige harde bewijs – het bloedveegje met Rons DNA in de Volvo – geeft Max een plausibele verklaring die we helaas niet kunnen verifiëren omdat de enige andere getuige dood is.

Het rechercheonderzoek is zo slecht uitgevoerd en de aanklager heeft zo vaak gelogen dat advocaat Van Aarden bij de rechtbank een verklaring van niet-ontvankelijkheid bepleitte.

> Namens verdachte is aangevoerd dat het Openbaar Ministerie niet-ontvankelijk verklaard dient te worden vanwege diverse gebreken in het onderzoek die in het proces-verbaal der terechtzitting van 19 december 2002 nader zijn uitgewerkt. Ter terechtzitting van 29 januari 2003 heeft de raadsman betoogd: 'dat de officier van justitie het recht heeft verspeeld om verdachte te vervolgen, nu de officier van justitie niet alleen op alle manieren heeft geprobeerd een eerlijk proces te voorkomen, maar in zijn requisitoir ook onjuiste, althans onvolledige informatie heeft verstrekt, althans met opzet een volstrekt verkeerde voorstelling van zaken gegeven.'
>
> De rechtbank verwerpt het verweer. De feiten en

omstandigheden die door de raadsman met gebreken zijn aangeduid, leiden naar het oordeel van de rechtbank niet tot het door de raadsman beoogde rechtsgevolg, de niet-ontvankelijkheid van het Openbaar Ministerie. De rechtbank overweegt dat het betoog van de raadsman, dat de officier van justitie heeft geprobeerd een eerlijk proces te voorkomen, feitelijke grondslag mist. Dat de officier van justitie in zijn requisitoir onjuiste, althans onvolledige informatie heeft verstrekt, althans met opzet een volstrekt verkeerde voorstelling van zaken heeft gegeven en dat dit zou leiden tot de niet-ontvankelijkheid van het Openbaar Ministerie, vermag de rechtbank niet in te zien.

(uit het vonnis van de rechtbank Zutphen op 12 februari 2003)

Was het pure onwil om een zaak die bijna rond leek terug te verwijzen of vond de rechtbank het echt onzin wat de advocaat beweerde? Laten we eens zien wat de tenlastelegging was:

1. Dat verdachte Max Spaan, op 4 december 2001, althans in of omstreeks de periode van 4 december 2001 t/m 27 januari 2002[27] in de gemeente Apeldoorn en/of Elspeet en/of Dronten en/of elders in Nederland opzettelijk en met voorbedachten rade Ron Verbeek van het leven heeft beroofd, immers heeft verdachte toen aldaar met dat opzet en na kalm beraad en rustig overleg die Verbeek gewurgd en/of doen stikken en/of ter verstikking in een bosperceel begraven, in elk geval hij bij die Verbeek op enige wijze de ademhaling heeft belemmerd en/of anderszins geweld op hem heeft toegepast ten gevolge van een

of meer handelingen door hem, verdachte, die
Verbeek is overleden.
Art 289. Wetboek van Strafrecht

2. Dat verdachte Max Spaan, op 4 december althans
in of omstreeks de periode van 4 december 2001 t/m
27 januari 2002 in de gemeente Apeldoorn en/of
Elspeet en/of Dronten en/of elders in Nederland een
lijk, te weten het lijk van een man, in leven genaamd
Ron Verbeek, heeft begraven en/of verborgen en/of
heeft weggevoerd en/of weggemaakt met het oog-
merk om het feit, te weten het overlijden van die
Verbeek en/of de oorzaak van het overlijden van die
Verbeek te verhelen.
Art 151. Wetboek van Strafrecht
(uit het vonnis van de rechtbank Zutphen op 12 februari 2003)

In mensentaal: Max heeft (1) Ron vermoord en (2) zijn lijk
weggemaakt. Twee misdrijven in één. Uit de formulering van
tijd en plaats blijkt dat de rechtbank – zoals gebruikelijk in
een dagvaarding – een forse slag om de arm houdt, maar strafeis en vonnis laten geen misverstand over de schuld van de
verdachte: eis levenslang, vonnis twintig jaar. De onderbou-
wing is hoogst onbevredigend, maar het gerechtshof heeft
geen bedenking geuit tegen de vage beschrijving die de
rechtbank gaf. Sterker nog: het hof nam die merendeels over.
Stel nu eens dat Max de moord toch heeft gepleegd. Het is
tegen alle logica, maar de rechtbank is ervan overtuigd dat
hij het in zijn eentje heeft geklaard. Hoe zou hij dat aangepakt hebben? Slim, mogen we aannemen. Uit de psychiatrische rapporten blijkt dat hij een bovengemiddelde intelligentie bezit, ruimschoots toereikend om, ik noem maar iets,
rechter, aanklager of patholoog-anatoom te worden. Max

werd maatschappelijk werker. Ook dat is een beroep waarbij een behoorlijke intelligentie geen handicap is.

Volgens de rechtbank heeft Max in kalm beraad en rustig overleg het plan beraamd om Ron te vermoorden, maar nergens blijkt dat rechters en aanklagers zich afgevraagd hebben hóé hij dat gedaan heeft, ook niet in het aanvullend vonnis dat niet alleen de bewijsmiddelen weergeeft, maar ook op dit soort vragen antwoord moet geven. Dat was lastig voor justitie, want uit de lijkschouwing bleek niet dat Ron door geweld om het leven is gebracht. Het staat dus vast dat er geen wapen aan te pas kwam. Waarom eigenlijk niet? Zou een slimme man zonder enige gevechtservaring, met een zwakke rug en een zwak hart het enorme risico nemen met blote handen een man te overmeesteren die twintig jaar jonger en veel groter en zwaarder is? Wie een moord beraamt weegt zijn kansen. Er zijn drie succesfactoren: het slachtoffer sterft, de dader blijft ongedeerd en de kans op ontdekking is nihil. Als dat alledrie lukt heb je de perfecte moord. Dit sterfgeval voldeed aan twee van de drie succesfactoren. Het slachtoffer stierf en de vermeende dader kwam er zonder kleerscheuren vanaf. Dat mag een wonder heten, want om een veel sterkere man ongewapend te overweldigen nam die dader een groot risico om zélf overweldigd te worden. Alleen al om die reden is het vrijwel uitgesloten dat het ging zoals justitie veronderstelt, maar hoe het dan wel gebeurde laat ze aan de fantasie van de toehoorders over. Op de derde succesfactor – het uitsluiten van de kans dat de moordenaar ontdekt wordt – kom ik later terug.

Waarom heeft niemand bij justitie een originele gedachte ontwikkeld hoe het lijk in dat graf kwam? Levend begraven door Max Spaan, beweert de aanklager en alweer vroeg geen van de rechters zich af hoe een tengere man met rugklachten het klaarspeelde een grote, zware en veel jongere man ongewapend te overmeesteren en in het stikdonker over moeilijk begaanbaar terrein naar een hem onbekende plek te dragen om hem daar levend te begraven. Waarom is er geen goede reconstructie gedaan? Dat is toch de geijkte methode om na te gaan hoe een moord in zijn werk ging? Ik ken dat bos als mijn broekzak en ik ben tamelijk sterk, maar ik zou het niet in mijn hoofd halen daar in het donker een zware vent dood of levend naar binnen te sjouwen. Toen de rechters op een najaarsavond een kijkje namen op de plaats delict kwam geen van hen op de gedachte dat het wel eens erg moeilijk, zo niet onmogelijk kon zijn dezelfde tocht te maken met een bewusteloze man op je rug. Bij het bezoek van de magistraten waren alle obstakels naar het graf al opgeruimd. Er lag zelfs een keurig paadje naar het graf. Ze konden dus hooguit over hun eigen voeten struikelen en dat deden ze ook, zelfs op dat comfortabele paadje, maar als voormalig bosbeheerder weet ik dat het paadje er vóór 4 december 2001 beslist niet was.

Stel dat Max door bovennatuurlijke krachten toch in staat was Ron levend het bos in te dragen: hoe kreeg hij hem dan zover dat hij dat toeliet? Er zijn op het lijk geen sporen van boeien en een worsteling gevonden, dus moet hij buiten bewustzijn zijn geweest toen Max hem het bos indroeg, want dat hij voor hem uit wandelde en zich zonder verzet liet begraven is zelfs voor deze rechters een te boude veronderstelling. Zou Max hem bedwelmd hebben? Maar hoe dan? Een ziekenhuisanalist heeft het toch meteen in de gaten als iemand hem met ether of chloroform wil attaqueren? Sommige mensen suggereren dat Max een ander middeltje gebruikte, insuline bijvoorbeeld, of gecomprimeerde lucht die in een hoofdader gespoten het effect schijnt te hebben van een verdovend middel. Maar injecteren valt af, want Max had geen ervaring in het geven van injecties. Als je zoiets doet om iemand te overweldigen moet je bijzonder goed geoefend zijn, zeker als het onverhoeds moet gebeuren.

Zo'n injectie in een hoofdader moet in één keer raak zijn, maar Max mist die vaardigheid ten enenmale. Zelfs als hij het wel had gekund dan zou het bij iemand die dagelijks in een ziekenhuis werkt en zo langzamerhand toch in de gaten krijgt dat er iets grondig mis is met het tochtje in de limousine naar zijn blind date wel erg lastig zijn om hem dat spuitje te geven.

Zes getuigen vertellen met kleine verschillen het complete verhaal van Rons blind date. Zijn vader en zijn vrienden tonen hun scepsis in hun verklaringen, maar de rechtbank gelooft het blindelings en dus staat Ron in de versie van justitie op dinsdag 4 december 2001 om zes uur in het geleende pak voor zijn huis te wachten op de limousine die hem naar Sandra zal brengen. Om zes uur verschijnt echter geen limousine maar de donkerblauwe Volvo stationwagen van Max Spaan, een rijdende vuilnisbak die voor zijn nieuwe rol als pronkwagen een beetje is opgekalefaterd. Als Max' verhaal van zijn ontmoeting met Ron klopt dan wordt het nog ongeloofwaardiger. Hé, denkt Ron, is dat niet dezelfde auto waarin ik nog geen maand geleden met Sandra's vaderlijke vriend een pakketje wijn heb uitgezocht? Verdomd: achter het stuur zit dezelfde kerel waarvan hij toen dacht dat het haar vader was en die tot zijn schrik haar minnaar bleek te zijn. Misschien draagt Max voor de gelegenheid een chauffeurspet en een goudgerand jasje met tressen, maar zelfs een naïeve man als Ron zal hem direct herkennen. Zou hij ingestapt zijn? Dat gelooft toch geen zinnig mens! Toch moet het zo gegaan zijn, want de rechtbank oordeelt dat Max de moord in zijn eentje heeft beraamd en uitgevoerd. Wat heeft Ron dan toch doen besluiten in die Volvo te stappen? Zou hij op dat moment niet aan de waarschuwingen van zijn vader en zijn vrienden gedacht hebben: jongen, zit dit wel goed? Liet hij zich door Max' fluwelen tong betoveren? Is het werkelijk denkbaar dat een volwassen man bij zijn volle verstand niet begrijpt dat hier iets heel grondig mis is? Zou hij de stem niet herkennen van de man die hem de vorige avond gebeld heeft?

Ligt het niet veel meer voor de hand dat hij kwaad wegloopt, woedend op de man die hem erin wilde luizen én op zichzelf omdat hij zich zo gemakkelijk in de val liet lokken? Hebben de rechters echt zo'n lage dunk van Rons verstandelijke vermogens dat ze in ernst geloven dat hij in die neplimousine stapt in het kinderlijke vertrouwen dat Sandra's vriend hem naar diens inwisselbare geliefde gaat brengen? Kom nou! Ron was naïef, maar hij was niet gek. Hij begrijpt direct dat de chauffeur van alles van plan is, behalve hem naar het meisje te brengen. Maar het wordt nog veel gekker: Max en zijn advocaat kijken verbijsterd toe hoe iedereen in de rechtszaal dit verhaal van de aanklager slikt en ademloos wacht op het vervolg.

Ron stapt in de auto. Waar zit hij? Achterin of naast de chauffeur? Dat laatste vermoedelijk, want het is onmogelijk om iemand te overweldigen die achter je zit. Bovendien moet je toch minstens één hand aan het stuur houden en dat is erg lastig als je de man op de achterbank uit wilt schakelen. Toch moet Ron volgens justitie achterin gezeten hebben, want hoe komt dat bloedvlekje anders op de deurkruk van het linkerachterportier? Is Max onderweg gestopt met een smoes (pech, plassen?) en heeft hij toen zijn passagier overmeesterd? Hoe het ook ging, vast niet zonder slag of stoot.

Zo'n geweldscène in een roman schrijf ik als ooggetuige van mijn eigen verbeelding. Bij deze scène, hoe een oudere man een stevig gebouwde jonge man die achter hem zit en elke beweging in de gaten houdt overmeestert, kan ik me niets voorstellen, althans niets dat geloofwaardig is. In een roman ging die scène er onverbiddelijk uit: dit gelooft niemand. Niemand? Een volle rechtszaal gelooft het en dat niet alleen: het is zelfs wettig en overtuigend genoeg om iemand twintig jaar achter de tralies te werken.

We weten dus niet hoe Max het klaarspeelde. De rechtbank helpt ons ook niet uit de droom, maar in haar versie van de waarheid werd Ron op een of andere manier overmeesterd en gebeurde het zo subtiel dat er bij de lijkschouwing niets meer van terug is te vinden.

In die versie van justitie hangt Ron als een subtiel overmeesterde zoutzak achterin terwijl Max zo snel als de chauffeur van Dato Steenhuis de nachtelijke afstand van hartje Apeldoorn naar het Reve-Abbertbos overbrugt. Hoe lang duurt die tocht? Een uur? Vijf kwartier? Blijft iemand zo lang bewusteloos of heeft Max hem onderweg nog een shot gegeven? Hoe dan ook, volgens de rechtbank verliep het probleemloos en het gebeurde ook nog ruimschoots binnen twee uur. Binnen twee uur iemand die weet dat jij de minnaar van zijn blind datc bent in een schertslimousine lokken, zestig kilometer rijden, hem onderweg overmeesteren, in het stikdonker bijna honderd meter versjouwen, een graf graven en het slachtoffer erin leggen en bedekken, het lijkt godsonmogelijk – en niet alleen voor een oudere man met een zwak hart, een kwetsbare rug en een totaal gebrek aan gevechtservaring – maar volgens de rechtbank móét het allemaal in die twee uur gebeuren, want Ron staat om zes uur in zijn geleende pak klaar op de stoep van zijn flat en om acht uur trekt Stella van der W. de limousine uit de modder. Dat ze niet Max Spaan, maar een andere man bij die auto ziet staan is een smetje dat de aanklager zorgvuldig heeft weggepoetst. Als de klus geklaard is ziet ze in haar spiegeltje de Volvo keren op de Stobbenweg en verdwijnen.

Maar zover zijn we nog niet. Max komt bij het bos aan, parkeert in de berm van de Stobbenweg, raakt daar vast, maar dat is van later zorg, haalt twee schoppen uit de kofferbak, tilt de bewustelozen Ron uit de auto en draagt hem met die twee schoppen in de hand twintig meter over de berm, drieënveertig meter over het schouwpad naast de tocht en ten slotte tweeëndertig meter het bos in. Vooral dat laatste is een waar kunststuk. Let wel: het is stikdonker onder de bomen, maar Max – zwak hart, zwakke rug – slaagt erin met het loodzware lichaam op zijn nek door het dichte bos te manoeuvreren zonder een schrammetje aan Rons lichaam en kleren te veroorzaken of zelfs maar het kleinste vezeltje van Rons kleren of die van hemzelf aan een van de bomen of struiken achter te laten. Bij de vijfde greppel legt hij hem neer en graaft een graf dat een kleine meter diep is. Hij houdt de humeuze toplaag zorgvuldig apart om daarmee de plek te camoufleren. Hij legt Ron languit in het graf, nadat hij hem zijn jas heeft uitgetrokken en zijn zakken leeg heeft gehaald en bedekt hem met het uitgegraven zand. Ron is volgens de rechtbank levend begraven. Hij is weliswaar bewusteloos, maar ook bewusteloze mensen ademen door en dus moet er zand in zijn neus, mond, luchtpijp en slokdarm en zelfs in zijn maag zijn aangetroffen. Nee, zegt de rechtbank, dat gebeurt alleen als je iemand in losse grond begraaft en iedereen weet dat de bodem van de Flevopolder uit klei bestaat. Een groot deel van Oost-Flevoland bestaat inderdaad uit klei en zavel, maar dit gedeelte niet en dat was dan ook de belangrijkste reden om hier bos aan te leggen. Ron is begraven in hetzelfde preglaciale zand dat het grootste deel van de Veluwe bedekt. Uit het feit dat bij sectie geen korrel zand in de luchtwegen is gevonden blijkt dat hij niet meer ademde toen hij werd begraven. Wie niet meer ademt is dood, dat moet ook deze rechters niet geheel onlogisch in de oren klinken.

Dood of levend begraven: Max Spaan heeft Ron vermoord, oordeelt de rechtbank en zij gaat met verbijsterend gemak voorbij aan de onwaarschijnlijkheid van het scenario dat ik hierboven heb beschreven. Max speelt in zijn eentje klaar wat alleen Superman zou lukken en begraaft zijn slachtoffer op een plek waar niemand hem terug zal vinden.

Heel slim. Ook heel slim van Max om Rons zakken leeg te

halen en zijn overjas, sleutelbos en mobiele telefoon mee te nemen zodat het lijk, voor het geval dat het toch wordt ontdekt niet aan zijn bezittingen wordt herkend. De rechtbank heeft echter geen verklaring voor de ongelofelijke stommiteit om de rode bats in de bosrand te laten staan en Rons rode jas, met zijn mobiele telefoon en sleutelbos in de tocht te gooien, waar dan al een laagje ijs op ligt, zodat hij niet zinkt, maar op de rand van het talud blijft liggen. Als je iemand met voorbedachten rade wilt laten verdwijnen doe je het goed. Als de perfecte moord door een wonder precies zo verloopt als je tijdens kalm beraad en rustig overleg hebt gepland dan laat je niet zulke sporen achter, zeker niet als je zo slim bent als Max Spaan. Twee van de drie succesfactoren voor die perfecte moord heb ik al genoemd. De derde is het uitsluiten van de kans op ontdekking. De plek om het lijk voor altijd te laten verdwijnen is uitstekend gekozen. Waarom heeft Max dan het graf gemarkeerd met afgezaagde takken (had hij ook een zaag bij zich?) die hij rechtop in de grond stak, een paar dwars over het graf neergelegde stammetjes en een hoopje geel zand tegen een fijnspar naast de kuil? Ron was waarschijnlijk nooit gevonden als Max Rons jas en broekriem en beide schoppen had meegenomen en de markering van het graf achterwege had gelaten. In dat scenario is het ook ondenkbaar dat Max zijn auto door Stella van der W. uit de berm liet slepen. Al had hij tot de assen vastgezeten, hij had zich aan geen mens laten zien. Als hij echt was vastgeraakt, wat ik betwijfel want er zijn geen zichtbare sporen in de berm gevonden, dan zou hij wachten tot de kust veilig was en zichzelf met een van die schoppen bevrijden. Bovendien, als hij echt vastzat dan had Stella de zware Volvo met haar kleine autootje nooit uit die berm kunnen slepen. Er is dus iets vreemds aan de hand. Gezien alle aanwijzingen die op de plaats delict zijn achtergelaten en na de ontmoeting met Stella móést Ron vroeg of laat wel gevonden worden. Waarom bleef Max dan zo stellig ontkennen? Het was geen spijkerharde leugen van een beroepsmoordenaar: het was de wanhopige ontkenning van een man die geen flauw idee had wat er met de overledene was gebeurd. Had justitie niet op eigen kracht kunnen bedenken dat het veel meer voor de hand lag dat Max helemaal niet bij het begraven van die arme Ron is geweest? Als we nog eens kijken naar de opvallend piëteitvolle manier waarop Ron is begraven, naar de even opvallende manier waarop zijn graf is gemarkeerd en naar de achterlating van de rode schop en de jas met inhoud, dan dringt zich bijna vanzelf de gedachte op dat ten minste één van de grafdelvers de dode eer bewees en beslist niet wilde dat hij hier voor de eeuwigheid zou verdwijnen. Ron is gedumpt in het bos, beweert de aanklager, maar uit de manier waarop hij is begraven blijkt slechts piëteit voor de overledene. De aanklager was geobsedeerd door zijn waanbeeld van een gruwelijke moord, maar als ik de foto's van de opgraving zie vraag ik me af waarom bij justitie nooit de gedachte opkwam dat de grafdelvers eerder menselijke dan gruwelijke motieven voor het begraven hadden.

En als ik dan toch aan het vragen ben: waarom heeft geen van de rechters aan die ambitieuze aanklager gevraagd eens precies uit de doeken te doen hoe Max zonder hulpmiddelen de moord kon plegen? Als ze iemand tot twintig jaar veroordelen dan heeft hij toch op zijn minst het recht om te weten waaróm dat gebeurt? Ach ja, dat bloedvlekje! En die diatomeeën! En dat geheimzinnige nooit teruggevonden kaartje van Ron! En die 10% gelijkenis! Ik heb in de vorige hoofdstukken al aangetoond dat al die zogenaamde bewijsmiddelen niets bewijzen. Het requisitoir is pure demagogie, bedoeld voor de tribune en daarmee heeft de aanklager groot succes geboekt, maar het hangt van onwaarheden aan elkaar. De diatomeeën in de vloermatten bewijzen slechts dat de inzittenden van de Volvo op een zeestrand hebben gewandeld, maar het is geen bewijs dat de auto op de plaats delict was, laat staan dat Max op dat moment bij die auto was en de exercitie uitvoerde die ik hierboven heb beschreven.

Als Max die moord alleen heeft gepleegd dan moet hij de volle medewerking van het slachtoffer hebben gekregen. Dan is Ron braaf achter in die auto gestapt en bleef hij de hele rit naar de polder rustig zitten. Bij het Reve-Abbertbos stapte hij uit en liep voor Max het bos in. Hij heeft zelfs geholpen met graven, want waarom neemt Max anders twee schoppen mee? Ten slotte ging hij in het graf liggen, nadat hij zijn jas heeft uitgetrokken, zijn stropdas recht heeft getrokken, zijn overhemdknoopjes dichtgeknoopt en zijn zakken leeggehaald en de inhoud aan zijn moordenaar gegeven. Vervolgens legde hij zijn linkerarm over zijn hoofd en liet zich zonder een spoor van verzet bedekken. Toen het zand op hem neerdaalde hield hij zijn adem in, zodat hij ten slotte stikte in zijn eigen poging het zand buiten zijn longen te houden. Het lijkt het scenario voor een absurde, ingewikkelde zelfmoord, maar zelfmoord ligt niet voor de hand. Ron werd gewaardeerd als een aardige vent. Hij had een stevige band met familie en vrienden en niemand stelde eisen aan hem die hij niet kon of wilde vervullen. Hij had het op dat moment weliswaar niet erg naar zijn zin op zijn werk en het wilde met de meisjes niet vlotten, maar het waren overkomelijke problemen en er was zeker geen aanleiding om er met hulp van Max een eind aan te maken. Als dat was gebeurd dan hadden ze zeker maatregelen getroffen om Max te vrijwaren van een beschuldiging van moord.

Ik heb me werkelijk suf gepiekerd om een reden te bedenken waarom Max Ron zou willen vermoorden. Die reden is er niet. Als Max niet wilde dat Ron contact zocht met Sandra dan waren er middelen genoeg om dat te verhinderen zónder hem te vermoorden. Een stevig gesprek zou ruimschoots voldoen om Ron uit Sandra's buurt te houden. Max was Ron verbaal waarschijnlijk verre de baas, maar in een fysiek gevecht maakte hij geen schijn van kans. Waarom zou hij dan voor zo'n gewelddadige en uiterst riskante oplossing kiezen? Er is nog een ontwikkeling die justitie aan het denken had moeten zetten: het feit dat Max nooit heeft bekend. Dat ligt voor de hand, zult u zeggen. Natuurlijk bekent een moordenaar niet, zeker niet als hij het slachtoffer levend heeft begraven. Maar in de twee recente moordzaken waarin achteraf bleek dat de veroordeelden onterecht waren veroordeeld was er wel degelijk een bekentenis. Zowel in de Puttense moordzaak als in de Schiedammer parkmoord hebben de verdachten bekend. Die bekentenis was in beide zaken dan ook de belangrijkste (en enige) reden om hen te veroordelen. Achteraf bleek dat die bekentenis in beide strafzaken door een brute manier van verhoren was afgedwongen. De verdachten bekenden om van het gedonder af te zijn en ze konden 'bekennen' omdat ze wisten wat er met het slachtoffer gebeurd was. Ook Max is verhoord op een manier die elke verdachte die over die typische daderinformatie beschikt en geen doorgewinterde beroepsmoordenaar is op de knieën zou hebben gebracht, maar dat is hier niet gebeurd. Integendeel, in het begin van de verhoren werkte Max loyaal mee. Later verloor hij elk vertrouwen in zijn verhoorders en op het laatst zei hij helemaal niets meer. In het rapport van de Nationale Ombudsman (november 2006) dat ik al eerder noemde blijkt dat deze manier van verhoren en de verslaglegging fundamentele gebreken vertonen ten nadele van de verdachte.

Dat is allemaal goed en wel, zult u zeggen, maar de feiten zijn dat Rons lijk vier maanden na zijn verdwijning in het bos is teruggevonden, dat een bats met diatomeeën die ook in het graf voorkwamen in Max' tuin is aangetroffen en dat een getuige de chauffeur van een Volvo V40 stationwagen op de avond van Rons verdwijning op de plaats delict heeft gezien en gesproken. Weliswaar vertoonde die man geen enkele gelijkenis met Max Spaan, maar het bloedveegje van Ron op de kruk van het linkerachterportier vond justitie voldoende bewijs dat Ron in die auto het leven liet. Omdat Max de eigenaar van die auto was moet hij dus volgens justitie wel de man zijn geweest die de getuige op die avond zag, ook al heeft ze hem beslist niet herkend. Max geeft een plausibele verklaring voor dat bloedveegje, maar de rechters vinden het niet geloofwaardig. Niet omdat het ongeloofwaardig *is*, maar omdat de rechters alles wat Max zegt ongeloofwaardig *vinden*. Maar in dit geval sprak Max met het gezag van de vakman. Elke wijnhandelaar zal bevestigen dat je gemakkelijk je vingers kunt verwonden bij het openmaken van wijndozen. Op den duur krijg je er handigheid in, maar onervaren mensen zoals Ron krijgen al gauw een wondje aan hun vingers. De patholoog heeft geen wondje op het lijk gevonden, maar volgens justitie kan het bloed ook uit een lichaamsopening zijn gekomen, bijvoorbeeld toen Max de bewusteloze Ron uit de auto haalde. Ook die veronderstelling snijdt geen hout, want de patholoog heeft ook bij het inwendig onderzoek van de organen geen afwijkingen gevonden die dat bloedveegje kunnen verklaren.

We dreigen in een kringetje rond te draaien. De rechtbank houdt vol dat Max Ron heeft vermoord, al weet ze niet te duiden hoe dat gebeurde. Hier komen we bij een merkwaardig fenomeen: het juridisch bewijs. Gewoon bewijs is wat u en ik waarheid noemen, de echte waarheid die je door logisch redeneren ontdekt en waar geen speld tussen te krijgen is, maar in de Nederlandse rechtspraak zijn twee feiten die juristen als bewijs kunnen interpreteren al toereikend om iemand te veroordelen, al zijn ze nog zo vaag of omstreden als in deze zaak. Het bloedveegje op de deurkruk van de Volvo en de aanwezigheid van een donkere Volvo V40 stationwagen op de plaats delict met een bestuurder die Stella van der W. na haar tweede gok bij de fotoconfrontatie met 10% zekerheid aanwees als de verdachte waren genoeg voor het vonnis. De bats met de diatomeeën in Max' tuin is een extra-tje.

Hoe de verdachte het klaarspeelde is niet van belang, noch voor de rechtbank, noch voor het gerechtshof. Het is onbegrijpelijk dat de Hoge Raad niet kritischer naar het vonnis heeft gekeken en op zijn minst een poging heeft gedaan om aannemelijk te maken hoe Max Ron om het leven heeft gebracht. De veronderstelling levend begraven gelooft de Hoge Raad ook niet, maar in haar arrest heet het nu dat de moordenaar zijn slachtoffer heeft doodgeslagen of doodgeschopt. Want Max heeft hem vermoord, daarvan is ook ons hoogste rechtscollege overtuigd, ondanks de indrukwekkende lijst die de cassatie-advocaat op verzoek van Van Aarden opstelde om al die zogenaamde bewijzen onderuit te halen, waaronder het feit dat de patholoog-anatoom doodslaan c.q. doodschoppen nadrukkelijk uitsluit.

Waarom bouwen drie rechtscolleges zo kritiekloos voort op het blind date-verhaal van de overledene waaraan zijn ouders en vrienden openlijk twijfelen? Sandra F. kende Ron niet. Als ze werkelijk met hem wilde kennismaken omdat hun wederzijdse vriendin Beate R. hem had aanbevolen (en omdat ze geen toekomst meer zag in haar relatie met Max), dan had ze gezorgd dat Beate een ontmoeting zou arrangeren in een veilige omgeving. Een feestje is toch een mooie gelegenheid om te zien of je elkaar aardig vindt? Laat dat maar aan koppelaarster Beate over. Waarom zou Sandra kiezen voor een dure en risicovolle blind date met een man die net zo onzeker was als zijzelf? Het blijft natuurlijk theorie, want Sandra had in die periode geen enkele behoefte aan een andere man. Ze had haar handen vol aan Max en een andere kandidaat zou de verwarring alleen maar groter maken.

Het verhaal van de blind date en de daaruit voortkomende overweldiging en moord is zo absurd dat Max' advocaat had moeten *eisen* dat de rechtbank het vonnis met een recon-

structie aannemelijk had gemaakt. Als rechters geen aanne-
melijke verklaring geven voor de uitvoering van de moord
kunnen ze de verdachte niet met recht voor die moord veroordelen.

Vier brieven

Ik geef toe dat het detectiveverhaal van Max zo onwaarschijnlijk klinkt dat je het de rechters niet eens kwalijk kunt
nemen dat ze het niet geloven. Ik geloofde het in het begin
ook niet, tot ik de vier anonieme brieven onder ogen kreeg
die in de loop van het proces binnenkwamen. Die brieven
werpen een nieuw licht op de zaak en plaatsen het verhaal
van Max in een ander perspectief: dat van de waarheid.
  De eerste brief van een ooggetuige van Rons dood kwam
vermoedelijk bij de recherche binnen in het voorjaar van
2002 toen het proces net was begonnen. Ik schrijf 'vermoedelijk' want die brief is spoorloos verdwenen. Toen de briefschrijver na een jaar nog geen reactie bespeurde stuurde hij
een nieuwe brief, nu aan advocaat Bram Moszkowicz en
misdaadjournalist Peter R. de Vries, met het verzoek hem aan
de advocaat van Max ter hand te stellen. We weten uiteraard
niet wie de afzender is, maar ik heb wel een vermoeden. Ik
denk dat het Rons blonde homovriend is die hij op een homo-
ontmoetingsplaats heeft ontmoet. De twee mannen sloten
vriendschap en gingen samen de ontmoetingsplaatsen in
Midden-Nederland langs. Ron en zijn vriend waren waarschijnlijk geen minnaars, maar lotgenoten die hun biseksualiteit verborgen hielden voor de buitenwereld. Rons familieleden ontkennen met klem dat hij biseksueel was. De vrouwen uit het vriendengroepje van de laboratoriumschool vroegen zich onderling wel eens af of Ron homo was, maar niemand heeft het hem rechtstreeks gevraagd.

De briefschrijver had een gezin dat niets wist van zijn andere geaardheid. Uit zijn brief en uit het andere ooggetuigenverslag ontstaat het beeld dat hij en Ron in de homoscene vooral kijkers, geen kopers waren, hoewel de tweede briefschrijver vermeldt dat Ron ook 'betaalde voor diensten'. Die tweede ooggetuige – een homoprostituee – schrijft in augustus 2004 een e-mail aan Van Aarden met een verslag van Rons dood. Het is een zakelijke brief in een totaal andere stijl dan die van de eerste ooggetuige. Deze man komt niet als klant, maar als professioneel dienstverlener op de homo-ontmoetingsplaatsen. Ook hij heeft in het voorjaar van 2002 een melding gedaan bij de politie, maar ook zijn bericht is spoorloos verdwenen.

De derde anonieme brief komt hoogstwaarschijnlijk van Ruth. Ook haar brief is niet ondertekend, maar wat ze schrijft is duidelijk van haar afkomstig en bevestigend voor het detectiveverhaal. Zij legt uit waarom zij de val voor Ron wilden uitzetten, waarom ze Max erbij wilden betrekken en waarom de heterdaadactie misliep.

De vierde anonieme brief, die al op 1 mei 2002 binnenkwam (en daarmee in chronologie de eerste anonieme brief is), komt van een ingewijde van de familie Spaan. De schrijver of schrijfster doet een boekje open over Max' ex-vrouw Patty D. en zijn zus Truus die beiden belastende verklaringen over hem hebben afgelegd. De getuige beschrijft de twee vrouwen als harpijen die tot alles in staat zijn om Max in een kwaad daglicht te stellen. Max probeerde tijdens het proces tevergeefs om de valse getuigenis van Patty D. te nuanceren. Deze anonieme brief zet haar neer als een wraakzuchtig kreng dat alles in het werk zal stellen om hem te beschadigen. Ook deze brief is aanvankelijk achtergehouden door de recherche, maar in tegenstelling tot de eerste verdwenen brief is deze wel boven water gekomen.

Hoe weten we of die brieven authentiek zijn? Eerst ging de

recherche na of de brieven vanuit de gevangenis zijn gestuurd. Dat was niet het geval. Vervolgens heeft het NFI de
brieven letterlijk uitgeplozen en de handschriften van Max'
bezoekers vergeleken en ten slotte stelde ook het NFI vast
dat ze niet door Max of een van zijn bezoekers zijn geschreven. Op de likrand van de derde brief (van Ruth) zat vrou-
welijk DNA, wat ons vermoeden omtrent de afzendster bevestigt. De laatste mogelijkheid is dat het gebeurde door
anderen die door Max waren ingeseind, maar dat is zo goed
als uitgesloten, want elk telefoongesprek uit de gevangenis
kan worden afgeluisterd en de post wordt gecensureerd.

De brieven zijn dus authentiek. Dat blijkt ook uit de inhoud,
de stijl en het taalgebruik. Toch zijn die brieven zorgvuldig
buiten de bewijsmiddelen gehouden met het argument dat ze
anoniem en dus niet te verifiëren zijn. Dat laatste is op zijn
minst aanvechtbaar, want de brieven geven zoveel aanwijzingen over de afzenders dat een rechercheteam dat de tijd
neemt die op had kunnen sporen. Natuurlijk zullen Ruth en
de blonde homovriend niet graag willen dat hun identiteit aan
het licht komt, maar ik hoop dat de onterechte veroordeling
van Max hun geweten zo zwaar belast dat ze met hun verhaal
voor de dag willen komen. Als de recherche hen had opgespoord en met dezelfde omzichtigheid had behandeld als de
getuigen à charge dan was er een redelijke kans dat ze hun
verklaring hadden herhaald. Ik hoop dat ze ooit uit hun
schulp kruipen om hun verhaal te vertellen, desnoods achter
gesloten deuren. Hun brieven geven beter dan wie of wat ook
een glashelder beeld van de ware toedracht.

Het voorspel

Wat heeft de man van het bemiddelingsbureau tijdens dat
telefoontje op maandagavond aan Ron verteld? Het heeft er

alle schijn van dat hij hem een ontmoeting met een jonge vrouw heeft voorgespiegeld. Ze zit echter niet in een luxe restaurant, maar staat bij het station te wachten. Heeft Ron de limousine met chauffeur en het luxe dineetje verzonnen om het verhaal nog spannender te maken? Het was nogal voorbarig om het van de daken te roepen, want hoe moest hij zich eruit redden als het inderdaad een misplaatste grap zou blijken te zijn? Bovendien is het verhaal van de limousine in tegenspraak met het feit dat zijn auto voor de flat stond, klaar voor gebruik. Het egeltje dat hij die middag voor zijn date had gekocht lag feestelijk ingepakt op de voorste passagiersstoel. Om vijf uur maakt Ron een praatje met zijn buurvrouw Tessa. Als ze een halfuur later naar buiten kijkt ziet ze een witte bus voor de flat waaruit twee vrouwen en een man stappen die opvallend veel belangstelling tonen voor Rons auto. Ron ziet hen kennelijk ook en beseft dat 'ze' achter hem aan zitten. Om 17.34 uur belt zijn blonde homovriend en wat er dan gebeurt kan die vriend beter zelf vertellen:

Beste Peter R. de Vries en advocaat Moszkowicz

Deze brief gaat over de dood van Ron Verbeek uit Apeldoorn.

De brief wil ik aan de advocaat sturen maar het is een onbekende en ik kan hem niet vinden. Daarom schrijf ik aan u. Wilt u dan zorgen dat de brief bij de advocaat komt. In juni 2002 heb ik een brief bij de politie gestuurd. Dat was om te vertellen wat er met Ron gebeurd was. En ook dat die man uit Bennekom onschuldig vastzat. Ze hebben die man zwaar gestraft. Dat is een hele grote vergissing. Nu heb ik hulp en durf ik nu meer te vertellen. Ik schat dat ik Ron zag een dag of 8 of 10 voor 4 december. Toen was hij heel opgewonden omdat een jonge meid tegen hem opgebotst was. Ze had gezegd ik val op oudere mannen. Ze was grappig vond Ron. Hij zei dat alles veranderen zou als hij een vaste relatie had. Maar hij had toch hetzelfde probleem als ik. Hij dacht ook dat zijn gevoel over zou gaan als hij een vaste relatie had. Niemand mocht van mij weten ervan en dat was bij hem ook zo.

Daarom durfde ik eerder niets te vertellen. Om zijn vader en moeder vooral en ook om de andere familie en vrienden. Hij zou dat nooit willen weten. Voor mij was dat ook zo. Mijn gezin en alles zou instorten. Dat was bij veel mannen zo. Ik kwam hem tegen op een plekkie. Hij hielp mij om mijn auto te starten. Na die keer reden wij een paar keer samen. Alleen maar om te kijken voor de spanning. Meer niet. Op dinsdag belde ik hem op en hij was toen zenuwachtig.

Dat jonge meisje of vrouw had hem ineens gebeld[28] of hij deftig met haar uit eten ging. Volgens hem heette zij Sandra. Hij zou haar afhalen maar nu dacht hij dat de familie van de jongen voor de flat reed. Dat was zo. Ron had contacten gehad met een jongen van zestien. Dat was niets bijzonders geweest. Maar de familie geloofde dat niet. Hij had de jongen een paar keer auto laten rijden. Ze hadden al eerder bij de flat op hem gewacht.[29] Nu was hij bang voor gelazer. Ik zei ik haal je wel op. En dan neem ik straks jouw auto wel mee. Toen zijn we achter langs de flats om naar mijn auto gelopen. Maar toen wij bij het station kwamen stond ze daar helemaal niet.

Was het drietal in de witte bestelbus inderdaad familie van het schandknaapje? Ook dat blijft in nevelen gehuld tot we de zegslieden ontdekt hebben.

De flat ligt met de balkonzijde naar de straat. Vandaar kijk je uit over een groot park. De voordeur zit vanaf de straatkant bezien aan de achterkant van het gebouw. Daarnaast is een smal grasveldje, omzoomd door bosschage. Tussen de flatgebouwen ligt een betegeld pleintje, omringd door garages van de flatbewoners, maar er is ook een parkeerplaatsje voor drie auto's. Hier parkeert Ron zijn auto als hij hem die dag niet meer nodig heeft en hier wacht de blonde homovriend in zijn zilvergrijze Golf op hem. Hans Vecht, die Max inmiddels geloosd heeft wacht in de Volvo van Max voor de flat. Het is waarschijnlijk een tegenvaller dat Ron niet in zijn opvallende rode Mazda stapt. Nu rijdt hij als passagier mee in een zilvergrijze, onopvallende Golf bij een vrouw met halflang blond haar. Wie is die vrouw? Vecht belt Ruth en Max die in de auto van de detective op weg zijn naar Bennekom. Hij vraagt of het Sandra kan zijn, maar dan ontdekt hij dat de vrouw met halflang blond haar een man is.

De Golf en de Volvo rijden achter elkaar naar het station, vijf minuten van de flat, waar Chrissie, het zestienjarige nichtje van Ruth, klaar zal staan om als lokaas te dienen. Maar Chrissie is er niet en hoewel de drie mannen in twee auto's enige tijd wachten komt ze niet opdagen. Volgens de anonieme briefschrijver gebeurt er dan het volgende:

> Ron had goed de pest erin. Wij zijn toen maar wat gaan rondrijden. Gewoon voor de kick. Ik schrok toen hij een raar geluid met zijn adem maakte. Hij kon even niets zeggen. Zijn hart was op hol geslagen. Het was net een ratel, zei hij. Daarna had hij zware hartkloppingen gevoeld. Buiten viel hij op de grond. Dat was vlak voor de auto. De man in de auto was heel aardig voor mij en hielp gelijk. En nog twee mannen kwamen helpen. Het had geen zin. We brachten hem naar de overkant. Wat moesten we doen. Met mijn auto reed ik langs het kanaaltje en kwam ik vast

te zitten bij die tractor. De andere auto kwam ook vast te zitten. De auto van de aardige man stond op de weg. We zouden alle kabels en touwen aan elkaar binden om de auto's los te trekken. Toen kwam opeens de auto van die vrouw eraan. Een van de mannen zocht net naar een touw. Hij zei van de zenuwen dat hij vastzat in de berm. Niemand wil weten dat hij op die plekken komt. Daarom was iedereen kwaad. Alles ging verkeerd. Bij het optillen viel de jas uit. Een man gooide die later het kanaal in. Die aardige man probeerde die er weer uit te halen. Toen zakte hij het water in. Het was een ramp. Ik kon niet meer rijden zo bang was ik. Toen moest ik later terug komen om te graven. Hij kon ook niet zo blijven liggen. We durfden niet te bellen door die vrouw met die auto. Anders was dat gebeurd. Iedereen had de zenuwen. De aardige man heb ik na dinsdag niet meer gezien. Als ik naar de leeftijd kijk van hem en de auto was hij misschien de man uit Bennekom. Maar die hielp juist. En Ron is niet eens in die auto geweest.

Ik snap het niet van dat bloed in die auto. En Ron had ook niets. Ik denk dat die man niet durft te vertellen. Hij weet ook natuurlijk niet van dat begraven. Het is zo erg voor iedereen. Ik denk dat Ron niets ver- keerds deed met de jongen. Volgens mij moest hij iemand hebben om voor te zorgen. De risico's zag hij niet. De jongen chanteerde hem ook. Ik vond Ron aardig maar eenzaam. Ik denk ook dat Ron er nog lang niet uit was. Hij vertelde dat een vriend van een collega tegen hem had gezegd dat hij misschien wel de goede man voor zijn vriendin was. Hij was daar ook heel vol van en had daar een afspraak mee gemaakt. Zij heette geloof ik Sandra. Ik weet het niet meer precies. Ik vond niet dat Ron met allebei zijn benen op de grond stond. Iedereen praatte maar over opzet bij Ron. Maar het gebeurde uit zichzelf. Door die plek en die vrouw ging alles fout. Nu was iedereen bang om daar gezien te zijn. Daar komt alles door. Dat moet de advocaat weten. Meneer de Vries u moet helpen. Ze hebben een man tot 20 jaar veroordeeld voor iets wat helemaal niet gebeurd is. Ik kan daar niet mee leven. Maar ik kan ook niet in het openbaar komen. Ik stuur ook een brief naar meneer Moskovicz. Hij zal toch wel weten wie de advocaat van die man uit Bennekom is.

Deze man is in gewetensnood. Hij wil voorkomen dat zijn gezin achter zijn geaardheid komt, maar de onterechte straf van Max stuit hem zo tegen de borst dat hij – kennelijk gesteund door een hulpverlener (*nu heb ik hulp*) – toch zijn verhaal vertelt. Hij heeft na zijn vorige brief het vertrouwen in justitie verloren en wendt zich tot Peter R. de Vries en Bram Moszkowicz in de juiste veronderstelling dat zijn tweede brief wel te bestemder plekke komt. Hij geeft zoveel aanwijzingen over zijn identiteit dat een rechercheteam hem ongetwijfeld had gevonden als ze serieus naar hem hadden gezocht. Nu is er zelfs geen poging gedaan om deze ooggetuige op te sporen, terwijl er alle redenen waren om hem te horen. Hij geeft een glashelder exposé van de gebeurtenissen rondom Rons dood. Zijn verhaal komt overeen met het detectiveverhaal van Max. 'De overkant' is een term die mensen van het oude land vaak gebruiken voor de Flevopolder. De tractor naast het 'kanaaltje' was de maaitrekker van aannemer Beens die 's nachts bleef staan zodat de chauffeur de volgende morgen verder kon gaan met maaien. De aardige man die tevergeefs de jas uit het water probeerde te halen en erin zakte moet de detective geweest zijn die met kletsnatte broekspijpen om elf uur 's avonds aangeslagen en zwijgzaam bij Max en Ruth aankwam om de Volvo terug te brengen.

De tweede ooggetuige van Rons dood is een homoprostituee die kort na de uitspraak van het gerechtshof een e-mail stuurt aan Van Aarden. Hij vertelt alleen over de gebeurtenissen bij Rons dood.

Van:	annaklassen123@hotmail.com
Verzonden:	woensdag 14 juli 2004 13.07
Aan:	victorvanaarden@planet.nl
Onderwerp:	betreft: strafzaak
	Max Spaan\Ron Verbeek

N.a.v. opsporing verzocht in voorjaar 2002 politie geïnformeerd over dood Ron Verbeek.

Vorige week op t.v.: justitie gaat nog uit van moord. IS ONJUIST!!! Verbeek mij bekend van gezicht niet van naam. Paar keer contact op homoparkeerplaatsen. Reed in klein rood sportautootje: een Mazda 323F. Stond bekent als voyeur, betaalde ook voor diensten. Was soms samen met vriend: 30/35, half lang blond haar, slank. Zag hem op Bruggelen\Uchelen, Busloo, Postbank, alla. Verbeek en blonde man betrokken bij ruzie. Marokkaanse man maakte foto's. Ze werden geholpen door potige man. Die leek sprekend op de man die op de Postbank dood is gevonden (zag foto op t.v.). Marokkaanse man heeft hen bedreigd en proberen te chanteren. Zelf gehoord. Er zijn meer slachtoffers.

4-12-2001: Ik was op parkeerplaats onder Apeldoorn, ongeveer 18.00-18.30 uur. Zag zilvergrijze Golf (oud type). Hieruit stappen lange man en blonde man, ik herken beide. Het was de man van de rode Mazda.

Hij deed een paar passen en kromp in elkaar, steunde op blonde man en viel neer. De blonde in paniek. Uit zwarte Volvo stapt grote man die gaat reanimeren. Meer mannen assisteren. Een man doet mond-op-mondbeademing. Zinloos, hij was dood, hoorde ik ze roepen. Iedereen in paniek. Naar het ziekenhuis, riep iemand. Man belde, 10 minuten later kwam bestelauto. Inzittenden stapten allemaal in andere personenauto. Man die belde nam bestelbus over. Ik bleef op afstand, wilde niet gezien worden. Kon alles goed zien door koplampen auto's en grote vrachtauto. Verbeek werd achter in de bestelauto gelegd.

Hij overleed op de parkeerplaats, niet in de polder, levend begraven kan niet. Het was duidelijk: mensen in Apeldoorn hielpen. Max Spaan kan alleen helpen begraven.

Vermoeden: niemand durft officieel te melden wegens overlijden op homoparkeerplaats. Daarom mogelijk begraven. Mannen willen anoniem blijven. Polder alleen bekend bij insiders.

Vrachtwagenchauffeurs kunnen wat gezien hebben, zij hebben vast niet met een andere karakter parkeerplaats te maken.

Ik weet: Marokkaanse man (ook prostit) was ook op de parkeerplaats en heeft ook veel gezien. Hij kent andere Marokkaanse man (van foto's). Hij heeft anonieme misdaadlijn gebeld.

Waarom ging de politie niet op die eerdere melding van het voorjaar van 2002 in? Zo'n anonieme tip is toch veel waard om het raadsel van Rons verdwijning te verklaren? Wat gebeurt er met die meldingen? Is het denkbaar dat hij wel bij de Apeldoornse politie binnenkomt, maar onopgemerkt blijft bij het rechercheteam dat met de zaak bezig is? Of is hij wel opgemerkt, maar bewust genegeerd? Ik hoop dat degenen die voor het verdwijnen van die melding verantwoordelijk waren ooit zullen verklaren waarom dat gebeurde.

Hoe dan ook: Ron was bekend in het circuit. Ze kenden hem van gezicht en door zijn rode Mazda 323F. De brief geeft een duidelijke beschrijving van Rons dood en van de mannen die er direct bij waren. Hij geeft ook een goed beeld van de paniek die ontstond toen hij dood neerviel op de homo-ont-moetingsplaats. Die plek, de parkeerplaats Bruggelen bij de A1, bestaat uit twee inritten, gescheiden door een beboste heuvel. Op de zuidelijke inrit staan alleen personenauto's. Daarnaast ligt een glooiende grasheuvel met een paar banken en daarachter ligt het bos, afgeschermd door een wildraster met twee klapdeuren. Iemand die contact zoekt gaat door een van de deuren het bos in. De andere man volgt hem en samen zoeken ze een plekje om de liefde te bedrijven. Het bos is bezaaid met condooms, lege blikjes en andere rommel. Bijna alle bezoekers hebben een duidelijk doel: al dan niet betaal-de seks.

De tweede inrit ligt naast de snelweg. Dit is de parkeerplaats van de vrachtauto's. Ik weet niet of hier alleen homotruckers komen. Er is wel een duidelijke scheiding tussen de bezoe-kers van de twee stroken en voor zover ik kon zien bemoei-en ze zich niet met elkaar.

Waarom is niemand van justitie eens gaan kijken op die par-keerplaats? Het ooggetuigenverslag is toch zo duidelijk dat het OM in het kader van de waarheidsvinding alles op alles had moeten zetten om deze getuige te vinden. Waarom heeft niemand van justitie op het telefoontje van de prostituee bij die anonieme misdaadlijn[30] gereageerd? Als er foto's in omloop zijn van Ron en zijn blonde vriend dan zou het voor een rechercheteam dat serieus gaat zoeken toch een koud kunstje zijn geweest de Marokkaanse chanteur op te sporen en desnoods die foto's te kopen? Hetzelfde rechercheteam had de briefschrijver op kunnen sporen en hem bescherming kunnen beloven als hij zijn informatie voor de rechtbank zou willen herhalen. Advocaat Van Aarden heeft met een snelle reactie geprobeerd de identiteit van de afzender te ontdekken. De man bleef anoniem, maar een paar dagen later belde iemand die zei dat hij niet de briefschrijver was, maar wel van de hoed en de rand wist. Hij beloofde terug te bellen, wat helaas nooit gebeurd is. Toch zou een rechercheteam de prostituee op kunnen sporen, vooral als ze een B-analyse van de telefoon van de advocaat hadden opgevraagd om te zien van waaruit de anonieme man had gebeld. Hij hoeft waarschijnlijk niet te vrezen voor een gezin dat niet weet wat papa uitspookt in zijn vrije uurtjes. Hij was niet betrokken bij het begraven van Ron en heeft dus niets te duchten van justitie. Helaas is dat speurwerk niet gebeurd en Van Aarden kreeg de prostituee niet aan de lijn. Nagaan van het e-mailadres leverde niets op, want hotmail.com is het geijkte adres voor mensen die anoniem willen blijven en via een internetcafé mailen.

De briefschrijvers zijn dus ooggetuigen van Rons dood. Ze vertellen elk op hun eigen manier waar en hoe Ron stierf: aan een hartstilstand op de parkeerplaats Bruggelen naast de A1, een bekende homo-ontmoetingsplaats. Ze geven doorslaggevend bewijs dat Ron een natuurlijke dood stierf. De man die hielp met begraven vertelt ook hoe dat in zijn werk is gegaan.

De aanklager heeft ervoor gezorgd dat beide brieven in de rechtsgang zijn genegeerd, onder het mom dat de verdachte die brieven liet schrijven. Het NFI heeft er alles aan gedaan om die bewering te staven, maar moest ten slotte vaststellen dat de brieven niet door Max of een van zijn bezoekers zijn geschreven. Hij schrijft zijn brieven met de hand en de kans dat die ongecensureerd de poort uitgaan is zo klein dat geen gedetineerde het zal wagen subversieve teksten weg te sturen. Dicteren over de telefoon is ook uitgesloten want elk gesprek kan afgeluisterd worden. Het risico is domweg te groot om het te proberen. Bovendien zijn de toon en de stijl van beide brieven zo verschillend dat je wel een erg levendige fantasie moet hebben om twee van zulke brieven te schrijven.

De brief van Ruth die in november 2002 bij justitie binnenkwam vertelt nog meer over de voorgeschiedenis. Als je deze brief serieus neemt – en dat doe ik – dan is niet meer te ontkennen dat het detectiveverhaal van Max klopt.

Geachte Rechter,

Ik zag u op televisie. Ik moet wat doen.

Het is onbegrijpelijk dat ze Max Spaan veroordeeld hebben. Hij moet van 4 december 2001 's avonds een alibi kunnen geven. Een vrouw van ong. 40 met kort zwart haar bezocht hem. Dat is 100% zeker. Hij kan dat zo bewijzen. Hij moest zich makkelijk redden kunnen. Ik begrijp het niet. Die oud-politieman vertelde ons dat het die Apeldoorner was die met zijn poten aan mijn zoon gezeten had. Die Apeldoorner was door een ander onderzoek in het vizier gekomen, omdat hij de vriendin van Max begluurde. Wij wilden als familie een regeling met de Apeldoorner. Volgens hem was mijn zoon alleen een paar keer met hem meegereden. Wij zochten toen bewijs. Met die politieman wilde mijn familie een heterdaad regelen. Een nichtje had contact gemaakt als lokvogel. De politieman wist alles van Max. Hij zocht Max op voor informatie. Hij vertelde hem van de gluurder.

Max schrok erg en wilde naar de politie. Daarom nam die oud-politieman hem in vertrouwen dat hij alles wel zou regelen. Wij waren toch bang dat Max zou gaan

263

kleppen. Ze hebben Max onder druk gezet om te helpen. Dat was het veiligst. Dat was niet moeilijk. Max zat hartstikke in over zijn vriendin. Ik moest ook met hem praten vonden ze. Het klikte tussen hem en mij. Ik wou contact houden. Ik vond hem een lieve man met een mooi huis en een goede vader. Om hem mee te krijgen verzonnen we een smoes. Daar kreeg ik erg spijt van. Dat legde ik later uit. Op dinsdag werd Max niet goed en vreselijk gespannen. Ik bracht hem naar huis.

De afspraak van ons nichtje bleek niet goed gemaakt. De Apeldoorner reed met een andere vent langs wat parkeerplaatsen naar de polder. Hij viel daar zomaar op de grond. De politieman kon niets anders dan helpen. Hij kon reanimeren. Maar niets hielp. De Apeldoorner was overleden. Een afschuwelijke toestand. Een collega van mijn zwager wou de deur dicht doen voor een auto die er aan kwam. Hij dacht dat die stoppen zou. Hij zei in paniek dat hij vast zat. Daardoor is alles zo ongelukkig gegaan. De vriend van de Apeldoorner werd gek van angst. Hij wou daar nooit geweest zijn. De anderen ook niet natuurlijk. Ze zouden over alles nadenken.

De politieman werd na dinsdag ernstig ziek. In de weken er na hebben die vriend en de collega de Apeldoorner in paniek begraven.

De politieman was woedend. Ze hadden alles fout gedaan.

We waren allemaal aangeslagen. Zo is het die avond gegaan. Niemand wou kwaad doen. Meer kan ik niet zeggen om mijn familie.

Ik heb die politieman nooit meer gezien.

Ruth bevestigt dat de blonde vriend van Ron en 'de collega

van haar zwager' Ron hebben begraven. Met de politieman bedoelt Ruth naar mijn idee de detective Hans Vecht die zich ook bij Max bekendmaakte als oud-politieman. Met haar laatste zin – *ik heb die politieman nooit meer gezien* – bedoelt ze waarschijnlijk ruim na de actie, want volgens Max is ze in januari 2002 met Hans Vecht nog bij hem op bezoek geweest. Bovendien heeft zij de detective ingehuurd en alleen al om die reden zal ze na afloop van de actie nog met Vecht gesproken hebben. Een andere omissie in haar verhaal is de plek waar Ron stierf: het was niet in de polder, maar op de parkeerplaats langs de A1 bij Apeldoorn. De rest klopt. Ruth bevestigt het verhaal van de heterdaadactie waaraan Max mee zou werken. De vraag om het nichtje na afloop op te vangen blijkt achteraf een smoes te zijn om hem te compromitteren zodat hij niet naar de politie zou gaan, wat inderdaad een logische reactie zou zijn geweest. Ze bevestigt ook wat de blonde homovriend al schreef, namelijk dat haar nichtje contact met Ron had gemaakt als lokvogel. De vriend schreef dat 'een jonge meid tegen hem aan was gebotst' en in het daaropvolgende praatje zei dat ze viel op oudere mannen. Het zet de details van de blind date wel erg op losse schroeven.

De veertigjarige vrouw met kort zwart haar moet Heleen van W. geweest zijn die Ruth zag voor ze het huis uit vluchtte zonder door Heleen gezien te worden. Ze bevestigt dus Max' verhaal van het bezoek van Heleen op 4 december.

Uit Ruth's brief maak ik op dat een collega van haar zwager de man was die Stella van der W. bij de Volvo zag: de man met de nieuwe groene kuitlaarzen met de dikke, beigeachtige zolen. Volgens de blonde homovriend was hij net bezig touw te verzamelen om de auto's los te trekken die op het slempige bospad waren vastgeraakt. Toen Stella aan kwam rijden heeft hij haar in een impuls aangehouden en net gedaan of hij zelf vastzat. Dezelfde man zou Ron samen met de blonde homovriend een paar dagen later begraven. Was dit de man die Max Bruut noemt en die hem op dreigende toon vertelde dat hij zijn auto grondig schoon moest maken? Was Bruut zowel assistent van de detective, als een collega van Ruth's zwager? Het is duidelijk dat ze haar familie bij de actie heeft ingeschakeld: haar nichtje, haar zwager en een collega van die zwager. Was de bus waarin Ron naar de polder werd gereden dezelfde witte bus die Ron zelf gezien heeft, net als zijn buurvrouw Tessa die hem als laatste gesproken heeft en zijn buurman die alle auto's uit de buurt kent en feilloos wist dat het een oud type Mercedes bestelbusje was dat niet uit de buurt kwam? Waarom heeft de recherche geen poging gedaan die bus met inzittenden te achterhalen? Zo blijven er nog talloze vragen over die slechts de betrokkenen kunnen beantwoorden. We moeten ze alleen nog wel even vinden.

De vierde brief (die chronologisch de eerste was) gaat niet over de actie of over de dood en de begrafenis van Ron, maar over Patty D., Max' ex-vrouw, en Truus Spaan, zijn zus. Zij hebben hun uiterste best gedaan om Max zo zwart mogelijk af te schilderen. Het is wel duidelijk dat hij het niet gemaakt heeft bij de dames, maar het gif dat ze over hem uitstrooien en het genoegen dat ze uit zijn ongeluk putten vraagt toch wel om enige verklaring. De anonieme schrijver/schrijfster brengt geen nuancering aan, want ook zijn/haar mening is wat je noemt ongezouten, maar geeft wel een andere kijk op de motieven van beide vrouwen om Max zwart te maken dan de oprechte betrokkenheid bij de rechtsgang die justitie hen in de mond legt.

Beste rechercheurs.

Hier zijn wat dingen die ik opgevangen heb met betrekking tot de moord op Ron Verbeek. Misschien bent u met deze 'feiten' al op de hoogte, misschien ook niet. Ik weet zelf ook niet precies hoe de vork in de steel zit maar vind dat ik het toch moet vertellen. Daar degene van wie ik dit alles gehoord heb (die zeer betrouwbaar is) redelijk nauw betrokken is bij de familie Spaan wil ik die beschermen en dus noem ik daar geen naam van en ook mijn eigen naam niet. Een aantal dingen hebben betrekking op Patty, de ex-vrouw van Max, jullie verdachte. Ik denk dat de verklaringen van Patty en Truus een grote rol hebben gespeeld bij de arrestatie van Max. Dit zijn familie-verhalen die een indruk geven van wat voor mensen jullie 'getuigen' zijn. Patty schijnt toen ze nog getrouwd was met Max in de familie verteld te hebben dat ze de hand gehad heeft in de dood van haar eerste man. Hij was heel ziek en ze dacht dat hij dood zou gaan. Toen hij echter weer opknapte heeft ze hem 'een handje geholpen'. Patty schijnt de rood-harige vrouw, waarover in 'Opsporing Verzocht' in-lichtingen gevraagd werden, wel te kennen. Ze schijnt gezegd te hebben: 'Dat is die griet van de Selterskamp.' Patty heeft ooit een vrouw die haar nog geld schuldig was het hele huis door geslagen. Patty en Truus zijn dik bevriend en hebben een grote hekel aan Max. Hebben zij iets met de moord van doen en hem erin laten lopen? Ik acht ze er zeker toe in staat. Truus is iemand die het met de waarheid niet zo heel nauw neemt, om het maar zachtjes te zeggen. Ze is een ontzettende mooiprater en intrigant, al lijkt ze heel aardig en oprecht.

Het is niet mijn bedoeling om Max vrij te pleiten, maar ik zou het wel erg vinden als hij veroordeeld zou worden terwijl hij het niét gedaan zou hebben. En als belangrijke getuigenissen komen van mensen die zo onbetrouwbaar zijn als Truus en Patty dan ben ik bang dat het er allemaal niet zo eerlijk aan toe gaat.

Ik geef u deze informatie voor wat het waard is. Het spijt me dat ik me niet bekend kan maken, maar ik wil degene van wie ik dit alles weet niet in diskrediet brengen.

Veel succes met uw onderzoek gewenst en ik hoop dat u degene die het echt gedaan heeft voor het gerecht weet te brengen.

De rol van Patty blijft onopgehelderd. De recherche heeft haar met zijden handschoentjes aangepakt. Logisch, want het sujet dat zij van haar ex-man maakte paste perfect in het beeld van de vermeende moordenaar. Ik heb Patty buiten schot gelaten, hoewel Max ernstige vermoedens heeft dat haar rol veel verder gaat dan kwaadspreken van haar ex. Het is bijna zeker dat zij de hand had in de inbraak in Max' huis waarbij de reservesleutels van zijn auto, een stel (dreig)brieven en tienduizend gulden uit het wijnkistje werden gestolen. Alleen Patty kende die bergplaats. Max acht haar in staat om Hans Vecht er toe aan te zetten zijn eigen salaris te stelen. Had Patty een vinger in de pap bij de heterdaadactie of voerde ze een eigen actie met dezelfde detective tegen Max? Heeft zij hem over Max geïnformeerd? Zij zal dit ongetwijfeld in alle toonaarden ontkennen. Ook om duidelijkheid te krijgen over haar rol is het dus nodig om de detective te vinden.

De toedracht

De toedracht die uit de anonieme brieven en het verhaal van Max naar voren komt is dus totaal anders dan de toedracht volgens justitie. De verklaringen van beide ooggetuigen van

Rons dood passen naadloos bij de sectiebevindingen van het NFI en bevestigen Max' verhaal. Ron is met de blind date in de val gelokt. Hij stierf na een stressvolle avond op de homo-ontmoetingsplaats Bruggelen bij Apeldoorn, waarschijnlijk aan een hartstilstand, in het bijzijn van zijn blonde homo-vriend en van Hans Vecht en zijn helpers. Zijn dood was een schokkende gebeurtenis die het plan van een heterdaadactie op een totaal onverwachte manier doorkruiste. Rons vriend en Hans Vecht wilden onder geen beding hun identiteit prijs-geven en ze wilden hem ook niet dood op de parkeerplaats achterlaten. Het ligt voor de hand dat ze hem naar een zie-kenhuis zouden brengen om hem daar desnoods op de stoep neer te leggen, maar ook dat was kennelijk te riskant. Een andere mogelijkheid was om, desnoods met de mobiele tele-foon van een vrachtwagenchauffeur, een ambulance te waar-schuwen, maar ook dat is niet gebeurd. Ze wilden kennelijk maar één ding: weg van hier en weg met het lijk. Dus beslo-ten ze hem op een andere homo-ontmoetingsplaats, 60 kilo-meter verderop te begraven. Toen bleek dat een man die er niets mee te maken had een lange gevangenisstraf kreeg voor de moord die geen moord was, deden de blonde homovriend en de homoprostituee onafhankelijk van elkaar in een ano-nieme brief uit de doeken wat er die avond werkelijk gebeur-de. Om dezelfde reden schreef Ruth, de opdrachtgeefster, waarom de heterdaadactie tegen Ron op touw werd gezet en hoe die actie jammerlijk mislukte omdat het meisje dat als lokaas diende niet op kwam dagen. De drie briefschrijvers benadrukken dat Max niets te maken heeft met Rons dood. Hij kwam bij toeval in aanraking met het groepje dat de heterdaadactie tegen Ron wilde uitvoeren en liet zich verlei-den mee te doen, uit bezorgdheid voor zijn vriendin. Hij is er zwaar voor gestraft, zoals de anonieme briefschrijvers op-merken, en net als zij ben ik van mening dat hij het slachtof-fer werd van een gerechtelijke dwaling.

Conclusie

Drie anonieme brieven geven een helder beeld van de toedracht, maar justitie heeft de kans niet benut om de afzenders op te sporen en met garantie voor hun anonimiteit voor het gerecht te horen. Het OM had daartoe de macht en de middelen, maar de aanklager heeft een eigen versie van de toedracht bedacht die kant noch wal raakt en zo slecht is uitgewerkt dat er zelfs geen geschreven versie van bestaat. Noch in het vonnis, noch in het aanvullend vonnis blijkt hoe Max zijn vermeende slachtoffer om het leven zou hebben gebracht en begraven. Justitie laat het bij de constatering dát het gebeurd is, maar niet hóé het gebeurd is en de onderliggende bewijsvoering is dermate zwak dat ook een leek kan zien dat er geen hout van deugt. Een deugdelijke reconstructie in het donker zou het geëigende middel zijn geweest om de versie van justitie te ondersteunen, maar het OM durfde het niet aan.

De versie van justitie is een farce. De toedracht wordt door twee ooggetuigen en een derde anonieme getuige geloofwaardig uit de doeken gedaan. Daaruit blijkt eens te meer dat Max Spaan op geen enkele manier betrokken was bij de dood en begrafenis van Ron Verbeek.

Truth is the daughter of time

Engels spreekwoord

De herziening

De uitzending van *Netwerk* van 15 augustus 2006 ging over het vertrouwen van burgers in de rechtstaat. De filmploeg was vier dagen bij de rechtbank in Leeuwarden en liet allerlei mensen aan weerszijden van het hekje aan het woord. De president van de rechtbank zei iets dat ik goed onthouden heb: 'Als het gerechtshof dezelfde fout maakt als de rechtbank hebben we een catastrofe.' Hij klonk serieus, deze magistraat. Zo serieus dat je kon merken dat hij het zelf niet had meegemaakt.

Hier doet die catastrofe zich voor en zoals bij elke ramp moeten we het uiterste doen om het leed te herstellen. Omdat de Hoge Raad het vonnis heeft bekrachtigd is het onherroepelijk, maar ons strafrecht biedt sinds kort twee mogelijkheden om een afgesloten strafzaak te heropenen. De eerste en oudste is herziening die een advocaat aanvraagt bij de Hoge Raad als er nieuwe feiten en omstandigheden zijn ontdekt die niet bekend waren tijdens het proces. De tweede mogelijkheid – die sinds april 2006 bestaat – is de zaak aan te melden bij de Commissie Evaluatie Afgesloten Strafzaken. Die commissie die in de wandeling naar haar voorzitter prof.mr. Buruma de 'commissie-Buruma' wordt genoemd is een vervolg op de commissie-Posthumus die in 2005 het falen van justitie in de Schiedammer parkmoord blootlegde. Zij houdt zich na een gedegen schriftelijk verzoek bezig met de herbeoordeling van afgesloten strafzaken waarin volgens de melder sprake is van een onjuist vonnis. Als de commissie vermoedt dat er sprake is van een rechterlijke dwaling dan kan zij de zaak aanbevelen voor een nieuw onderzoek, maar dat is geen garantie dat het leidt tot herziening. In de korte tijd van haar bestaan zijn er meer dan vijfentwintig zaken aangemeld waarvan zij slechts een paar zaken in behandeling nam. Toch geeft deze nieuwe commissie hoop aan vele inwoners van het Rijk van de Bok die menen dat ze ten onrechte veroordeeld zijn, maar geen novum (nieuw feit) kunnen vinden om dat aan te tonen. Want hoe simpel en voor de hand liggend die nieuwe feiten ook lijken, het is voor zover ik weet sinds 1923 welgeteld zes keer gelukt om herziening van een afgesloten strafzaak te bewerkstelligen en in slechts twee gevallen leverde het vrijspraak voor de veroordeelden op. Nieuwe feiten komen hoogst zelden binnenwandelen. Je moet ze zoeken met een lantaarntje. Vooral getuigen die liever niet gezien en gehoord willen worden zijn erg lastig op te sporen. Het is nog lastiger om ze zover te krijgen dat ze hun verhaal voor het gerechtshof vertellen. Als dat ergens geldt dan is het wel in de zaak Verbeek.

Om deze zaak te heropenen moeten we dus beide mogelijkheden benutten: een brief aan de commissie-Buruma en een herzieningsverzoek. Het een kan het ander versterken. Als dit boek de commissie kan overtuigen van de onjuistheid van het vonnis dan kan zij een nieuw onderzoek aanbevelen om de feiten, omstandigheden en verklaringen die u in de vorige hoofdstukken hebt gelezen nog eens tegen het licht te houden.

Dit slothoofdstuk gaat vooral over de gang van zaken die tot de rechterlijke dwaling leidde en over de nieuwe feiten die deze dwaling in een ander perspectief kunnen zetten. Bij herziening gaat het er niet alleen om hoe je ze kunt duiden, maar vooral hoe je ze kunt benutten. Herziening is in de advocatuur een vak apart. Het is dan ook gebruikelijk dat de aanvrager een advocaat zoekt die specialist is op dit lastige terrein. Op het moment waarop ik dit schrijf is er echter nog geen sprake van herziening. Integendeel: de zaak zit potdicht. We proberen met een groepje van vijf mensen de ongewisse tocht naar herziening voor te bereiden. Bij dat groepje zijn de ervaren rechercheurs Jan Paalman en Charl de Roy van Zuydewijn van PD-rechercheadvies in Rijssen die voldoende vertrouwen in de goede afloop hebben om met uitgestelde betaling het recherchewerk te doen. Jan Paalman zei: 'We gaan door zolang er honing in de bloem zit.'

De juridische en de echte waarheid liggen in deze strafzaak mijlenver uit elkaar. Het verschil is zo groot dat we niet kunnen volstaan met nieuwe feiten, maar een scala aan nieuwe en bekende maar onderbelichte feiten en verklaringen moeten inbrengen om de puzzel rond te maken. We zagen dat het motief, de aanleiding, de planning en uitvoering van de moord op veronderstellingen berusten. De rechters weten dat – het zijn tenslotte hun veronderstellingen – maar ze geloven in hun eigen verhaal. Waarom geloven ze dat? Omdat een man die na een telefoontje met een onbekende spoorloos verdwijnt en vier maanden later dood wordt teruggevonden in een bos wel vermoord moet zijn. Waarom ligt hij anders in dat graf? Inderdaad, dat is een intrigerende vraag, maar het antwoord dat hij dus werd vermoord is even voor de hand liggend als hypothetisch. Wetenschappers en schrijvers kijken met argwaan naar voor de hand liggende hypothesen, maar in de rechtszaal moet je met ijzersterke argumenten komen om zo'n eenmaal vastgestelde 'waarheid' te ontzenuwen. Tijdens de rechtszaak kunnen die argumenten het tij soms keren, maar als de verdachte is veroordeeld zijn ze niet meer toereikend om de onjuistheid van het vonnis aan te tonen, al zijn ze nog zo sterk. Ik denk dat we ook nu, ruim vijf jaar na dato, nog voldoende feiten, verklaringen en omstandigheden aan kunnen voeren om die dwaling aan te tonen. De bekende feiten in de juiste context geplaatst dienen om de commissie-Buruma te overtuigen, de nieuwe om herziening te bewerkstelligen. Samen moeten ze aantonen dat Ron aan hartfalen stierf op een homo-ontmoetingsplaats en dat Max niets met zijn dood te maken had. In beide opties staat de doodsoorzaak centraal. Dat is het eerste waarop we ons moeten richten bij een herzieningsaanvraag.

Sinds de uitspraak van het gerechtshof – op 28 juni 2004 – zijn er vijf nieuwe feiten die het onderzoek naar Rons dood in een ander licht zetten: de diatomeeën in Max' auto, de aanvullende verklaring van Stella van der W. over de chauffeur van de Volvo, de brief van de homoprostituee, de leugen van agent Van M. over Rons rode jas en het promotieonderzoek van dr. Van Langen over erfelijke hartritmestoornissen. Ze kwamen alle vijf al uitvoerig ter sprake, maar in het kader van de herziening wil ik er nog het volgende over opmerken.

De diatomeeën in de vloermatten van Max' auto blijken na nieuw onderzoek dus niet specifiek te zijn voor de plaats delict. De belangrijkste kensoort komt zo algemeen voor dat je deze bij een wandeling langs elk zeestrand op kunt pikken. Daarmee vervalt een belangrijk bewijs van justitie dat de Volvo V40 stationwagen bij de plaats delict Max' auto was.

Het signalement dat Stella van der W. gaf was – hoezeer het ook afwijkt van de beschrijving van Max – voor justitie het bewijs dat Max de man bij de Volvo was. De kleur van de ogen en het haar zijn de belangrijkste kenmerken bij een signalement. Max heeft blauwe ogen en grijs haar. In de aanvullende verklaring die Stella in juni 2006 gaf aan Paalman en De Roy van Zuydewijn zei ze: 'Die meneer bij de auto had bruine ogen en zwart haar.'

Dit zinnetje haalt het laatste restje twijfel weg over de man bij de auto: wie het ook was, Max was het niet.

Deze twee noviteiten halen dus de veronderstelling van justitie onderuit dat Max met zijn auto (waarin het bloedveegje van Ron werd gevonden) op 4 december 2001 op de plaats delict is geweest om Ron te begraven. In een normale, goed geleide rechtszaak zeggen de rechters dan: oké, we vermoeden dat deze man de dader is, maar we hebben geen bewijs want de biologische vingerafdruk die we in zijn auto vonden is niet uniek en de enige ooggetuige heeft duidelijk een andere man gezien. Ook als ons vermoeden blijft bestaan kunnen we niet anders dan hem vrijspreken wegens gebrek aan bewijs. Zo eenvoudig zal het bij een herziening waarschijnlijk niet gaan, maar het is ondenkbaar dat een ander gerechtshof Stella's verklaring zal manipuleren, zoals het OM in deze strafzaak heeft gedaan.

De drie andere noviteiten hebben alle te maken met de doodsoorzaak, of beter gezegd, met de twijfel die de patholoog-anatoom van het NFI uitsprak over een mogelijke natuurlijke dood alhoewel alle waarnemingen bij de lijkschouwing toch ondubbelzinnig in die richting wezen. Nu zijn er drie nieuwe feiten die elke twijfel weg kunnen nemen.
Het eerste is een anonieme e-mail van 14 juli 2004 waarin iemand die zich afficheert als homoprostituee een ooggetuigenverslag geeft van Rons dood op de parkeerplaats Bruggelen langs de A1 bij Apeldoorn. Dit verslag bevestigt wat een andere anonieme ooggetuige al schreef: Ron zakte in elkaar en stierf. De andere ooggetuige hielp bij het transport van het lijk en het begraven in het bos. Hij was dus direct betrokken bij de gebeurtenissen na Rons overlijden. Dat hij niet met naam en toenaam voor het voetlicht wil treden is laakbaar, maar begrijpelijk. De getuigenis van de homoprostituee is des te waardevoller omdat hij toeschouwer was en behalve die van hoer naar klant geen enkele connectie had met Ron. Met Max heeft hij helemaal niets te maken. Zijn motief is dus hetzelfde als dat van mij: hij weet dat een man onterecht is veroordeeld en maakt daar melding van. Dat hij een brief schrijft die hij niet ondertekent doet niets af aan zijn melding. Alle reden voor justitie om bij de herziening van deze strafzaak het uiterste te doen om hem op te sporen en hem, met alle respect voor het feit dat hij niet wil dat zijn

naam in de krant komt te vragen zijn verhaal voor het gerechtshof te bevestigen.

Het tweede novum over de doodsoorzaak is het promotie-onderzoek van dr. Van Langen (december 2005). Zij toont twee dingen aan die voor het onderzoek naar Rons dood van cruciaal belang zijn:
- plotseling hartfalen komt bij jonge mensen veel vaker voor dan tot voor kort werd aangenomen;
- in de helft van de gevallen heeft een hartritmestoornis een erfelijke oorzaak die pas ontdekt wordt als het te laat is: de patiënt sterft.

Het feit dat plotseling hartfalen vaker voorkomt dan tot voor kort werd gedacht zet de opmerking van de patholoog-anatoom tegen de aanklager in een ander perspectief: *'De kans dat u en ik zo maar dood neervallen is verwaarloosbaar klein.'* Inderdaad, die kans is klein, maar niet verwaarloosbaar klein en de kans dat het zo gebeurde bij Ron Verbeek had dr.V. op grond van zijn eigen sectierapport, de twee ooggetuigenverslagen van Rons dood en het onderzoek van dr. Van Langen zelfs groot mogen noemen. Onderzoek van Rons DNA op het AMC kan uitwijzen of er inderdaad sprake is van een erfelijke hartritmestoornis die hem fataal werd. Als dat het geval is, is het definitieve bewijs van zijn natuurlijke dood geleverd. Maar ook als dat niet het geval is – waarvoor dus 50% kans bestaat – levert het onderzoek van dr. Van Langen een waardevolle bijdrage aan de oplossing van het raadsel rond Rons dood.

Het derde novum over de doodsoorzaak en vooral over de twijfel aan die doodsoorzaak komt van Paalman en De Roy van Zuydewijn. Op 21 juni 2006 spraken zij Reyer J. (de jongen die Rons jas uit de tocht had gevist) en zijn ouders die hun vertelden dat de politie uit Dronten pas op 26 maart kwam informeren naar de vindplaats van de jas en niet op 10 januari zoals agent Van M. in zijn proces-verbaal van bevindingen had genoteerd. Als die agent en zijn bazen hadden gedaan wat Van M. opgeschreven had dan was Ron al op 11 januari gevonden, want ze hoefden maar vanaf de vindplaats van de jas rechtuit het bos in te lopen om op het gemarkeerde graf te stuiten. Het had de nabestaanden elf weken 'martelende onzekerheid bespaard' (kwalificatie van de advocaat-generaal) en het onderzoek in een andere richting kunnen sturen. Ook na vier maanden toonde de sectie aan dat er geen spoor was van een gewelddadige dood, maar de patholoog zei later voor het gerechtshof dat het mogelijk was dat subtiele aanwijzingen voor verstikking door postmortale veranderingen verloren waren gegaan. Dat zinnetje bood het OM de mogelijkheid aan haar versie van moord vast te houden. Het lijk was op 29 maart in opmerkelijk goede staat, maar in de laatste elf weken met een dagtemperatuur van 9^0C kwam het ontbindingsproces echt op gang. In de eerste vijf weken – dus tot 11 januari – was het zo koud dat dit proces vrijwel stilstond. Als het lijk op 11 januari was geschouwd zou er zeer waarschijnlijk geen onzekerheid zijn ontstaan over de werkelijke doodsoorzaak.

Alweer is de vraag waarom de rechters die deze zaak behandelden niet ontdekt hebben dat agent Van M. een cruciale fout heeft gemaakt en die fout probeerde te verdoezelen met een vals proces-verbaal. De alinea in het aanvullend arrest van het gerechtshof waarin de activiteiten van de Dronter dienders worden beschreven is een waar kunststuk van juridische misleiding: zonder data te noemen wordt alleen vermeld dat Van M. onderzoek ter plaatse heeft gedaan dat niets heeft opgeleverd. Ik leid daaruit af dat justitie heel goed wist dat een van hun medewerkers hier een blunder van de eerste orde had begaan die bij een objectief gerechtshof alleen maar had kunnen leiden tot vrijspraak wegens gebrek aan bewijs.

Deze twee nieuwe feiten over de niet-betrokkenheid van Max en de drie noviteiten over de doodsoorzaak zijn cruciaal, want met de reeds bekende ontlastende feiten, verklaringen en omstandigheden waarvan ik in dit boek de essentie en de samenhang weergeef halen ze de bewijslast van het OM onderuit. Dat is objectief gezien niet zo moeilijk, want het OM heeft geen bewijzen, alleen veronderstellingen die met veel kunst en vliegwerk de status van juridisch bewijs kregen en zo de basis vormden van het vonnis. Maar juridisch is het duivels lastig: geen enkele jurist, ook niet als hij deel uitmaakt van de Commissie Evaluatie Afgesloten Strafzaken, wil een strafzaak onderuit halen die ruim drie jaar heeft geduurd, een ontzaglijke hoop moeite, menskracht en geld heeft gekost, onnoemelijk veel leed heeft veroorzaakt bij de veroordeelde en bij de nabestaanden en die, naar het oordeel achteraf, is geëindigd in een rechterlijke dwaling.

Elk onderzoek begint met een vraag. Een goede vraag is het begin van de zoektocht naar het juiste antwoord. Mijn vraag is: hoe kon dit in hemelsnaam gebeuren? Hoe kunnen drie gerechtelijke instanties dezelfde fout maken en een moord die geen moord was tot moord bestempelen, terwijl er al in een vroeg stadium van het onderzoek duidelijke aanwijzingen waren dat het ging om een natuurlijke dood met een onverwachte afloop? De crux zit hem in die afloop en de interpretatie ervan: Rons verdwijning en zijn pas vier maanden later ontdekte graf in het bos konden volgens aanklagers en rechters slechts het gevolg zijn van een gruwelijk misdrijf. Dat collectieve waanbeeld hield justitie, pers en publiek in zijn greep en leidde er toe dat de verdachte zijn eenzame strijd verloor. Met de huidige kennis, techniek en vooral de instelling van de recherche zou het onderzoek anders zijn verlopen en als de politie, met name de politie van Dronten, haar werk had gedaan dan was deze strafzaak al in een vroeg stadium gekanteld.

Het is een beangstigende gedachte dat zo'n collectieve dwaling post kan vatten in een ernstige strafzaak. Hoe oprecht waren de aanklagers overtuigd van Max' schuld? Hun versie van de waarheid is zo ver bezijden de werkelijkheid die ik in dit boek beschrijf dat er op enig moment toch een spoortje twijfel moet zijn opgekomen: heeft die vent het wel gedaan? Waarom hebben Leonard en in zijn kielzog de advocaat-generaal van het gerechtshof zo verbeten en schijnbaar zonder enige aarzeling gewerkt aan Max' veroordeling? We weten het niet en er is een gerede kans dat we het nooit zullen weten. Wie zo zeker lijkt van de schuld van een ander zal de schuld niet gauw bij zichzelf zoeken.

Ik heb me ook verbaasd over de pers, toch de luis in de pels, die kritiekloos achter het OM aanliep en braaf noteerde wat hun werd voorgekauwd. Waarom heeft geen van de aanwezige journalisten gedacht: klopt dit wel? Wat een gemiste kans om een rechterlijke dwaling bloot te leggen!

Als de patholoog-anatoom zijn rug recht had gehouden en naar waarheid had gezegd dat alle onderzoeksresultaten wijzen op een natuurlijke dood, als de politieman uit Dronten al in januari 2002 had gemeld dat Rons jas was gevonden, als het sporenonderzoek naar behoren was uitgevoerd en dadersporen van de grafdelvers had opgeleverd, als de anonieme ooggetuigen van Rons dood waren opgespoord en anoniem hadden mogen getuigen, als Vincent. B. zijn verklaring over het niet verzonden kaartje ook in de rechtszaal had mogen geven en als de rechters kritischer naar de aanklager hadden geluisterd dan was er een redelijke kans dat de zaak al begin 2002 anders was geëindigd. Nu is er aanvullend onderzoek nodig om de waarheid alsnog boven tafel te krijgen, onder andere onderzoek naar een mogelijke erfelijke hartritmestoornis die Ron fataal werd. Om rechtstreeks te horen wat er op dinsdagavond 4 december 2001 gebeurde moet justitie twee ooggetuigen, de detective en de opdrachtgeefster van de heterdaadactie opsporen, desnoods met hulp van het programma *Opsporing Verzocht.* Het zal tact en geduld vergen om hen ertoe te bewegen hun verhaal te vertellen. Ik verwacht dat de twee ooggetuigen alleen willen praten als hun anonimiteit voor het publiek wordt gewaarborgd. Ook Ruth en de detective zullen node hun verhaal vertellen, want het kan een vervelende nasleep krijgen als justitie hen verantwoordelijk stelt voor de heterdaadactie die de aanleiding was voor Rons dood en begrafenis in het bos. Het is denkbaar dat Max daarbij als getuige wordt gehoord.

Deze strafzaak is een schoolvoorbeeld van tunnelvisie. De juristen die aan de touwtjes trokken gelóven dat iets waar is en gaan op zoek naar het bewijs van hun gelijk. Wetenschappers ontdékken dat iets waar is en gaan op zoek naar het tegendeel. Als uit onderzoek blijkt dat een man die vier maanden na zijn dood wordt gevonden niet door geweld om het leven kwam dan zou een wetenschapper de logische conclusie trekken dat die man een natuurlijke dood stierf, hoezeer de omstandigheden waaronder zijn lijk is aangetroffen ook suggereren dat hij werd vermoord. Deze juristen dénken dat hij vermoord is en gelóven dan ook dat hij vermoord is. Ze hebben een simpele oplossing om hun gelijk te bevestigen: wat we niet kunnen ontdekken verzinnen we wel. En dus verzint de rechtbank dat Ron levend werd begraven, verzint het gerechtshof dat hij door een subtiele wijze van verstikking om het leven kwam en verzint de Hoge Raad dat hij werd doodgeschopt. Want vermoord is hij, daar zijn alle magistraten van overtuigd en zij sluiten hun ogen voor de overstelpende hoeveelheid aanwijzingen dat het heel anders is gegaan. Het OM wilde maar één ding: Max Spaan, de verklaarde moordenaar van een geliefd mens, moest veroordeeld worden en justitie bracht alle middelen tegen hem in stelling. De aanklacht is gekenmerkt door onwil, blunders, manipulatie en onwaarheden. De rechters namen het requisitoir kritiekloos over en brachten een vonnis tot stand dat op veronderstellingen berust en bij alle schijnbare grondigheid een schande voor de rechtstaat is. Het zal justitie niet meevallen deze dwaling te erkennen, maar een rechtsstaat die zichzelf respecteert behoort zichzelf te corrigeren. Als dat gebeurt en waarheidsvinding voorop staat dan leidt de herziening tot het enige juiste vonnis: vrijspraak.

De waarheid is weerbarstig.

Kampen,
juni 2005 – december 2006

Naschrift

Bij dit boek was de hulp van deskundigen onontbeerlijk. Voor uiteenlopende onderwerpen heb ik de volgende mensen om raad gevraagd:

Alexander Bund	docent Academie voor Psychodynamica;
Mr. Hans Dijkkamp	oud-griffier van de Haarlemse rechtbank;
Agnes Eilander-Lammers	klinisch chemisch analiste ziekenhuis De Weezenlanden Zwolle;
Dr. Piet Ente	voormalig hoofd van de bodemkundige afdeling van de Rijksdienst voor de IJsselmeerpolders;
Jos van der Kolk	docent Politieacademie Zutphen;
Dr. Irene van Langen	klinisch geneticus Amsterdams Medisch Centrum;
Rita Munninkhuizen	klinisch chemisch analiste ziekenhuis De Weezenlanden Zwolle;
Jan Paalman	particulier detective, mede-eigenaar PD-rechercheadvies Rijssen;
Marja Poot	bureaumanager relatiebemiddelingsbureau *Just2Match* Amsterdam;
Carl de Roy van Zuydewijn	particulier detective, mede-eigenaar PD-rechercheadvies Rijssen;
Dr. Koen Sabbe	ecoloog Universiteit Gent;
Dr. No Sijben	klinisch psycholoog/methodoloog Velp;
Mr. Aart van Voorthuizen	strafrechtadvocaat Ede;
Dr. Hein de Wolf	ecoloog NITG/TNO Utrecht.

Edith de Boer en Ton Roks hebben me veel verteld over hun indrukken tijdens de rechtszaak.

Hoe ongewoon en beklemmend deze ware geschiedenis is ondervonden de mensen die het manuscript lazen. Loek van Grinsven, Willem Jan Kater, Derk Jan van Kuik, Maja Numan, Gonny van Os, Lenny Schoute en Ingeborg Waanders lieten er hun kritische en opbouwende lezersoordeel op los.

De redactie was als vanouds in de bekwame handen van Jacoline van Weelden.

Jacob Vis

Tunnelvisie

Het requisitoir van de advocaat-generaal is een goed voorbeeld van de vooringenomenheid van justitie. In de linkerkolom staat de letterlijke weergave van de z.g. straffactoren die voorafgaan aan de strafeis, in de rechterkolom mijn oordeel over de rechterlijke dwaling, vervat in vrijwel dezelfde termen.

Moord	**Natuurlijke dood**
1. De maatschappij is volstrekt geschokt door verdachtes handelen. Naast de moord riep met name juist dat begraven van het slachtoffer alom gevoelens van afgrijzen op.	1. De maatschappij is volstrekt geschokt door deze gerechtelijke dwaling. Naast de dwaling roept het gevoel dat iedereen dit lot kan treffen alom gevoelens van afgrijzen op.
2. Het leed dat verdachte allen die Ron Verbeek lief hadden, berokkende is onpeilbaar. Niet alleen leed door diens dood, maar ook door de nasleep van de slepende rechtsgang. Uit de vele gesprekken die ik met de familie van Ron Verbeek heb gehad blijft doordreunen dat ze nog immer niet kunnen vatten waarom Ron niet meer terug kan	2. Het leed dat justitie aan verdachte berokkent is onpeilbaar. Niet alleen leed door de onterechte veroordeling, maar ook door de nasleep van de slepende rechtsgang. Uit de vele gesprekken die ik met hem heb gehad blijft doordreunen dat hij nog steeds niet kan bevatten waarom justitie niet in wil zien wat er werkelijk gebeurd is. Justitie en de

komen, dat de ouders niet meer in een bos durven wandelen, dat ze zo diep gekrenkt zijn door de verdedigingsstrategie dat Ron homo zou zijn geweest, dat de verdachte tijdens de zittingen in Arnhem de familie zo smalend kon aankijken.

3. Verdachte kan op zijn conto schrijven dat de nabestaanden maandenlang in de martelende onzekerheid moesten verkeren omtrent het lot van hun zoon, hun broer. Verdachte heeft op geen enkele wijze medewerking verleend aan de naspeuring van het lichaam van het slachtoffer. Integendeel: hij zette politie en justitie telkenmale op een dwaalspoor. En nog immer zijn er onbeantwoorde vragen.

4. Het betreft een koelbloedige eenmansactie van verdachte, voortkomend uit gevoelens van hevige jaloezie.

familie van de overledene blijven hardnekkig ontkennen dat Ron een van de ca. 400.000 homoseksuele Nederlanders was. Die ontkenning, geuit op een zeer laatdunkende manier, zat elk inzicht in de werkelijke gang van zaken in de weg.

3. Justitie kan op haar conto schrijven dat de nabestaanden door een stommiteit van de politie maandenlang in martelende onzekerheid bleven over het lot van hun zoon, hun broer. Justitie heeft het onderzoek naar ontlastend bewijs op alle mogelijke manieren tegengewerkt en bij het andere onderzoek zijn alle dadersporen verloren gegaan. Er zijn nog immer onbeantwoorde vragen.

4. Het was een volkomen onverwacht sterfgeval dat de omstanders er toe bracht de overledene op een geheime plek te begraven.

5. Verdachtes handelen was sluw, berekenend, controlerend en manipulerend, niet alleen in de opzet, de aanloop en de uitvoering van het plan om Ron Verbeek om het leven te brengen en zich van hem te ontdoen, maar ook ten aanzien van zijn handelen in de periode daarna. Hij heeft niet geaarzeld om anderen voor zijn karretje te spannen om zo zijn schijnverhalen als realiteit voor te kunnen spiegelen.

6. Verdachte heeft door zijn handelen aangetoond geen enkel respect voor het kostbaarste goed, het menselijk leven, te hebben. Hij heeft Ron Verbeek in een graf gedumpt, als ware het een dooie hond die je op een achternamiddag maar ergens in een bos in de aarde begraaft.

5. Het handelen van het OM was sluw, berekenend, controlerend en manipulerend, niet alleen in de opzet, de aanloop en de uitvoering van het onderzoek, maar ook en vooral tijdens de rechtszaak. Het OM heeft niet geaarzeld leugens te verkopen, blunders weg te moffelen, ontlastend bewijs te verdoezelen en getuigenverklaringen te manipuleren. Het vonnis berust louter op veronderstellingen.

6. Justitie heeft door haar handelen aangetoond geen enkel respect voor de waarheid te hebben. Zij heeft Max Spaan voor de rest van zijn leven in het Rijk van de Bok gedumpt, als ware het een dolle hond die je op een afgelegen plek aan een ketting laat creperen.

Voetnoten

[1] In mijn jeugdboek *De Trek naar het Noorden* noemen de dieren de hel 'Het Rijk van de Bok'.

[2] Niet verzonden opstel gericht aan de jury voor de Jan Hanlo-essayprijs 2005.

[3] Microscopisch kleine algjes die in vrijwel alle oppervlaktewateren voorkomen.

[4] Een B-analyse is een lijst van inkomende telefoongesprekken met nummer en tijdsduur. Een A-analyse is de lijst van uitgaande gesprekken. KPN bewaart de gegevens van elke abonnee een halfjaar. Alleen justitie kan de lijsten opeisen. Een advocaat kan erom vragen, maar het OM beslist of het verzoek wordt toegewezen.

[5] Volgens Sara heeft hij geen das van haar meegekregen en slechts één stropdas bij zijn ouders gehaald.

[6] We zullen later zien dat bij de lijkschouwing niets meer van die schedelbasisfractuur is teruggevonden.

[7] Bijnaam van het huis van bewaring in Arnhem-Zuid.

[8] Hij vertelde het haar pas kort voor zijn arrestatie in januari 2002. Zelf zegt Sandra daarover tegen de politie op maandag 28 januari 2002: 'Afgelopen vrijdag hoorde ik van Max het hele verhaal over die bedreigingen die hij heeft meegemaakt. Wat mij hierin het meeste dwarszit is dat verhaal rond Bob/Ron. Ik ken namelijk helemaal geen Bob. De naam Bob zegt mij niets. Ik vind het vreemd dat ik dit verhaal pas afgelopen vrijdag van Max hoorde. Bob zou volgens Max weer contact met mij opnemen. Dat is echter nooit gebeurd.'

[9] Waarom vraagt hij haar adres als hij begin november al bij haar huis was waar hij ongewild Max ontmoette? Kan het zijn dat hij niet wilde dat andere vrienden zoals Steven zouden weten dat hij haar adres kende?

[10] Hoewel er toch stemmen opgaan dat buitensporig crimineel

gedrag samenhangt met een afwijking in de hersenen. Neuro-farmacoloog Lex Cools zegt in een interview in *Vrij Nederland*: 'We weten inmiddels dat persoonlijkheidsstoornissen zijn te herleiden tot specifieke afwijkingen in de hersenen. De prefontale hersenschors en amandelkern van extreem gewelddadige moordenaars is anders dan die van u of van mij. Waarom dat zo is, weten we niet.' (*Vrij Nederland*, 9 september 2006)

[11] Het motief van het gerechtshof is onderdeel van 'circumstantial evidence': indirect bewijs door schijnbaar onsamenhangende feiten te combineren tot een theorie voor iets dat onverklaarbaar was. Wie aantoont dat de verdachte de gelegenheid, een motief en de mogelijkheid had om een misdrijf te begaan, heeft niet direct bewezen dat de verdachte de dader is, maar aan die conclusie indirect bijgedragen.

[12] Dit zorgt ervoor dat verschillende draaisnelheden van de achterwielen in bochten mogelijk zijn. Boven een bepaald toerental 'spert' het differentieel waardoor je bijvoorbeeld op gladde ondergrond veel beter kunt wegrijden.

[13] We hebben hierboven gezien hoe gemakkelijk je daarmee sporen kunt doorkruisen of zelfs vernietigen.

[14] Dat paadje lag er dus niet.

[15] Volgens Stella van der W. stond de auto evenwijdig aan de weg, met zijn neus in de richting van de dijk.

[16] Het was die avond droog.

[17] Volgens prof. Harm Kuipers, hoogleraar bewegingsfysiologie in Maastricht, is slepen juist erg zwaar werk.

[18] Het had die ochtend gevroren.

[19] Zodra een gemeentelijk lijkschouwer of klinisch patholoog-anatoom het vermoeden heeft dat iemand een onnatuurlijke dood stierf moet hij het lichaam onmiddellijk overdragen aan justitie.

[20] Dat moet in Rijswijk zijn gebeurd, want dr.V. verklaart voor het gerechtshof op 7/11/03: 'De oogleden waren gesloten. Dat is niet specifiek. Ik heb al heel veel verstikkingszaken gedaan. Het gebeurt bij een kleine minderheid dat de ogen open zijn. In ver-

reweg de meeste gevallen zijn de oogleden gesloten en ik kan mij niet voorstellen dat de politie dat doet. Ik vermoed dat het gebeurt in het kader van een overlijdenssituatie dat iemand actief de ogen dicht doet. Ik kan uit het open of gesloten zijn van de ogen geen harde conclusies trekken.'

[21] Volgens dr. Irene van Langen, wier promotieonderzoek verderop in dit hoofdstuk uitvoerig ter sprake komt, is het bij mensen die net aan een hartrtmestoornis overleden zijn al heel lastig om de doodsoorzaak klinisch vast te stellen, laat staan bij iemand die al vier maanden dood is.

[22] De executiemethode van de Spanjaarden. De beul zit achter de veroordeelde en wurgt deze met een ijzeren band die hij met een draaihandel aansnoert. Tot 1974 in gebruik.

[23] Verzamelnaam voor afweerstoffen die het lichaam in bepaalde situaties aanmaakt, zoals adrenaline.

[24] Dat komt overeen met de cijfers van het CBS: in 2002 stierven 468 mannen tussen 35 en 40 jaar een natuurlijke dood, waarvan 24 aan acuut hartfalen.

[25] In het rapport van de commissie-Posthumus over de Schiedammer parkmoord antwoordt de DNA-expert van het NFI op een vraag of de moordenaar zich kan beschermen tegen het achterlaten van DNA: 'Men laat gauw iets achter. Het is zeer moeilijk hiertegen afdoende maatregelen te nemen, zeker met dit type misdrijven waarbij intensief contact geweest moet zijn tussen dader en slachtoffer.'

[26] Maar het is de vraag of die afwijkingen in de piepkleine onderdeeltjes van de hypothalamus na vier maanden ontbinding nog terug te vinden zijn.

[27] Ron verdween op 4 december 2001 en op 27 januari 2002 werd Max gearresteerd.

[28] Ron heeft tegen hem blijkbaar met geen woord gerept over de man van het relatiebemiddelingsbureau.

[29] Die onbekende witte bus is ook gezien door Rons buurman Berend B. die alle auto's uit de straat kent.